“十四五”高等职业教育财经商贸类新形态一体化系列教材

消费心理学

李　馨　邹娅玲　曹倬衔◎主　编
程　玛　敖　艳　刘芮含◎副主编

中国铁道出版社有限公司
CHINA RAILWAY PUBLISHING HOUSE CO., LTD.

内 容 简 介

本书系“十四五”高等职业教育财经商贸类新形态一体化系列教材之一。本书以消费者在市场营销活动中各种相关因素对其心理的影响、消费者自身的心理表现及其行为过程为主要脉络，以消费者购买什么、为什么购买、什么时候购买、在哪里购买、购买以后怎么用、用了以后怎么处理为主线，从心理学和市场营销的角度揭示消费者的购买行为特点及其规律，系统地阐述消费心理相关知识及其在经营管理领域中的应用。本书共分七个项目，分别是认识消费心理学、把握消费者心理活动过程、分析消费者的个性心理特征、发现消费者的需求与动机、消费群体与消费心理、消费心理与营销策略，以及营销活动中需要注意的消费心理。

本书适合作为高等职业院校市场营销专业的教材，又可作为市场营销行业人员的参考书。

图书在版编目（CIP）数据

消费心理学 / 李馨，邹娅玲，曹倬衔主编. -- 北京 ：中国铁道出版社有限公司，2025. 5. -- (“十四五”高等职业教育财经商贸类新形态一体化系列教材).

ISBN 978-7-113-31890-1

Ⅰ. F713.55

中国国家版本馆CIP数据核字第2025U3P105号

书　　名：消费心理学
作　　者：李　馨　邹娅玲　曹倬衔

策　　划：潘星泉　　**编辑部电话：**（010）51873090
责任编辑：潘星泉　贾淑媛
封面设计：刘　颖
责任校对：安海燕
责任印制：赵星辰

出版发行：中国铁道出版社有限公司（100054，北京市西城区右安门西街8号）
网　　址：https://www.tdpress.com/51eds
印　　刷：河北燕山印务有限公司
版　　次：2025年5月第1版　2025年5月第1次印刷
开　　本：787 mm × 1 092 mm 1/16　**印张：**14.75　**字数：**376千
书　　号：ISBN 978-7-113-31890-1
定　　价：49.00元

前 言

随着人们生活水平的提高以及社会的进步，消费行为已经成为人们日常生活中不可或缺的一部分。目前的社会消费环境正在向更加多元化、个性化、便捷化和品质化的方向发展。消费者的选择越来越多样化，消费心理的研究也愈发重要。

“消费心理学”作为市场营销、商业管理等专业的核心课程，是一门理论与应用并重的综合性学科，是系统研究消费者行为的科学，是心理学在市场营销活动中的具体应用。它以消费者在市场营销活动中各种相关因素对其心理的影响、消费者自身的心理表现及其行为过程为主要脉络，从心理学和市场营销的角度揭示消费者的购买行为特点及其规律，系统地阐述消费心理相关知识及其在经营管理领域中的应用，从而为市场营销专业学生和从业者提升专业能力奠定基础。

本书结合教学团队多年的教学经验，充分吸纳了消费心理学理论与国内外众多新案例，是集体智慧的结晶。编者力求围绕一个“实”字展开，体系完整、内容翔实。全书精心设计了7个学习项目，共22个任务。为了达到教、学、做一体化，使教材更为实用和生动，每个项目都设有导引案例，每个任务都设有任务目标，以提示知识要点和重点难点；书中引入知识拓展，用以补充相关资料，增加信息量；穿插小案例和阅读思考，以便于加深学习者对理论知识的理解；项目后附有任务实训建议、案例讨论等练习题，使学习者将所学知识融会贯通，学以致用。通过系统学习本书，读者可以深入理解消费心理学的知识体系，掌握相关的理论和方法，提高分析能力和实践能力，为未来的职业发展奠定坚实的基础。

本书由李馨、邹娅玲、曹倬衔任主编，程玛、敖艳、刘芮含任副主编，黎秋蓉、刘芷昕参与编写。具体编写分工如下：项目一由曹倬衔（云南交通职业技术学院）编写，项目二由李馨（昆明冶金高等专科学校）编写，项目三由邹娅玲（昆明冶金高等专科学校）编写，项目四由刘芮含（昆明冶金高等专科学校）编写，项目五由程玛（昆明冶金高等专科学校）编写，项目六由刘芷昕（昆明冶金高等专科学校）编写，项目七由敖艳（云南省中西医结合医院）和黎秋蓉（云南交通职业技术学院）共同编写。

在本书编写出版过程中，编者得到了所在单位领导的大力支持，也得到了有关企业领导和专家的帮助，特此表示衷心的感谢。在编写过程中也参阅了有关论著、教材和研究成果，在此一并致以衷心的感谢！

由于编者水平有限，加之编写时间仓促，书中难免存在疏漏和不妥之处，敬请专家、读者批评指正。

编　者

2025年1月

目　录

项目一

认识消费心理学

知识目标

了解心理学和消费心理学的基础知识；掌握消费心理学的研究对象、研究内容和研究方法；了解消费心理学的起源和发展过程。

能力目标

能运用消费心理学分析消费者的消费行为；能够在市场营销活动中运用消费心理学的基本研究方法。

导引案例

乔·吉拉德的销售故事

乔·吉拉德被誉为世界上最伟大的推销员之一，他在15年中卖出13 001辆汽车，并创下一年卖出1 425辆（平均每天4辆）的纪录，这个成绩被收入《吉尼斯世界纪录大全》。那么你想知道他推销的秘密吗？

渴望被人重视，是一种很普遍、人人都有的心理需求，消费者也不例外。下面就来说说吉拉德自己亲身经历的两件事情。

故事1：

有一天，一位客户找吉拉德商谈购车的相关事宜。在销售过程中，一切进展顺利，眼看就要成交，但对方突然决定不买了，这让吉拉德很困惑，并忍不住给客户打电话问明原因。

“您好！今天我向您推荐的那款车，眼看您就要签字了，为什么却突然走了？”

“喂，你知道现在几点了吗？还给我打电话。”

“真抱歉，我知道是晚上11点了，但我检讨了一天，实在是想不出自己到底错在哪里，因此才冒昧地给您打电话。”

“真的？”

“肺腑之言！”

“很好，你是在用心听我说话吗？”

“是的，非常用心。”

“可是，今天下午你并没有用心听我说话。就在签字时，我提到我的儿子即将进入密歇根大学读书，我还跟你说到他的运动成绩和将来的抱负，我以他为荣，可你根本没有听我说这些话！”

听得出，对方仍余怒未消。但吉拉德对此事毫无印象，因此可以确定他当时确实没有注意听。话筒里的声音继续响着："你宁愿听另一名推销员说笑话，也不在乎我说什么，而我也不愿意从一个不尊重我的人手里买东西。"

故事2：

一次，一位中年妇女走进展销室，说她想在这儿看看车打发一会儿时间。闲谈中，她告诉吉拉德她想买一辆白色的福特车，就像她表姐开的那辆。但对面福特车行的推销员让她过一小时后再去，所以她就先来这儿看看。她还说这是她送给自己的生日礼物："今天是我55岁生日。""生日快乐！夫人。"吉拉德一边说，一边请她进来随便看看，接着出去交代了一下，然后回来对她说："夫人，您喜欢白色车，既然您现在有时间，我给您介绍一下我们的双门式轿车——也是白色的。"他们正谈着，女秘书走了进来，递给吉拉德一束玫瑰花。吉拉德把花送给那位妇女："祝您长寿！尊敬的夫人。"显然她很受感动，眼眶都湿了。"已经很久没有人给我送礼物了。"她说，"刚才那位福特推销员一定是看我开了部旧车，以为我买不起新车，我刚要看车时他说要去收一笔款，于是我就上这儿来等他。其实我只是想要一辆白色车而已，只不过表姐的车是福特，所以我也想买福特。现在想想，不买福特也可以。"最后她在吉拉德这儿买走了一辆雪佛兰，并写了一张全额支票。吉拉德回忆道："其实从头到尾的言语中都没有劝她放弃福特而买雪佛兰的词句。只是因为她在这里感受到了重视，于是她放弃了原来的打算，转而选择了我的产品。"

（根据网络资料整理）

导引案例分析

渴望被人重视的心理包含两个方面：一方面是希望得到别人的认可和赞美，使自己获得优越感；另一方面是不愿被人轻视，并希望自己与众不同，以吸引别人注意。这次推销让乔·吉拉德懂得了尊重客户的重要性。因而，在销售中，尊重消费者，让其获得被重视的感觉，才能促进销售。

任务一　认识消费心理学

任务目标

通过学习消费和消费者、心理学和消费心理以及消费心理学和消费者行为的概念及其类型等明确消费心理学的研究范畴，使学生初步把握与消费心理学有关的基本定义、主要研究内容，理解消费心理学的理论框架，达到为学习后续知识打好基础的目的。

知识精讲

消费在人类社会经济活动中扮演着核心的角色，它不仅是社会进步和生产发展的基础，也是驱动经济增长的关键因素。在多变且复杂的社会环境中，每个人都是消费者，有着从基本生活需求到更高层次的思想和情感需求。因此，深入理解消费过程不可避免地涉及对消费者心理的细致研究。

一、消费和消费者

（一）消费

消费是社会再生产过程中的一个重要环节。它是指利用社会产品来满足人们各种需要的过程。广义的消费包括生产性消费和个人消费两种。

生产性消费是指物质资料生产过程中的生产资料和劳动的使用和消耗。它包含在生产之中，是保持生产过程连续进行的基本条件。

个人消费是指人们把生产出来的物质资料和精神产品用于满足个人生活需要的行为和过程。它是恢复人们劳动力和劳动力再生产必不可少的条件，也是人类社会最大量、最普遍的经济现象和行为活动。吃、穿、住、行、娱乐等都属于生活消费。个人消费是一种最终消费，狭义的消费专指个人消费。消费心理学主要研究个人消费。

（二）消费者

国际标准化组织（ISO）给“消费者”一词下的定义为“消费者是以个人消费为目的而购买使用商品和服务的个体社会成员”。消费者与生产者及销售者不同，购买使用商品的目的主要是满足个人或家庭需要而不是经营或销售，这是消费者最本质的一个特点。

知识拓展

消费者、用户、顾客、客户的区别

在我国市场经济日渐成熟、竞争日趋激烈的今天，正确区分消费者与顾客、客户以及用户的概念，有利于企业整合自身的营销资源，制定有针对性的营销战略，从而实现企业的经营目标。从定义上看，消费者涵盖的范畴最广，它泛指现实生活中的人，随着时间和空间的变化，人的角色和身份也会不断发生改变。也就是说，消费者可以是用户，可以是顾客，可以是客户，可以同时兼具多种身份。

用户是正在使用产品或服务的消费者，即消费受用者。用户使用产品，但不一定付钱，可能是别人送给他使用的。

顾客则是指与企业直接进行商业交往的人或群体，无论他的目的如何，只要他与企业发生直接的商业交往（购买、咨询、参观、投诉、交流等），他就是企业的“顾客”，不一定非要花钱买东西，即使购买，也不一定是自己使用。

客户是购买商品和服务的人，并且更强调一种往来关系。客户与顾客相比，与企业的关系不仅仅是一次性的，他更关注未来的再次交易、合作和交往，所以，客户的层次比顾客的要高。

根据在整个消费活动过程中参与的环节和发挥的作用不同，可以将消费者分为五种角色：发起者、影响者、决策者、购买者和使用者。

（1）发起者是指有消费需要或消费意愿的人，或认为他人有消费必要并在消费之后可以产生所希望的消费效果，而倡导别人进行这种形式的消费的人。

（2）影响者是指以各种形式影响消费过程的一类人，包括家庭成员、邻居与同事、购物场所的售货员、广告中的模特、消费者所崇拜的名人，甚至素昧平生的网友等。

（3）决策者是指有权单独或与其他成员共同做出消费决策的人。

（4）购买者是指亲自到销售现场完成购物的人，同时也是做出最终购买决定的人。

（5）使用者是指最终使用、消费该商品并得到商品使用价值的人，有时也称为“最终消费

者”、“终端消费者”或“消费体验者”。

上述五种角色在整个消费活动过程中可能是同一个人，也可能是参与不同环节的若干个不同的人。凡是参与了消费活动的任何一个过程或是全部过程的人都是消费者。消费者正是这五种角色的集合体。营销人员要了解每一个购买者在购买决策中扮演的角色，并针对其角色地位与特性，采取有针对性的营销策略，才能较好地实现营销目标。

小案例

一个家庭购车时的不同角色

孩子在参加朋友生日派对时，对朋友家的新电动汽车印象深刻。回家后，他向父母表达了想要一辆既时尚又环保的电动车的愿望，并提出了购买建议。为了支持自己的观点，他从网上收集了大量关于电动汽车的信息，并与家人分享。

在一次家庭聚会上，孩子的叔叔（一位汽车工程师）也加入了讨论，推荐了一个他认为性能优越且可靠的品牌。与此同时，作为家庭财务负责人的母亲开始考虑周围朋友中流行的车型，并结合家庭经济状况做出决策。经过综合考量，母亲决定购买一辆新车，并选定了具体型号。

接下来的任务落在了父亲身上——他需要联系汽车经销商进行谈判，确保可以获得最合理的购车价格，直至完成整个购车流程。尽管这辆车最终将供全家使用，但主要驾驶者预计会是孩子，因为他计划用它来上学及参与各种活动。因此，孩子对于车辆性能、舒适度以及娱乐系统的满意度将成为衡量这次购车体验好坏的关键因素之一。

（根据网络资料整理）

思考：在上述复杂的购买决策过程中，不同的家庭成员都扮演了哪些不同的角色？

二、心理学和消费心理

（一）什么是心理学

1. 心理学概述

心理学是一门既古老又年轻的科学，早在两千多年前，人类就开始注意研究自己的心理现象。心理学是研究人类的心理现象发生、发展和活动规律的一门学科，包括基础心理学与应用心理学两大领域。

2. 心理学研究的主要内容

心理学以人的心理现象为研究对象，其研究的内容概括起来主要有两个方面：心理过程和个性心理，如图1-1所示。

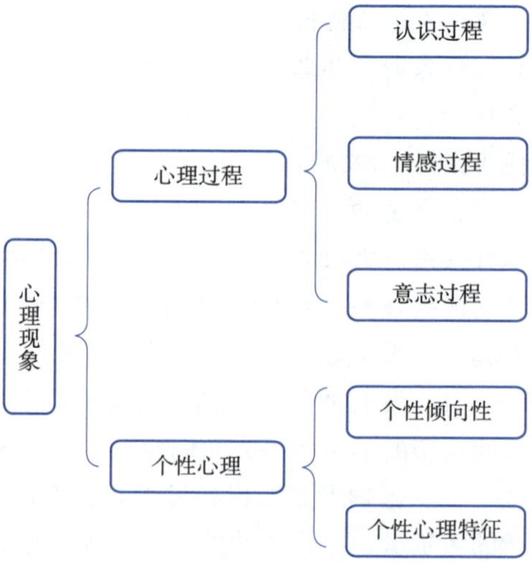

图1-1　心理学研究的主要内容

1）心理过程

心理过程是指人的心理活动发生、发展的过程。具体地说，就是客观事物作用于人（主要是人脑），在一定的时间内大脑反映客观现实的过程。心理过程包括：认识过程、情感过程、意志过程。认识过程是人们认识事物现象的心理活动过程，包括感觉、知觉、记忆、思维和想象等循序渐进的形式。情感过程是在认识过程的基础上产生一定的态度，包括喜、怒、哀、乐、爱、恶、惧等主观体验。意志过程是情感过程的进一步上升，通过有计划的行动达到最终目的。

2）个性心理

个性心理包括：个性倾向性和个性心理特征。

个性倾向性是推动人进行活动的动力系统，是个性结构中最活跃的因素。个性倾向性包含需要、动机、兴趣、爱好、态度、理想、信仰和价值观。

个性心理特征是指人的多种心理特点的一种独特的结合，个体经常地、稳定地表现出来的心理特点，主要包括能力、气质、性格等，比较集中地反映了人的心理面貌的独特性、个别性。

（二）消费心理

消费心理是指消费者在购买、使用、消耗商品过程中的一系列心理特征与心理活动，亦指消费者心理。消费者在消费过程中的偏好和选择，各种不同的行为方式都受其心理活动的支配。消费者是否购买某种商品，购买何种品牌、款式，何时何地采用何种购买方式，以及怎样使用等，都与其不同的思想、情感、气质、性格、价值观念、思维方式以及相应的心理反应密切相关。

消费心理分为本能性消费心理与社会性消费心理两大类。

1. 本能性消费心理

本能性消费心理是指由人的生理因素决定的、自然状态下的心理需要的反映。它是以消费者的生理因素作为基础和载体进行的一般心理活动，也是人类全部消费活动的基础。人类消费活动的基础从自然状态开始，逐步发展为较高层次的、复杂的社会行为。例如，饥饿的人在他人的食物面前，可能会采取抢夺、乞讨或忍耐等截然不同的行为。

2. 社会性消费心理

社会性消费心理是指由人所处的社会环境因素决定，以某种生理因素为条件，在社会状态下的心理需要的反应。它是人类特有的、高级的、以社会因素为基础和载体进行的具有某种社会意义的心理活动。例如，人类由穿衣蔽体开始，发展为追求美的衣着服饰，或通过衣着服饰来显示自己的名誉地位、职业特征等。

本能性消费心理与社会性消费心理是一种相互依存、相互联系的关系。前者是后者的前提和基础，后者是前者的发展和提高。本能性消费心理取决于人的心理因素，而社会性消费心理则由社会、政治、经济发展水平所决定，并受消费者自身经济水平的制约。

研究消费心理，对于消费者，可提高消费效益；对于经营者，可提高经营效益。例如，是否需要购买某种商品、购买什么品牌、什么时候购买、如何购买等，其中每一个环节都需要消费者作出相应的心理反应，并进行分析、比较、判断和选择。

三、消费心理学、消费者行为

（一）消费心理学

消费心理学是心理学的一个重要分支，它研究消费者在消费过程中的心理现象和行为规律。例如是否需要购买某种商品、购买什么品牌、什么时候购买、如何购买等，其中每一个环节都需要消费者作出相应的心理反应，并进行分析、比较、选择和判断。准确把握消费者的个性心理特征和消费者在消费活动过程中的心理过程，理解不同类型消费者的消费倾向，为每一个消费者提供合适的产品和服务，实现精准营销。

（二）消费者行为

消费者行为是指消费者为寻找、选择、购买、使用、评价与处置产品和服务时所采取的各种行动，消费者行为是与产品或服务的交换密切联系在一起的。我们不仅需要了解消费者是如何获取产品与服务的，还需要了解消费者是如何消费产品，以及产品在用完之后是如何处置的。因为消费者的消费体验、消费者处置旧产品的方式和感受均会影响消费者的下一次购买行为。

任务二　掌握消费心理学的研究内容与研究方法

任务目标

通过分析消费心理学的研究内容和研究方法，使学生明确定性研究、定量研究以及混合研究方法的不同点，包括它们的优势、局限性以及适用的研究场景。理解研究方法是获取和理解消费者心理与行为的科学途径，使学生能够正确选择与应用研究方法，具有得出可靠结论的能力。

知识精讲

一、消费心理学的研究内容

消费心理学从两个方面研究消费者的心理现象和营销活动中的消费心理问题，并且由此形成了消费心理学的总体框架结构。

（一）影响消费者购买行为的内在条件

1. 消费者的心理活动过程

消费者心理活动过程包含认知过程、情感过程和意志过程。这是每一名消费者通过大脑主观作用，对外部刺激接受、加工、发展、稳定并最终反馈到消费行为的全过程。由于消费者心理活动过程反映的是所有消费者心理的共性内容，因此是消费心理研究的基础性内容，是需要放在首位研究的。

2. 消费者的个性心理特征

人在气质、性格、智慧、能力等方面客观存在的差异是形成消费者个性心理的基础。不同的个性心理使得不同的消费者在消费需求、消费习惯、购买动机、购买方式等方面表现出明显的差异性。消费心理学通过研究消费者的个性心理特征，可以了解不同的消费行为产生的内在原因，掌握消费者购买行为和心理活动规律，预测消费趋势。

3. 消费者购买过程中的心理活动

心理学研究认为，人的行为由动机决定，而动机又由需要引起。消费者的需要、购买动机和购买行为之间同样存在着决定与被决定的关系。消费心理学要在研究消费者需要与动机的基础上，进一步认识消费者的购买决策心理以及由此而形成的购买行为和购买心理活动。

（二）影响消费者心理及行为的外部条件

消费者的心理活动及消费行为不仅由消费者自身特点所决定，而且还会受到所处环境与条件的影响。环境与条件越接近，人们消费行为的共性就越多。因此，环境和条件对消费心理的影响成为消费心理学研究的重要内容之一。下面从社会环境、消费者群体、消费态势、商品因素、购物环境和营销沟通等主要外部条件对消费心理的影响入手，进一步探讨经营者的市场营销活动与消费心理的关系。

1. 社会环境对消费心理的影响

社会的物质环境、制度环境和精神环境对消费文化有着不可低估的作用：物质是社会文化产生的基础，社会制度通过制度文化影响着社会消费观念和消费意识，社会精神环境广泛地影响着社会人和群体的理想、情操和精神生活，进而影响着人们的消费心理及行为；一定的社会环境形成相应的社会消费文化，而消费文化又影响着人们的消费行为。消费心理学研究社会环境对消费心理影响，其作用在于使经营者掌握与消费者进行心理沟通的方法。

2. 消费者群体对消费心理的影响

每一个消费者都生活在不同的群体之中，如青年知识分子既属于青年消费者群体，又属于文化较高的消费者群体。群体的意识特征和行为准则对消费者个体的价值观念、消费方式和消费习惯有着重要的影响和制约作用，不同消费者群体的行为规范和消费习惯影响着消费者个体的心理活动。在群体意识、群体行为准则和消费习惯的影响下，群体的消费心理具有相对稳定性和一致性的特点。消费心理学研究消费者群体与消费心理的关系，有助于经营者针对目标市场的特征采取相应的营销策略。

3. 消费态势对消费心理的影响

消费态势是指消费者群体心理倾向的某些典型状态和形势，如消费流行、消费习惯、消费习俗等。研究消费态势对消费心理的影响，其目的在于进一步认识社会环境因素作用于消费者群体时所产生的特殊但有一定典型性的消费心理现象。

4. 商品因素对消费心理的影响

影响消费心理的商品因素包括产品创新、商品品牌、商品包装、商品价格等，属于经营者营销策略的内容。成功的产品创新活动必须能够满足消费者的心理要求，在产品设计、推广等环节要特别注意与消费者的心理沟通；商品品牌可以在消费者那里产生特定的心理效应，经营者在商品命名和商品设计环节应该重视分析可能对消费心理产生的影响；商品包装和装潢具有独特的消费心理功能，可以通过外在的表现形式刺激消费者的购买欲望，引起购买；商品价格是影响消费者心理活动和购买行为的重要因素，经营者制定价格必须考虑目标市场消费心理的特殊性。消费心理学研究商品因素对消费心理的影响，其目的在于帮助经营者更清楚地认识自己的营销策略与消费心理的关系。

5. 购物环境对消费心理的影响

购物环境能够影响消费者在购买过程中的心理感受，直接影响商业企业对消费者的吸引力，进而影响其对市场的开发。购物环境包括两大类，其中店外环境主要影响消费者对商业企业的兴趣和关注，店外设计合理，可以引发消费者进店购物或浏览的欲望和联想；店内环境对消费者购买行为产生直接的作用，店内环境布置合理，可以使消费者在购物中产生愉悦的感觉，促进购买。消费心理学研究购物环境对消费心理的作用，给经营者安排购物环境提供了理论的依据。

6. 营销沟通对消费心理的影响

营销沟通是经营者为自己创造需要、吸引消费者的重要手段。经营者应该通过营销沟通使消费者感到对方提供的商品或服务正是自己所需要的。只有与消费者建立起良好的沟通渠道和关系，经营者才能顺利地进行营销活动。营销沟通的手段主要有广告沟通、营销人员与消费者的直接沟通。消费心理学研究营销沟通问题，目的在于使经营者找到打动消费者的方式和渠道。

二、消费心理学的研究原则和研究方法

（一）消费心理学研究的原则

1. 客观性原则

客观性原则即实事求是原则。消费心理的研究，必须紧密联系商业经营活动的实际情况，客观、全面地分析在经营活动条件制约下的心理现象特点，从而揭示消费者心理活动产生、发展和变化的规律。

2. 联系性原则

联系性原则是指影响和制约消费者心理的内部、外部因素是相互联系的。如营销环境的优劣会影响消费者的情绪，而消费者的情绪又制约着其对环境的体验。

3. 发展性原则

世界上的万事万物都处在永恒的不断变化之中。发展性原则要求研究者用动态的、连续的观点，在事物产生、延续、变化的过程中研究消费者心理。如随着国家政策的支持以及环保概念的深入人心，越来越多的汽车消费者趋向于购买新能源车型，新能源车将成为未来的汽车消费趋势。

（二）消费心理学的研究方法

学习和研究消费心理学必须采取有效的研究方法。主要的研究方法有以下几种：

1. 观察法

这是心理学研究最常用的一种方法，指调查者在自然条件下有目的、有计划地观察消费者的语言、行为、表情等，分析其内在原因，进而发现消费心理现象规律的研究方法。观察法可分为以下两种：

（1）自然观察法，即在完全自然的、被观察者并不知情的条件下进行的观察。

（2）实验室观察法，可在人为控制的条件下进行，被观察者可能知情，也可能不知情。

典型案例

观察法的应用实例

1996年，美国学者威尔斯和洛斯克鲁在超级市场内所进行的消费者心理研究，是运用观察法的典型实例。他们在超级市场的谷物食品、糖果、洗衣粉等柜台前进行了600小时的观察。从消费者进入这些柜台的过道开始，直到离开过道为止，观察消费者的各种活动，做了1 500条记录。通过对观察记录的分析，研究消费者的结构，如男性和女性所占的比例、成人和儿童的比

例、消费者在购买前对商品包装、商标、价格的注意程度等。这些观察不仅为了解消费者的一般心理规律提供了资料，同时还为商店改进经营策略提供了依据。

（根据网络资料整理）

2. 访谈法

访谈法是消费心理学中使用较多的一种方法，指调查者通过与受访者交谈，以口头信息传递和沟通的方式来了解消费者的个性和价值观念等内容的研究方法。可分为以下几种：

（1）结构式访谈：调查者根据预定目标事先拟定谈话提纲，访谈时按已拟定的提纲向受访者提出问题，受访者逐一予以回答。

（2）无结构式访谈：调查者与受访者以自由交谈的方式进行的调查活动。

（3）个人访谈：由调查者对单个受访者进行的访问，可以采取结构式访谈，即询问一些预设的问题。

（4）小组座谈：调查人员以召开座谈会的方式对一组消费者进行的访谈。

3. 问卷调查法

通过书面问答的方式对消费者进行调查，然后对调查数据进行分析、总结，了解消费者的心理状态、活动特点的调查方法。问卷调查法是消费者心理和行为研究常用的方法之一。

4. 实验法

实验法是指有目的地控制或创造一定的条件，给予应试者一定的刺激，从而引发应试者的某种反应，进而加以分析研究，找出有关心理活动规律的方法。

（1）实验室实验：需要在专门的实验室内进行，可借助各种仪器设备以取得精确的数据。实验室实验可以采集到较为精确的数据，但是难以准确地测定消费者复杂的个性心理现象。

（2）现场实验：这是在实际消费活动中，有目的地创造或变更某些条件，给被试者施加一定的刺激或诱惑，从中了解消费者心理活动的方法。

小案例

迎宾销售

某商店为了测试“迎宾销售”的效果，进行了一项对比实验。在实验中，他们在相对狭窄的店门口安排了两名迎宾小姐进行接待和欢迎顾客。然而，观察结果显示，大多数顾客在看到迎宾小姐后会选择避开，导致店内客流量减少。

随后，商店决定撤销迎宾小姐，结果发现更多的顾客开始涌向店内。进一步分析表明，在繁华地段的商店中，顾客更倾向于享受随意自在的浏览和购物体验。迎宾小姐的存在反而给顾客一种“把门”的感觉，仿佛被拒之门外，这影响了顾客的购物体验和店铺的整体氛围。因此，撤销迎宾小姐后，店铺的客流量和销售额均有所提升。

思考：4S店适合安排这种“迎宾小姐”的营销模式吗?

（根据网络资料整理）

三、研究消费心理学的意义

消费心理学是商品经济发展的产物。随着我国市场经济的不断完善，以及商品市场的迅速发展、消费观念的巨大变化，及时把握消费心理的变化动态越来越重要。因此深入开展消费心理学的研究具有重要的意义。

（一）有助于企业了解国内外不同的消费市场状况

不同国家、地区、民族的消费者在消费习惯、需求、爱好、禁忌以及道德观、文化传统、风俗风情等方面存在着很大的差异，如果企业不了解这些差异，就无法使自己的产品在国际市场上占有应有的份额，甚至可能引发争端。深入系统地研究消费者的心理活动规律和行为方式，有助于企业科学决策，做出正确的营销判断。

（二）有助于营销人员提高商品销售的竞争力

营销人员通过学习、了解和掌握人的一般心理过程和个性心理特征，有意识、有针对性地调节控制自己的心理和行为表现，为与消费者的心理沟通创造良好的基础。

（三）有助于消费者进行消费决策

消费者懂得消费心理规律以及商家的经营决策与消费心理的对应关系，有利于进行正确的消费决策，使自己的消费行为更合理、更经济，避免消费者上当受骗。如请明星做产品的代言人，企业只是想提高产品的知名度，让消费者产生因为喜欢某明星进而喜欢某产品的“爱屋及乌”效应；而消费者如果认为某某是大明星，其代言的产品质量一定就好，就是不明智的行为。

任务三　了解消费心理学的起源与发展

任务目标

通过描述消费心理学作为一门独立学科的发展过程，以及它在市场营销和心理学交叉点上的独特定位，帮助学生将历史上的消费心理学理念与当下的实际情况联系起来，从而达到更好地理解现代消费者的行为的目的。

知识精讲

一、消费心理学的产生和发展

随着机器大工业生产体系的确立和生产社会化程度的提高，劳动生产率迅速上升。与此同时，市场的有限性使得企业生产经营者寻求开拓市场的途径。了解消费者需求，引起消费者对商品的兴趣和购买欲望、促成其购买行为已成为其研究的必然内容。消费心理学从理论体系和框架的形成到逐步完善并形成一门独立的学科，大致经历了以下三个阶段：

（一）萌芽阶段（19世纪末到20世纪30年代）

消费心理与行为是社会经济活动中客观存在的现象，但是人们对这一现象的研究是随着市场经济的发展而产生，并随着市场营销的需要而逐步深入的。在商品匮乏的情况下，生产者和商人无须考虑如何扩大商品的销路，客观上没有专门研究消费者心理与行为的需要；在资本主义工业革命的初期，商品经济虽说有了很大发展，但在总体上还是供不应求的，多数商品处于“卖方市场”的阶段，企业在生产和经营的过程中无须担心产品的销路而考虑消费者的需求，有关消费者心理的问题在这一时期自然不会引起人们的重视。

19世纪末20世纪初，资本主义经济进入繁荣发展阶段，在这一时期，心理学的发展为消费心理学的产生提供了可能。从19世纪末德国心理学家威廉·冯特创立第一个心理实验室开始，心理学理论得到迅速的发展，出现了众多的流派，创立了各种各样的心理分析方法，正是这些理论和方法为消费心理与行为的研究奠定了科学的基础。越来越多的心理学研究者不再满足于实验室从事纯学术理论研究，而纷纷把其研究扩展到工业、军事、教育及医学等各个社会领域，尝试运用心理学的理论和方法来解释和指导人们的社会实践活动。

1901年美国心理学家沃尔特·迪尔·斯科特提出可以将心理学应用到广告活动中；1903年《广告心理学》出版，开辟了消费心理学研究的先河。1912年，德国心理学家芒斯特伯格出版了《心理学与经济生活》一书，阐述了在商品销售中广告和橱窗陈列对消费者心理的影响。"行为主义"心理学之父约翰·华生的"刺激-反应"理论，即"S-R"理论，这一理论解释了消费者接受广告刺激物与行为反应的关系，被广泛地运用于消费者行为的研究之中。

（二）发展应用阶段（20世纪30年代到60年代）

这一时期，消费者行为研究被广泛地应用于市场营销活动中，并得到了迅速发展。1951年，美国心理学家马斯洛提出了需要层次理论；1953年，美国心理学家布朗开始研究消费者对商标的倾向性；1960年，美国正式成立"消费者心理学会"；1969年，成立了"顾客协会"，与此同时，消费心理学的学科体系基本形成了。

（三）成熟阶段（20世纪70年代至今）

20世纪70年代以来，国外有关消费心理与行为的研究进入全面发展和成熟阶段，概括起来是：研究角度多元化、研究参照多样化、研究方法定量化。除学术团体外，许多大企业也设立了研究机构，专门从事消费心理学的研究，有关消费心理学的理论和知识的传播日益广泛，并受到社会各界的高度重视。近年来，消费心理学研究内容日益深入，研究方法趋向多样化。除了传统的定性分析以外，还运用统计分析技术、信息技术及动态分析等现代科学的研究成果，建立了精确的消费心理与行为模型，对消费心理现象进行定量分析，从因果关系、动态发展及数量变化上揭示各变量之间的内在联系，从而把消费心理学的研究推入一个新的阶段，使消费心理学的研究内容更加全面，理论分析更加深入，学科体系也更加完善，消费心理学在实践中得到越来越广泛的应用。

进入20世纪80年代以后，随着社会生产、科学技术的迅猛发展，消费心理学研究的内容不断深化、门类越来越多，研究方法越来越科学化。消费心理学已经成为各高校心理学系、社会科学系、经济管理系的学生及市场管理人员的一门必修课。同时，这一时期随着改革开放的推进，中国经济开始从计划经济向市场经济转型，企业逐渐意识到消费者心理研究的重要性，消费心理学的研究和应用开始逐渐恢复。高校和科研机构开始重视消费心理学的研究，设立相关专业和课程，培养专业人才。许多学者开展了关于消费者行为、消费心理特点等方面的调查研究，取得了一系列研究成果。消费心理学的应用领域不断拓展，不仅在传统的市场营销领域得到广泛应用，还涉及产品设计、品牌管理、广告策划等多个领域。企业开始注重通过了解消费者的心理需求来制定营销策略，提高产品的市场竞争力。中国学者与国际消费心理学界的交流日益频繁，参加国际学术会议、与国外学者合作研究等，及时了解国际前沿动态，推动了中国消费心理学的发展。

纵观近年来消费心理学的研究现状，呈现这样几种趋势：

（1）理论进一步得到发展，许多学者把研究重点放在理论研究上，比如对消费者购买决策程序的研究。

（2）重视宏观方面的研究，研究者从整个社会经济体系的高度去研究消费心理学。

（3）转向因果关系的研究，即由单纯性地确认描述变量关系，转向解释性的研究和对因果关系的探讨，如对消费者需求变化的影响因素的研究。

（4）与相关学科的交织，即对消费心理学的研究进行跨学科的融合、渗透。

（5）引入现代研究方法，例如采用电子仪器对消费者认知过程中的记忆、感觉进行研究。

二、消费心理学的发展趋势

如今，有关消费者心理与行为的研究进入了全面发展和成熟阶段。通过对已有的研究成果进行归纳、综合，逐步趋于系统化，一个独立的消费心理学体系开始形成并日益成熟。

（一）研究角度多元化

长期以来，学者们主要从商品生产者和销售者的单一角度对消费者的心理与行为进行研究，其关注焦点集中在如何帮助企业通过满足顾客的需求来有效地扩大销售，并以此来增加盈利。目前，这种单一局面已经被打破，许多研究人员开始把消费者心理与行为同广泛的社会问题联系起来，从宏观经济、自然资源、环境保护、消费者利益、生活方式等多种角度进行相关的研究。具体表现在以下几个方面：

（1）研究作为买方的消费者心理与行为对市场供求关系变动的影响。

（2）研究宏观调控措施对消费者的心理影响。

（3）研究政府部门在制定经济规划时如何以消费者心理作为重要的参考依据。

为顺应消费者权益保护运动的广泛兴起，消费心理的研究已经开始注重从消费者利益角度对消费者心理进行研究，以便帮助消费者提高消费能力，并保护自身权益不受损害。

（二）研究因素多样化

在最初的研究中，学者们主要利用社会学、经济学的有关概念作为基础，根据年龄、性别、职业、家庭、收入等因素来解释各种消费心理与行为的差异。随着研究的深入，与心理因素和社会因素有关的变量被大量引入，例如，个性、动机、消费群体、生活文化、广告等。目前，随着社会环境的变化和消费者自身素质的提高，消费行为比以往任何时候都更为复杂，已有的研究内容已很难对某些现象作出全面的解释。例如，为什么有的富裕的国家国民仍崇尚节俭，储蓄率居高不下，而有的国家的国民却热衷于借贷消费？对这样的问题进行研究，应该引入历史、文化、地理、民族、道德传统、价值观念、信息化程度等一系列内容。同时，这也为消费心理与行为的研究奠定了基础。

（三）研究方法可量化

在新的社会经济环境下，单纯对某一种现象进行事实性记述和定性分析显然是不够的。为此，当今的研究方法越来越倾向于定量分析，运用统计分析技术、信息技术以及运筹学、动态分析、大数据等现代科学的研究成果，从因果关系、相关关系及数量关系上来解释各变量之间的内在联系。这样的研究结果能建立更加精确的消费心理与行为模型。同时，消费模型的建立推动了对消费现象本质分析，从而把消费心理学提升到一个新的高度。在此基础上，消费心理学内容更加全面，理论分析更加深入，学科体系也更加完善，研究成果在实践中得到越来越广泛的应用。

结尾案例

麦当劳的秘诀

在进入中国市场之前，麦当劳面临的一大挑战是如何让习惯于食用馒头的中国人接受西式汉堡。为此，他们进行了长达八年的深入研究。这项研究涵盖了从国家政策到市场环境、原材料产地、饮食习惯、文化习俗、收入水平乃至家庭结构等多个方面，最终才做出了进军中国市场的决定。

那么，是什么给了麦当劳足够的信心呢？通过研究发现：4至7岁是中国儿童味觉发展的关键时期；而到了7至12岁，这种偏好逐渐固定下来。基于这一科学依据，决策者意识到，在这个年龄段内的孩子对于食物的味道并不挑剔——无论是传统面点还是新式快餐如汉堡包、薯条等都能被轻易接受。因此，吸引小朋友成为了打开中国市场的重要策略之一。鲜艳夺目的品牌标识、各式各样的玩具赠品以及充满乐趣的游戏区域，都使得小顾客们乐此不疲，一旦体验过便难以忘怀。

此外，麦当劳还特别注重细节优化以提升用户体验。例如，经过反复试验发现当汉堡高度达到17厘米时最易于食用；同时，将可口可乐冷却至4摄氏度可以更好地搭配汉堡享用。不仅如此，根据不同地区人群的平均身高差异调整收银台高度，确保每位顾客都能轻松完成支付过程。正是这样全方位考虑并满足消费者需求的经营理念，使得麦当劳不仅成功打入全球各地市场，而且在激烈的竞争环境中始终保持领先地位。

（根据网络资料整理）

讨论：

（1）麦当劳成功的秘诀是什么？

（2）研究消费者心理有什么意义？

项目实训

观察法的应用

[实训目标]

（1）培养学生运用消费心理学的研究方法。

（2）培养学生运用观察法的能力。

[实训内容]

（1）请分组选择不同商店的消费者作为观察对象进行观察。

（2）分析消费者在消费时表现出来的行为有哪些。

（3）总结并撰写观察报告。

[实训操作]

（1）教师说明训练内容及成果要求。

（2）以小组为单位提交观察报告。

（3）在班里进行交流。

[成果要求]

（1）每组写出观察报告并结合现场拍摄照片制作PPT。

（2）在全班进行小组汇报。

（3）根据小组的观察报告和个人在交流中的表现进行考核。

课后练习

一、单选题

1. 在消费心理学研究中，直接察看、了解和分析他人的言行、表情、动作、行为等以判断其心理活动的一种方法是（　　）。

A. 调查法　　B. 测试法　　C. 观察法　　D. 实验研究法

2. 分别在货架的不同位置以不同的形式摆放某种商品，记录消费者在商品面前停留的时间及购买情况，属于（　　）。

A. 观察法　　B. 实验法　　C. 问卷法　　D. 访谈法

3. 消费者行为的基础是（　　）。

A. 消费心理　　B. 消费习惯　　C. 消费环境　　D. 消费能力

4. 可以通过消费者寻找、选择、（　　）、使用等行为来分析消费者心理。

A. 偏好　　B. 习惯　　C. 经验　　D. 购买

二、多选题

1. 消费者是指对各种消费品的（　　）。

A. 需求者　　B. 购买者　　C. 拥有者　　D. 使用者

2. 研究消费心理学的作用包括（　　）。

A. 有助于提高企业的服务质量和服务水平

B. 有助于提高企业的经营管理水平

C. 有助于引导消费者进行消费决策、科学消费

D. 有助于帮助消费者买到最适合的商品

三、案例分析讨论题

仔细阅读本项目的导引案例，然后回答以下问题：

1. 什么是消费心理？请结合实例回答。

2. 为什么一个成功的营销人员需要把握消费者的消费心理？

项目二

把握消费者心理活动过程

知识目标

（1）了解感觉与知觉的含义和基本特征，及其在消费活动中的表现。

（2）理解记忆与注意的含义和基本特征，及其在消费活动中的表现。

（3）了解情感与情绪的含义和基本特征，及其在消费活动中的表现。

（4）理解消费者意志的内涵和基本特征，掌握消费者意志实现的过程，及其对消费行为的影响。

能力目标

（1）能够掌握感觉、知觉、思维、想象、注意、情绪、情感和意志等心理活动过程对消费心理和消费行为的影响。

（2）能够在市场营销活动中有效运用消费者心理活动过程。

消费者的心理活动是消费行为的基础，消费者在寻找、购买和使用商品的过程中，随时随地受到各种心理机能或心理要素的支配。其中，某些带有共性的心理机能或要素彼此联系、相互依存，共同作用于消费者行为的始终，由此构成一个统一的心理活动过程。

导引案例

大疆Pocket 3的成功思路

自2006年创立伊始，大疆便深耕无人机技术与便携式影像系统领域，凭借一连串的技术革新，在全球无人机市场中稳坐头把交椅。早在2017年，大疆通过战略性收购国际知名相机制造商哈苏（Hasselblad）的多数股权，彰显了其在影像产品线上的雄心壮志。此后，大疆陆续推出了专为户外探险与视频创作爱好者量身打造的口袋相机与运动相机系列。依托大疆一贯的高品质与强技术背景，这些小巧便携的消费级产品不仅广受年轻消费者（特别是女性用户和自媒体创作者）的青睐，还进一步强化了大疆在影像行业的市场领导地位，为后续的市场扩张奠定了坚实基础。

至2024年末，社交媒体上掀起了一股“大疆Pocket 3”热潮。无论是人像自拍还是自然风光，带有“DJI Osmo Pocket 3”水印的照片和视频在年轻群体中迅速传播，也让更多人开始聚焦于大疆这一无人机领域的先锋品牌。据BCN Retail的数据显示，自上市以来，大疆Pocket 3连续11个月蝉联同类产品销量榜首。

那么，以无人机为核心竞争力的大疆，是如何凭借这款相机赢得大众口碑的呢？

1. 以用户体验为核心，精准满足用户需求

大疆Pocket 3展现了高端品牌对大众市场的深刻理解与尊重。它通过简化操作流程，降低了使用门槛，为用户提供了前所未有的便捷体验。产品仅设一个摇杆和一个录制键，旋转屏幕即可开机，这种设计减少了专业摄像参数设置的复杂性，使得消费者能够迅速上手并创作。

大疆精准捕捉到了大众市场对“美”的追求，采用了20 mm广角镜头，更适合亚洲人的面部特征，同时内置了智能美颜功能，可根据人像肤色进行精细调整。众多网友在社交平台上分享其与其他相机的拍摄对比，称赞其为“美颜之神”“圆脸救星”，从而吸引了大量女性消费者的关注与购买。

2. 情感营销引领消费潮流

大疆Pocket 3的成功不仅在于其卓越的产品性能，更在于其深入人心的情感营销策略。在短视频平台上，大疆巧妙利用用户情感，通过营造“被大疆记录的幸福瞬间”，将使用大疆拍摄变成了一件充满情感价值的事情。如“爱你的人会记录你”“人要靠一些瞬间才能活下去”等热门话题，在抖音等平台上被转化为带有情感色彩的宣传视频，引发了大量用户的自发传播。这些搭配情感文案、带有大疆水印的照片和视频成为了短视频平台的流量担当，动辄收获数万点赞，激发了无数网友的购买欲望。

大疆Pocket 3不再仅仅是一款摄像工具，它更是一种生活态度的象征，一种情感的寄托。用户在使用产品时能够感受到情感的连接与满足，这样的营销策略不仅提升了产品的知名度，更以情动人，激发了更多用户的购买意愿——它不仅仅是一台相机，更是记录生活美好瞬间的忠实伙伴。

（根据网络资料整理）

导引案例分析

大疆Pocket 3的成功，本质是一场以用户为中心的价值重构。它用技术解决痛点，用情感创造价值，用生态沉淀忠诚，为智能硬件行业提供了“理性功能”与“感性认同”深度融合的样本。在体验经济时代，这种“既懂你需求，更懂你情感”的产品哲学，或将开启更多品牌的破局之路。

任务一　了解消费者的认知过程

任务目标

通过分析消费者认知活动的一般过程，使学生能准确区分消费者认知的基本内容，清楚界定消费认知层次，初步把握消费者认知过程的内在规律，达到培养学生具备解读消费认知心理能力的目的。

知识精讲

消费者心理过程是指在客观事物的作用下，心理活动在一定时间内发生、发展的过程。通常包括认知过程、情绪情感过程和意志过程三个方面。认知过程指人以感觉、知觉、记忆、思维等形式反映客观事物的性质和联系的过程；情绪情感过程是人对客观事物的某种态度的体验；

意志过程是人有意识地克服各种困难以达到一定目标的过程。三者有各自发生发展的过程，但并非完全独立，而是统一心理过程中的不同方面。

一、消费者认知过程——感觉

（一）感觉的概念

感觉是人脑对直接作用于感觉器官的当前客观事物的个别属性的反映。人对各种事物的认识活动是从感觉开始的，感觉是最初级的认识活动，是认识的开端。同时，感觉是知觉、记忆、思维等复杂认识活动的基础，也是人的全部心理现象的基础，是最简单、最基本的心理活动。

（二）感觉的类型

根据刺激物的来源不同和产生感觉的感受器不同，可以将感觉分为外部感觉和内部感觉。

1. 外部感觉

外部感觉是指由外部刺激引起，反映外部事物个别属性的感觉。外部感觉主要有视觉、听觉、嗅觉、味觉、肤觉，见表2-1。

表2-1　人类主要的感觉分类

感觉	适宜刺激	感觉器官	感 受 器	获取的信息
视觉	光波	眼	视网膜的视锥细胞和视杆细胞	颜色、模式、结构、运动、空间深度
听觉	声波	耳	耳蜗内基底膜上的毛细胞	声音、音调
嗅觉	挥发性气体分子	鼻	嗅上皮毛细胞	气味
味觉	可溶性物质	舌	舌上的味蕾	味道（酸、甜、咸、苦）
肤觉	外界接触	皮肤	皮肤神经末梢	触、痛、温、冷

1）视觉

视觉是我们获得外界信息的主要通道，是人们认识客观事物的重要途径。通过视觉，人和动物感知外界物体的大小、明暗、颜色、动静，获得对机体生存具有重要意义的各种信息，至少有80%的外界信息经视觉获得，视觉是人和动物最重要的感觉。在各类广告、店面设计和包装尤其是在企业形象识别（corporate identity，CI）中，营销者都非常注重并依赖视觉因素，他们将所要表达的意义通过产品的色彩、规格和样式等视觉渠道加以传递。

视觉是由光波作用于视觉器官——眼球产生的，但我们不能对所有光波都产生视觉，只有在可见光（波长为380~780 nm的光波）的范围内，光线作用于我们的眼睛时才会产生视觉。不同波长的光波相应地引起不同的颜色，视觉也是一种颜色感觉，人眼能辨别出150多种不同的颜色，但主要是红、橙、黄、绿、蓝、靛、紫七种颜色。

知识拓展

关于颜色的那些事儿

对颜色的一些反应来自后天学习获得的联想。在西方国家，黑色是哀悼的颜色，而在东方一些国家，特别是日本，白色才扮演这个角色。另外，黑色与力量相联系。在美国橄榄球俱乐部和美国曲棍球俱乐部中，穿黑色队服的球队最具进攻性；在赛季中他们受罚次数几乎一直位居榜首。

对颜色的其他反应则归因于生理差异和文化的不同。女性更容易被明亮的色彩吸引，并且对微妙的色彩变化和色彩运用方式更为敏感。一些科学家将此归咎于生理上的原因，因为女性对色彩的感受力比男性强，男性患色盲症的比率比女性高16倍。年龄因素也影响着我们对色彩的反应，随着年龄的增大，我们的眼睛也逐渐老化，且对黄颜色具有视觉敏感倾向。这有助于解释为什么成年消费者喜欢选购白色汽车。

颜色在网站设计中起着主导作用。它引导着冲浪者的眼睛浏览页面，配合设计主题，分隔视觉区域，建立前后联系，营造心境，吸引注意。绿色、黄色、青色和橙色等饱和的颜色被认为是吸引注意的最佳颜色，但是也不能过度使用，过度使用这些色彩会使人们受不了，从而引起视觉疲劳。当然，颜色在包装设计上也是一个关键问题。过去对颜色的选择通常是随意的，但近些年来许多公司都意识到，他们对颜色的选择会影响消费者对包装内产品的猜想。

2）听觉

听觉是仅次于视觉的重要感觉。当声源的振动在它周围的介质（如空气）中传播所产生的声波作用于我们的耳朵便产生听觉，人们约11%的信息通过听觉获得。声音的各种特性影响着人们的感觉和行为。例如，店铺中如果播放的是音量适度、优美的音乐，会让消费者心情更加愉悦。如果播放高分贝、嘈杂的音乐，可能会让消费者内心不安、情绪烦躁，减少消费。

小案例

声音与高端汽车设计

声音工程已成为很多汽车制造商竞相开拓的新领域，他们正竭尽全力在外观和功能相似的汽车之间创造差异。从前，汽车声学主要涉及使用大量隔音材料以降低车内噪声，使驾驶环境更为静谧。然而，如今噪声已成为衡量汽车质量的一个重要指标：如果一辆车的噪声听起来精致考究，那么它的制造工艺很可能同样出色。

梅赛德斯-奔驰的工程师们专注于记录并分析车窗升降和电动座椅调节等辅助马达的声音，并将其与宝马等竞争对手的产品进行对比。他们特别关注因乘客体重差异导致座椅调节时马达声音变化的问题，因为这可能会引起尴尬。

在追求卓越的驾驶体验方面，工程师们不遗余力。宝马在努力实现无声刮水器的过程中，通过使用吸音材料来减少电动机的噪声，但发现橡胶刮片在刮水时仍会产生轻微的撞击声。经过数月的测试，他们发现保持刮片橡胶的柔韧性可以显著减少这种噪声。然而，如果刮片长时间保持静止，橡胶会逐渐变硬并贴合玻璃形状。为此，宝马的解决方案是让刮水器电动机定期轻拍刮片的静止部分，以保持橡胶边缘的柔软和静音。此外，为了满足消费者的个性化需求，宝马还邀请了不同背景的消费者参与选择汽车技术问题警告音的设计。

（根据网络资料整理）

3）嗅觉

嗅觉的刺激物必须是气体物质，只有挥发性有味物质的分子，才能成为嗅觉细胞的刺激物。嗅觉和味觉会整合和互相作用。嗅觉是外激素通信实现的前提。嗅觉是一种远感，意思是说，它是通过长距离感受化学刺激的感觉。相比之下，味觉是一种近感。

典型案例

嗅觉营销创业故事——气味图书馆

“气味图书馆”，一个以“联结气味与记忆”为核心理念调制香水的品牌，开创性地借鉴了“图书馆”的陈列布局与试香模式，旨在通过气味这一媒介，深化人类的感官体验，唤醒大众对“嗅觉”感知的新认识。它致力于推广气味文化，使人们重新评估气味在日常生活中的重要性，并倡导一种“气味化”的生活哲学，引领了一股前所未有的生活风尚。

1994年，Christopher Brosius与Christopher Gable两位美国青年携手创立了Demeter香水品牌。品牌名源自希腊神话中主管农业的女神德墨忒耳，寓意其香水灵感汲取自大自然的精华——花草果蔬、阳光雨露，旨在帮助人们重拾那些久已遗忘的嗅觉记忆。

历经岁月洗礼，Demeter已发展成为拥有9大香氛系列（Nature、Flower、Sweets、Vegetable、Fruits、Drink[Tea&Coffee]、Drink[Juice]、Drink[Alcohol]及Life）的香水王国，共计800余种独特香气，如泥土的芬芳、青草的清新、雨雪的纯净、眼泪的咸涩、梦境的缥缈……这些自然元素的融合，让Demeter无愧于“气味图书馆”的美誉。

而在中国，气味图书馆的故事则始于2009年。当年11月，娄楠石在北京三里屯开设了国内首家气味图书馆门店，正式将Demeter香水品牌引入中国市场。2017年底，其推出的“凉白开”香型迅速走红社交网络，2018年双十一期间销量突破40万瓶，全年销量更是超过百万瓶，该系列产品占据了品牌销售额的三分之一以上。此后，气味图书馆转型为“国民香氛洗护品牌”，2018年线上销售额较前一年激增三倍，连续三年蝉联天猫国产香水品牌销量榜首，线上洗护品类占比从10%大幅提升至50%。

（根据网络资料整理）

4）味觉

味觉是可溶性物质作用于味觉器官而产生的感觉。味觉的刺激物是含有化学物质的液体。味觉基本上有甜、酸、苦、咸四种，通常是多种多样复合的感觉，而且与嗅觉互相影响，互相配合。

5）肤觉

肤觉是皮肤受到机械刺激产生的触觉、温觉和痛觉等感觉的总称。肤觉在销售的互动过程中是一个不可忽视的因素。一项研究发现，与侍者有接触的用餐者会给更多的小费。而在超市中，与消费者有轻微接触的食品推销员会更成功地邀请顾客来品尝新式点心，并收到更多订单。

2. 内部感觉

内部感觉是指接收机体内部刺激，反映身体位置、运动和内脏器官的不同状况的感觉。

（三）感觉的一般规律性

1. 感觉的感受性与感觉阈限

感觉的感受性是指感觉器官对刺激物的主观感受能力。

感觉阈限是指能引起感觉的最小刺激量（称为绝对感觉阈限），或者能引起感觉差别的两个同类刺激之间的最小差别量（称为相对感觉阈限）。刺激物所产生的刺激量必须达到绝对感觉阈限才能使消费者产生感觉；刺激物所改变的刺激量必须达到相对感觉阈限，才能使消费者感受到刺激的变化。例如，某商品的原价格1 000元，若仅降价5元消费者觉察不出有什么差别，而降价增加到50元时才能感觉到有所差别。

小案例

消费者价格感知

康奈尔大学的研究人员在美国烹饪学院位于纽约海德公园的圣安德鲁咖啡馆进行了一项实验。他们设计了三种不同的菜单：第一种在价格前加上美元符号，第二种则直接显示数字，第三种则在价格后添加“美元”二字。这项研究表明，即使只是简单地写出“元”或“美元”，也可能让顾客感受到支付带来的不适感。这说明是否在价格旁标注货币单位对消费行为有着显著影响。换言之，如果一件东西的标价是“20”而不是“¥20”或“$20”，顾客掏钱的速度会更快。研究发现，有时候甚至在把“元”或“美元”二字写出来的情况下，你都会感到“付钱的痛苦”。这说明了价格后面标注钱币符号与不标注也有很大区别，比如人民币符号¥，或者美元符号$。当货币符号与价格一同出现时，人们往往会不由自主地检查自己的口袋或钱包，感觉这件商品比实际价值要贵得多。

其次，如果你想让顾客觉得某个数字更大，就直接说这个数字；如果你希望让顾客感觉某个数字较小，那就用百分比来表示。人们通常会认为“购买1 000元商品可以节省50元”比“节省5%”更为划算。

一个酒类品牌曾在三家日常销售额相近的专卖店进行了三种不同的促销尝试：直接降价30%、原价打五折以及买二送一。三个月后，结果显示，采用“买二送一”策略的店铺销售额比其他两家高出35%。这表明，大多数消费者更倾向于选择那些看似更实惠的小优惠，而对于直接的价格折扣或打折则持有较多疑虑，比如担心产品质量问题或是原价虚高等。相比之下，“买二送一”的方式显得更加实在且具有吸引力。

（根据网络资料整理）

消费者对商品、广告、价格等因素的刺激有无感觉，与其自身的感受性和刺激量的强度密切相关。在消费活动中，企业销售者应先了解消费者的感觉阈限值，然后根据该阈限值确定一定强度的刺激量，以使消费者对刺激产生感觉。但刺激强度不可过强，否则可能会使消费者反感。

典型案例

宜家的心理定价策略

在宜家的开阔卖场内，价格与折扣信息总是以极为醒目的方式呈现，这得益于创始人坎普瑞德设定的一条核心规则：每件商品都必须配备明确的价格标签。鉴于宜家的核心竞争优势在于其亲民的价格定位，它自然而然地吸引了一大批对价格高度敏感的顾客群体。对于这些顾客而言，商品的未知价格往往意味着购买决策的停滞不前。因此，清晰的价格标示成为了促成交易的关键一环。游走于宜家，你会发现红色与黄色的价格标签不仅色彩鲜明，更巧妙地融入了多样化的价格策略之中，将营销智慧展现得淋漓尽致。

1. 非整数定价：神奇的尾数9

消费者在心理上总是存在零头价格比整数价格低的感觉。例如，如果某产品的计划定价为6元，将其调整为5.9元，尽管只降低了0.1元，却能显著提升顾客的购买意愿，因为这种定价方式给消费者一种经过精心计算、更加划算的感觉。在宜家，你会发现几乎所有商品的价格都以9

结尾，这种策略巧妙地迎合了消费者的这一心理预期，使人们觉得每一件商品都是物有所值的精选之品。而对于高档商品、耐用商品等则适用整数定价策略。

2. 三层定价：帮助用户更快地选择

在宜家的产品矩阵中，同一风格的产品往往提供三种不同的价格选项。这种“三种规格”或“三种选择”的策略实际上是基于对消费者心理的深刻理解。以咖啡销售为例：假设咖啡店只出售两种杯型的咖啡，小杯28元，大杯32元，那么可能各有一半的顾客会选择其中一种。但如果此时引入一个更大杯型的咖啡，比如超大杯定价为36元，尽管这个新选项本身可能销量不高，但却能显著提升大杯咖啡的选择率至80%左右。

3. 锚定效应：先入为主的惯性

锚定效应，在心理学领域中，描述的是人们在评估事物或做出判断时，容易受到最初接触到的信息（即“锚”）的影响，这一先入为主的信息如同沉入海底的锚一般，将人们的认知和决策固定在某个特定位置。例如，在宜家购物时，你首先看到一个标价999元的书柜，紧接着在旁边发现了一款展示用的蜡烛灯，售价仅为32元。与书柜相比，这款烛灯显得极为划算，于是你毫不犹豫地将其放入购物袋中。然而，如果此时你能稍微冷静一些，上网搜索同款商品，就会发现同样的产品只需25元且包邮。

宜家巧妙地利用了这种心理效应，在其样板间中随意摆放着各种看似不起眼的小物件作为“诱饵”，一旦顾客购买了其中一件，就如同打开了消费的闸门，往往会继续购买第二件、第三件……令人意想不到的是，这些小物品虽然单价不高，但却占据了宜家总销售额的20%。通过这种方式，宜家不仅提升了顾客的购物体验，还有效地增加了销售额。

（根据网络资料整理）

2. 感觉的适应性

感觉的适应性是指消费者的感受性会随着同一刺激物对感觉器官的持续作用而提高或降低的变化现象。在销售活动中，销售者应充分利用或避开消费者的感觉适应性规律，以便顺利地开展销售工作。例如，间隔时段播放同一则广告内容，以使消费者逐渐适应或接受广告内容。

3. 感觉的对比性

感觉的对比性是指同一感觉器官接受不同刺激而使感受性发生变化的现象。例如，图2-1中的灰色图块在浅色背景下显得暗些，而在深色背景下则显得亮些。

图2-1　颜色的对比性

（四）感觉与消费心理

1. 感觉是消费者心理活动的基础

感觉是消费者认识商品的起点，是一切复杂心理活动的基础。消费者对商品的第一印象或对商品的初步评价都是在感觉的基础上形成的。企业在营销活动中可充分运用消费者的感觉引发消费者的购买欲望。不管是西餐厅里牛排在铁板上嗞嗞的响声，还是蛋糕店飘出的诱人香味，抑或动作大片的惊险……无论在什么地方，我们总会被各种图像、色彩、声音、气味包围，还会有甜酸苦辣、软硬冷暖的各种体验与感觉。作为营销者可以通过制作精美的广告刺激消费者的视觉，使其对商品产生好感；在购物场所播放优美的音乐以刺激消费者的听觉，使其心情愉快并促使其实施购买行为；在销售过程中邀请顾客参与品尝或触摸商品，使其加深对商品的良好感觉，进而产生购物欲望等。

2. 感觉是引起消费者某种情绪的通道

消费者感觉上的差别会引起他们不同的情绪或心理感受。如丝绸等光滑的织物被等同于豪华，粗斜纹布被认为是结实耐用的。由稀有材料制成或要求较复杂工序以达到光滑细致的面料会被认为是高级的。类似地，轻柔和精致的质地被认为是富有女性气息的，粗糙常常得到男性的积极评价，而光滑则为女性所追求。

二、消费者认知过程——知觉

（一）知觉的概念

知觉是人脑在感觉的基础上把接收到的信息加以综合整理，从而形成对事物的完整印象。知觉只限于当前在脑中呈现事物的整个印象，而认知到事物的一定意义则是思维起的作用。正是在知觉的基础上，使我们能够认识到事物的名称、性能、因果关系等意义。在心理活动中，知觉与思维紧密地相互联系着，知觉是思维的“窗口”，为思维提供感觉信息，而思维又对感觉信息进行加工处理，把知觉组织起来，使其获得一定的意义。

知识拓展

感觉与知觉的关系

感觉和知觉既有区别，又有联系。感觉和知觉是不同的心理过程，感觉反映的是事物的个别属性，知觉反映的是事物的整体，即事物的各种不同属性、各个部分及其相互关系；感觉仅依赖个别感觉器官的活动，而知觉依赖多种感觉器官的联合活动。可见，知觉比感觉复杂。

感觉和知觉有相同的一面。它们都是对直接作用于感觉器官的事物的反映，如果事物不再直接作用于我们的感觉器官，那么我们对该事物的感觉和知觉也将停止。感觉和知觉都是人类认识世界的初级形式，反映的是事物的外部特征和外部联系。如果要想揭示事物的本质特征，光靠感觉和知觉是不行的，还必须在感觉、知觉的基础上进行更复杂的心理活动，如记忆、想象、思维等。知觉是在感觉的基础上产生的，没有感觉，也就没有知觉。我们感觉到的事物的个别属性越多、越丰富，对事物的知觉也就越准确、越完整，但知觉并不是感觉的简单相加，因为在知觉过程中还有人的主观经验在起作用，人们要借助已有的经验去解释所获得的当前事物的感觉信息，从而对当前事物作出识别。

总之，知觉的产生以大脑中的感觉信息为前提，并且与感觉同时发生。但知觉却不是各种感觉的简单总和。因为在知觉中除了包含感觉之外，还包含记忆、思维和言语活动等。知觉属于高于感觉的感性认识阶段。但知觉和感觉一样，都是事物直接作用于感觉器官产生的。离开了事物对感官的直接作用，既没有感觉，也没有知觉。

（二）知觉的特性

知觉具有多种特性，主要包括选择性、整体性、理解性和恒常性。

1. 知觉的选择性

知觉的选择性是指由于人的感觉器官的接受能力有限，因而当人面对复杂多样的客观事物时，总是有选择地注意某一事物或事物的某种特征（即将其作为知觉对象），而不注意其他事物或事物特征（即将其作为知觉背景）。如著名的鲁宾之杯（见图2-2），人们在画面看到的空间是人还是杯子，完全要看他注视的角度是在图形上还是在背景上，或是看整体还是看局部。由于观察角度的不同，将分别出现不同意义的画面，即双重意象（double image）。“图”是主要的知觉对象，“底”是次要的知觉对象。在此图中，如果我们以黑色为图、白色为底，那么将看到的是两个鼻尖相对的人；如果以白色为图、黑色为底，看到的是杯子。这就是“互为图底”“图底反转”。

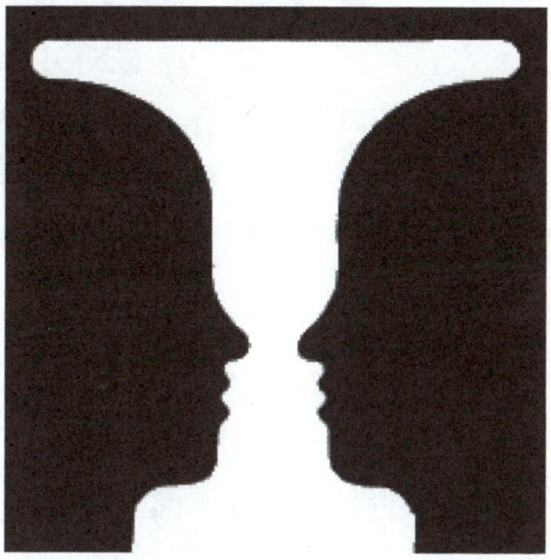

图2-2　鲁宾之杯

小案例

双重意向在广告中的应用

美国联邦快递的企业标志（见图2-3）有效地利用了双重意象：第一层意象是FedEx，即联邦快递的英文缩写；第二层意象隐藏在FedEx的“E”与“x”之间，如果我们以“E”与“x”为底，两者之间反衬出了一个方向向右的白色箭头。设计这个白色箭头的用意是表达快递行业的速度概念，这正是联邦快递的企业理念之一。

（根据网络资料整理）

2. 知觉的整体性

知觉的整体性是指虽然知觉的对象有多种属性，且由不同部分构成，但是人并不会将其知觉为个别的、孤立的几个部分，而倾向于把其知觉为一个整体。如图2-4所示，居于图中间第一层的三角形虽然在实际上都没有边缘、没有轮廓，可是，在知觉经验上却都是边缘最清楚、轮廓最明确的图形。我们在看到这个图形时会描述出图形是一个三角形重叠在另一个三角形上，并遮盖了后边的三个黑色的圆形，但实际上这些三角形和圆形的关系却不是我们看到的，而是我们的求全思维创造的，因为人具有非常强的借助微小的线索组织起完整形状的能力。这也是说明我们知觉具有整体性的一个很好的例子。

3. 知觉的理解性

知觉的理解性是指在知觉的过程中，人会利用过去所获得的有关知识、经验对知觉对象进行加工理解，并用语言将其特性表示出来。人的知觉是一个积极主动的过程，知觉的理解性正是这种积极主动的表现。人们的知识经验不同、需要不同、期望不同，对同一知觉对象的理解也不同。例如：一张检验报告，病人除了知觉一系列的符号和数字之外，却不知道什么意思；而医生看到它，不仅了解这些符号和数字的意义，而且可以做出准确的判断。

图2-3　联邦快递企业标志

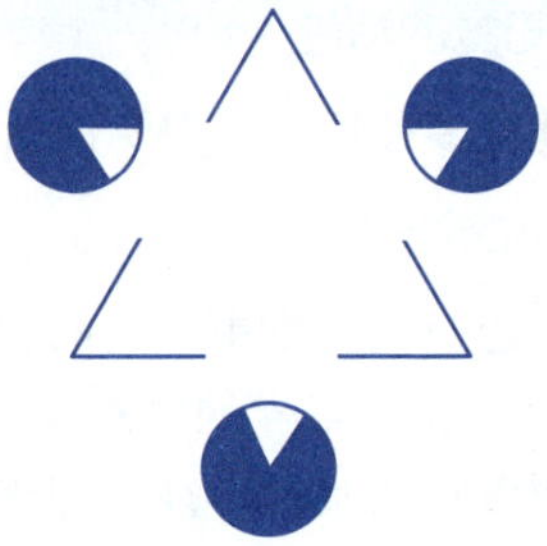

图2-4　三角形与圆形

4. 知觉的恒常性

知觉的恒常性是指由于受知识经验的影响，当知觉条件发生变化时，人的知觉印象仍然保持相对稳定或不变。知觉的恒常性通常表现为亮度恒常性、大小恒常性、声音恒常性、形状恒常性等。例如家具在不同灯光的照射下颜色发生了变化，但人对其颜色的知觉仍保持不变；另如当我们看一扇门打开时的不同状态时，虽然它在视网膜上的影像变成了梯形，但我们仍然会将它知觉为长方形（见图2-5）。

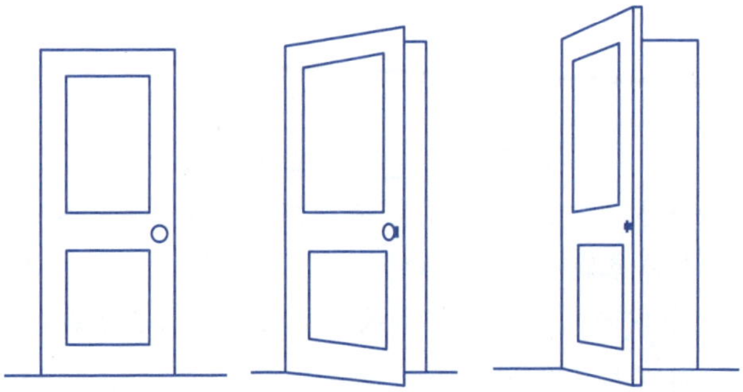

图2-5　知觉的恒常性

（三）知觉与消费心理

在消费活动中，知觉能够有效地影响消费者的购买心理和行为，这种影响主要表现在以下几个方面：

1. 知觉能引导消费者选择所需商品

在消费活动中，知觉能使消费者淡化对无关商品的注意，搜寻到自己所需购买的目标商品；也能通过灯光、包装的有效运用，帮助消费者注意到包装精美或设计精巧的某些商品。例如，超市的肉类柜台总是选用橘红色灯光照射新鲜肉类，强化消费者对鲜肉新鲜感的注意，进而引导消费者实施购买行为。

2. 知觉能带动消费者做出理性的购买决策

在消费活动中，知觉能够促使消费者利用已有的知识、经验，全面、深刻地感知商品的实际功能、价格、质量，以及商品对于自身需求的满足程度，从而作出相对理性的购买决策。例如，很多超市都会设置临期食品区域，往往都是保质期仅剩一个月的食品，价格往往是原价的50%~70%，可谓相当划算，因而许多精明的家庭主妇就会在经过一番比较之后理性地选择购买此类既能满足自己家庭的需要又能节省家庭开支的食品。

3. 知觉能使消费者对商品产生特殊情感

知觉能使消费者对商品形成相对稳定的印象，进而促使其产生喜爱或厌恶的情感，这种情感会影响消费者购买行为的实施。

小案例

畅销的酒杯

某知名百货公司近期引进了一批精致的高级玻璃刻花酒杯，这些酒杯以其优雅的线条和卓越的品质脱颖而出，然而，令人意外的是，它们在货架上的表现并不尽如人意，每日仅能售出寥寥的2至3套。

面对这一困境，一位机智的营业员想出了一招妙计：他将这批酒杯精心布置在橱窗内，并在每个酒杯中轻轻斟入了红色的液体。这一抹鲜艳的红色不仅完美映衬出了酒杯晶莹剔透的雕刻图案与高贵典雅的外形，更让过往的顾客眼前一亮，心生喜爱，购买的冲动也随之而来。这一改变迅速产生了显著的效果，酒杯的销量迅速攀升，每日成交量跃升至30~40套。

值得一提的是，这位营业员所用的红色液体不过是将几滴红墨水溶入清水之中，这一简单却巧妙的做法，极大地激发了消费者对酒杯的青睐之情，进而极大地提升了他们对酒具的购买意愿。

（根据网络资料整理）

三、消费者认知过程——注意

（一）注意的概念

注意是指人的心理活动对外界一定事物的指向与集中。注意不是一个独立的心理过程，而是各种心理活动的一种共有态度或特征。学生上课听讲，要聚精会神地听教师讲解；司机开汽车，要全神贯注于观察与操作；射击运动员参加比赛，要屏息凝神瞄准目标……人只要处于清醒状态，就一刻也离不开注意。注意与人们的一切心理活动密不可分，它伴随着人们的认知、情感和意志等心理活动而表现出来。

知识拓展

注意力经济

“注意力经济”这一观点早见于美国加州大学学者理查德·劳巴姆（Richard A.Lawbam）在1994年发表一篇题为《注意力的经济学》（*The Economics of Attention*）的文章。1997年，美国的迈克尔·戈德海伯（Michael H.Goldhaber）发表了一篇题为《注意力购买者》的文章，最早正式提出“注意力经济”这一概念。他在这篇文章中指出，有关信息经济的提法是不妥当的，因为按照经济学的理论，其研究的主要课题应该是如何利用稀缺资源。对于信息社会中的稀缺资源，他认为，当今社会是一个信息极大丰富甚至泛滥的社会，而互联网的出现加快了这一进程，信息非但不是稀缺资源，相反是过剩的。而相对于过剩的信息，只有一种资源是稀缺的，那就是人们的注意力。

著名的诺贝尔奖获得者赫伯特·西蒙在对当今经济发展趋势进行预测时也指出："随着信息的发展，有价值的不是信息，而是注意力。"这种观点被IT业和管理界形象地描述为"注意力经济"。

（二）注意的类型

消费者在认知商品的过程中，往往表现出不同的注意倾向。按照消费者有无目的以及是否需要意志努力划分，注意可分为无意注意和有意注意。

1. 无意注意

无意注意是指消费者事先没有预定目的，也不需要作意志努力的注意。无意注意往往是外来刺激所引起的冲动和反应，营销传播常常使用这一方法，显著刺激可以无意地吸引注意力。人们很难忽略显著刺激。某些产品、包装和广告是"凸起"的、"显著"的，是因为它们与众不同、充满趣味。例如劳斯莱斯的车型设计不同于其他车型，因此在路上行驶的时候总是很抢眼。

2. 有意注意

有意注意是指自觉的、有预期目的的，必要时还需要一定意志努力的注意。有意注意是一种主动的、服从一定活动任务的注意，它受消费者自觉意识的调节。消费中的有意注意是有明显购买目标的注意，这些消费者会有意识地从营销活动中寻找与现行计划、意图或目标有关的所购买商品的信息。例如，当消费者计划购买一套音响、一双新鞋或者一辆新车，他们就会有选择地注意与音响系统、鞋或车有关的信息。

无意注意和有意注意既相互联系又相互转换。当人们对某一事物的无意注意次数较多时，其对该事物的注意可能转换为有意注意；当人们对某些事物长时间有意注意后，就容易感到疲劳，进而将有意注意转换为无意注意。

知识拓展

广告与注意力

一般来说，当人们"无意注意"某一事物，维持这种"注意"状态的平均时间是5秒，几乎很少有人能够维持20秒。"注意"的焦点针对印刷广告的印刷标题2秒之后，是"注意"力最强的时刻，再过2秒之后，"注意"力就会逐渐减弱消失。因此，广告宣传必须把握这种规律性，即不要只是一般地追求稳定的"注意"，而是要在变化当中去引导人们的"注意"。这就要求广告在变化内容、出场顺序等方面要有一个既稳定又变化的安排，以此才能保持住人们的"注意"力。利用合理的设计，使广告牵动观察者的视线向设计者所期待的方向移动，增强广告的吸引力，从产生"注意"的那一瞬间开始，引导读者全神贯注地看完整个广告。

（三）注意与消费心理

由于有意注意和无意注意可以相互转换，因而企业可以利用多元化经营（如集购物、娱乐、休闲、精神享受于一体的大型综合商场）来吸引消费者的注意，并利用多种手段（如植入式广告、跨界合作等）来调节或转换消费者的有意注意和无意注意，以消除消费者的注意疲劳，延长消费者在购物场所的停留时间，从而增加更多销售机会。

典型案例

特仑苏如何“圈”住消费者

在信息极度碎片化的时代，人们的注意力变得异常短暂，品牌间的竞争也因此变得更加激烈。许多品牌为了争夺消费者那几分钟甚至几秒的注意，纷纷使出浑身解数，力求新鲜刺激。然而，这种短暂的刺激往往难以持久，一旦热度消退，品牌与消费者之间的联系也随之断裂。

与这些追求短期效应的品牌不同，特仑苏采取了一种更为长远的策略，它更像是在下一局围棋，通过周密的布局来“圈”住自己的消费者。特仑苏深知，得到消费者的注意力只是第一步，更重要的是如何维持并深化这种联系。

1. 品牌全方位升级，多维发力“圈”住消费者

特仑苏品牌全面升级，不仅重塑了品牌形象，更从产品核心到用户体验，乃至情感共鸣与精神层面，都进行了深度升华，旨在与消费者共同成长，追求更加卓越的自我。

面对消费升级的浪潮，特仑苏积极响应，对产品线进行了创新性升级。2018年，特仑苏率先将有机奶引入梦幻盖包装时代，开启了自由、多元的饮用新体验，满足了现代消费者对高品质生活的向往。这一创新举措进一步扩展到更多产品，彰显了特仑苏持续引领行业潮流的决心。

明星代言策略对于特仑苏而言，远非简单的形象推广，而是品牌综合魅力的展现。自2019年起，特仑苏携手多位知名艺人作为品牌代言人，每位明星都深刻诠释了特仑苏的品牌精神，与不同消费群体及生活方式建立了紧密的沟通桥梁。在坚守高端品质与品牌基调的同时，特仑苏的营销策略逐步向年轻化迈进，通过多元化的代言人矩阵，更加精准地触达并贴近各圈层消费者，这不仅是特仑苏市场布局的多元化体现，更是其深入理解消费者需求、不断探索品牌年轻化表达的有力证明。

2. 开启了冠名综艺节目、跨界品牌合作等花样营销新方式的大门

在娱乐营销方面，特仑苏选择与《声入人心》和《向往的生活》两大优质热门综艺进行合作。

《声入人心》作为一档高雅艺术的展示平台，其观众群体以高审美能力著称，与特仑苏的目标消费者高度契合。这种精准的受众匹配，使得特仑苏的每一次品牌传播都能精确触及目标群体。在《声入人心》第一季和第二季中，特仑苏不断深化“追求更好自我”的品牌理念，通过节目中的花字口播等形式，巧妙地将品牌精神融入其中，实现了品牌与节目理念的深度融合，让植入广告本身也成为一种艺术享受。

另一档节目《向往的生活》，以其贴近自然的慢综艺风格，吸引了特仑苏的目光。2019年，特仑苏有机奶提出了“更懂自然，更好有机”的沟通主张，并深度植入到冠名的湖南卫视综艺节目《向往的生活》第三季中。特仑苏巧妙地利用节目中的亮点环节，实现了从节目冠名到内容的完美融合。在节目中，嘉宾们不仅频出金句，给人留下深刻印象，还展示了特仑苏牛奶的多种创意吃法，如做粥、制作姜汁撞奶等，极大地激发了观众的购买欲望。特仑苏通过这种综艺营销方式，展现了其对消费者心理的深刻理解。

对于品牌跨界合作这种年轻化的玩法特仑苏当然也不会落后，特仑苏0脂嗨Milk与“天猫国潮来了”就带着消费者一起玩得嗨起来了。特仑苏特别推出京绣款包装的嗨Milk 0脂肪纯牛奶，在传承美的同时歌颂中国传统文化，更体现出特仑苏嗨Milk独有的艺术品味与最美颜值牛奶的形象。

3. 线下活动——玩美体验馆

特仑苏完美体验馆特邀品牌代言人亲临现场，担任一日店长，与粉丝深度互动，瞬间点燃现场氛围，强劲驱动粉丝经济引擎，引领品牌营销步入年轻化、多元化新纪元。在时代洪流与社会进步的推动下，特仑苏的消费者群体跨越年龄界限，共同追寻更卓越的自我与成长之路，以多样化的方式诠释个体价值。“更好”的定义不再单一，而是演化为更加个性化、多元化的全面展现。

特仑苏品牌致力于激励并赋能每一位消费者“成就更好的自己”。坚持以消费者为中心，从品牌塑造、产品创新、代言人选择到创意营销策略，构建起全方位的营销闭环体系。在不断进化成为更优秀品牌的同时，特仑苏也稳固地吸引并凝聚了目标消费群体的心。

（根据网络资料整理）

四、消费者认知过程——想象与联想

（一）想象

想象是指人脑对已储存的表象进行加工改造而创造新形象的心理过程。形成想象要具备三个必要条件：第一，必须要有过去已经感知的经验，但这种经验不一定局限于想象者个人的感知；第二，想象必须依赖人脑的创造性，需要对表象进行加工；第三，想象出的是个新的形象，是主体没有感知过的事物。

知识拓展

想象与相对论的诞生

爱因斯坦相对论的诞生是想象所赋予的。爱因斯坦认为从牛顿以后对空间、时间、引力三者相互关系及运动规律永恒不变的理论有失偏颇，感到似乎有一种新的理论体系可以推翻这个论断。1895年夏天，16岁的爱因斯坦信步而行，登上一座小山，找到了一处理想的地方躺下，他半眯着眼睛，仰望天空，阳光穿过他的睫毛射在他的眼睛上。他好奇地想象，如果自己骑在一束光上去旅行，那将会是什么样子呢？然后问自己：如果这时在出发地有一座时钟，从我所处的位置看，它的时间会怎样流逝呢？我能同时看到过去、现在和未来吗？于是，他的智慧在想象中闪光……由此，相对论的灵感及理论体系脱颖而出。

按照想象活动是否具有目的性，想象可以分为无意想象和有意想象。

1. 无意想象

无意想象是一种没有预定目的、不自觉的想象。它是人们在某种刺激的作用下，不由自主地想象某种事物的过程。例如，人们看见天上的浮云，想象出各种动物的形象。

2. 有意想象

有意想象是指按一定的目的、自觉进行的想象。例如科学家提出各种想象模型，文学艺术家在头脑中构思人物形象都属于有意想象。在有意想象中，根据想象内容的新颖程度和形成方式不同，可分为再造想象和创造想象。

（1）再造想象是根据言语的描述或图样的示意，在人脑中相应形成新形象的过程。例如，消费者根据广播广告的言语描述想象出商品的形象。

（2）创造想象是在创造活动中，根据一定的目的、任务，在人脑中独立地创造出新形象的心理过程。例如《西游记》中孙悟空、猪八戒等形象就属于创造想象。

小案例

广告创意中的想象

广告的创意与设计是广告创作者尽情挥洒想象力的舞台。在创作过程中，巧妙地突出或淡化广告对象的某些独特属性、功能或特性，能够赋予消费者对产品全新的认知与印象。

德芙巧克力的广告语"牛奶香浓，丝般感受"堪称广告界的经典之作。其精髓在于"丝般感受"这一心理描绘，将巧克力细腻滑顺的口感与丝绸的柔软细腻巧妙比喻，展现了丰富的想象力与深远的意境，激发了消费者"亲身体验一番"的渴望，进而驱动他们采取购买行动。

山叶钢琴的广告语"学琴的孩子不会变坏"广为人知，其成功秘诀在于精准捕捉了父母"望子成龙"及"担忧孩子误入歧途"的心理。广告语采用寓意深远的手法，不直接宣扬钢琴的优越性能，而是从学钢琴对孩子身心成长的积极影响入手，引发家长的共鸣与想象。一旦家长接受了山叶的这一理念，选择购买该品牌的钢琴便水到渠成。

（根据网络资料整理）

（二）联想

联想是由一事物的经验激发起另一事物的经验的心理过程。具体来讲，它可能是由当前感知的事物回忆起与之相关的另一事物，或者是由一事物的经验激发起另一事物的经验过程。

典型案例

购车为何不看发动机，反反复复开关车门

在汽车设计领域，制造商面临一个核心挑战：如何在成本控制、定价策略、性能优化与用户体验之间找到一个最优平衡点？尽管装备车辆以高端配置无疑能显著提升用户体验，但这样做往往伴随着高昂的成本和售价，可能会使更广泛的消费群体望而却步。因此，遵循"精准投资"的原则，制造商必须明智地分配资源，优先提升那些最能增强用户体验的方面。

为了深入了解消费者的真实需求，一些汽车厂商采取了创新的市场调研手段，在销售展厅安装了众多摄像头，记录下顾客选车过程中的行为模式。数据分析揭示了一个有趣的现象：许多顾客在购车决策过程中会频繁地开关车门，平均每个顾客无故地进行此动作约6次。这一不寻常的行为引起了研究团队的好奇——为何开关车门会成为评估车辆的一个环节？

深入探究后发现，顾客反复操作车门主要是为了感知其重量并聆听开关门时的声音。进一步的统计分析显示，车门的重量感、开关门的声音与汽车的成交率之间存在显著关联。消费者潜意识中形成了一种认知：车门越重、开关声音越沉闷，意味着车门材质更为坚固，从而推断整车安全性更高。

鉴于此，汽车制造商开始采取策略性调整，比如略微减少车门轴承的润滑度，使开关门的动作略显费力；同时，通过调整车门密封条等部件的材质，使得关门声更加浑厚有力。这些看似微小的改变，实际上是对消费者隐性偏好的精准回应。

这一案例生动展示了当企业洞察到消费者行为背后未被明言的需求时，可以通过巧妙的产品设计与营销策略有效满足并引导市场需求，从而实现产品竞争力的提升。

（根据网络资料整理）

五、消费者认知过程——记忆

（一）记忆的概念

记忆是人脑对经历过的事物的识记、保持、再现或再认，它是进行思维、想象等高级心理活动的基础。具体地说，是人脑对感知过的事物、思考过的问题和理论、体验过的情绪或做过的动作的反应。在消费实践中，消费者感知过的广告、使用过的商品、光顾过的商店、体验过的情感以及做过的动作等，在经过之后还会在大脑皮层留下兴奋过程的印迹，在一定的条件下，这些印记仍然能够重新活跃起来。这样消费者就能重新再现已经消失的消费对象的表象，使得过去感知过的事物在头脑中再现出来。

记忆包括识记、保持、回忆（再认）三个基本环节（见图2-6）。识记是人们为获得对客观事物的印象而进行的感知过程。保持是识记过的事物在头脑中留存和巩固的过程。回忆是以前反映过的事物不在眼前，而把过去接收的信息重新呈现的过程；再认是过去经历过的事物重新出现时，感到熟悉并确认是以前识记过的。其中回忆与再认并无本质区别，回忆率与再认率是衡量营销刺激记忆情况的两个常用指标。

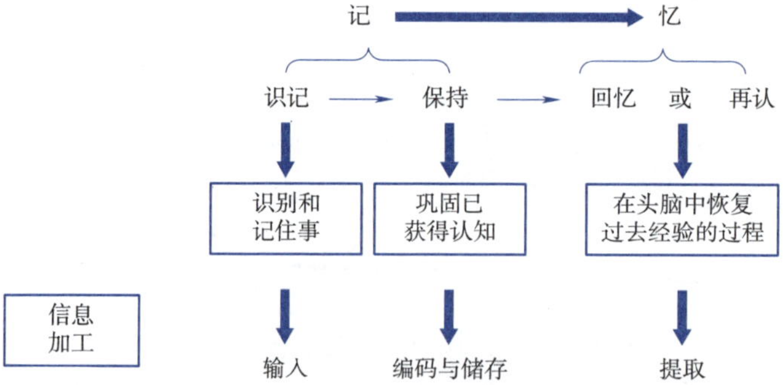

图2-6　记忆的基本环节

记忆的这三个环节是相互联系和相互制约的。识记和保持是回忆和再认的基础；回忆和再认是识记和保持的结果，并能进一步巩固和加强识记和保持。例如，一位消费者家里需要购买家用轿车，他就会注意收看有关轿车的广告，上网查阅轿车方面的信息，向懂行的朋友和同事请教，从而获得预算内有关轿车的各种品牌、型号、性能、质量、配置和价格方面的知识，还有关于汽车保养和使用时应当注意的事项等。他把这些信息、知识和经验统统记下来（识记）并储存在脑子里（保持），过了一段时间（保持），去车市选购轿车时，他就能根据记忆中有关轿车的知识挑选中意的品牌（再现），顺利地完成购买行为。

（二）记忆的分类

1. 根据记忆的内容不同进行分类

根据记忆的内容不同，可以把记忆分为四种，即形象记忆、逻辑记忆、情绪记忆和运动记忆。

1）形象记忆

以感知过的事物形象为内容的记忆称为形象记忆。这些具体形象可以是视觉的，也可以是听觉的、嗅觉的、触觉的或味觉的。如人们对看过的一幅画、听过的一首乐曲的记忆就是形象记忆。这类记忆的显著特点是保存事物的感性特征，具有典型的直观性。

2）逻辑记忆

逻辑记忆是以思想、概念或命题等形式为内容的记忆，如对数学定理、公式、哲学命题等内容的记忆。这类记忆是以抽象逻辑思维为基础的，具有概括性、理解性和逻辑性等特点。

3）情绪记忆

情绪记忆是以过去体验过的情绪或情感为内容的记忆，如考生对接到大学录取通知书时的愉快心情的记忆等。人们在认识事物或与人交往的过程中，总会带有一定的情绪色彩或情感内容，这些情绪或情感也作为记忆的内容而被存储进大脑，成为人的心理内容的一部分。情绪记忆往往是一次形成而经久不忘的，对人的行为具有较大的影响作用。如教师对某个学生的第一印象会在很大程度上影响对该生的态度、行为，就是因为这一印象是与情绪相连的。情绪记忆的印象有时比其他形式的记忆印象更持久，即使人们对引起某种情绪体验的事实早已忘记，但情绪体验仍然保持着。

小案例

关于情绪记忆的实验

某国学者Srull进行了一项研究，通过让参与者回忆过去的特定经历来激发三种不同的情绪状态：积极、消极和中性。随后，他向这些参与者展示了一则关于马自达跑车的印刷广告，并要求他们在阅读广告时形成对该跑车的整体印象。48小时后，再次要求参与者对这款跑车进行评价。结果显示，处于积极情绪状态下的参与者给出的评价最高，其次是中性情绪状态的参与者，而消极情绪状态下的参与者则给出了最低的评价。这表明，消费者在观看广告时的情绪状态直接影响他们对广告内容的评估。

另一项研究也支持了这一观点。该实验中，一部分参与者观看喜剧电影，另一部分则观看悲剧电影，两部电影中均插播了同一段广告。研究发现，观看喜剧片的参与者能够回忆起更多的广告内容。可能的解释是，积极的情绪状态有助于消费者从记忆中提取更广泛且完整的信息。当人们心情愉快时，他们学习的材料更容易被记住；相反，在焦虑、沮丧或紧张的情况下学到的内容则更容易被遗忘。

因此，在媒体尤其是节目中插入广告时，应当注意前后节目的性质，有意识地增强广告情境的情感吸引力。此外，提高广告本身的感染力也有利于加深消费者对其的情绪记忆。

（根据网络资料整理）

4）运动记忆

运动记忆是以人们过去的操作性行为为内容的记忆。凡是人们头脑里所保持的做过的动作及动作模式，都属于动作记忆，如上体育课时的体操动作、武术套路，上实验课时的操作过程等都会在头脑中留下一定的痕迹。这类记忆对于人们动作的连贯性、精确性等具有重要意义，是动作技能形成的基础。

以上四种记忆形式既有区别，又紧密联系在一起。如动作记忆中具有鲜明的形象性。逻辑记忆如果没有情绪记忆，其内容是很难长久保持的。

2. 按保存时间的长短进行分类

按保存时间的长短，可以把记忆分为三种，即瞬时记忆、短时记忆和长时记忆。

（1）瞬时记忆又称感觉记忆，是指作用于人们的刺激停止后，刺激信息在感觉通道内的短暂保留。信息的保存时间很短，一般在0.25～2秒之间。瞬时记忆的内容只有经过注意才能被意识到，进入短时记忆。

（2）短时记忆是保持时间大约在1分钟之内的记忆。据实验研究，在没有复述的情况下，18秒后回忆的正确率就下降到10%左右。如不经复述大约在1分钟之内就会衰退或消失。有人认为，短时记忆也是工作记忆，是一种为当前动作而服务的记忆，即人在工作状态下所需记忆内容的短暂提取与保留。短时记忆以听觉编码为主，兼有视觉编码。短时记忆的内容一般要经过复述才能进入长时记忆。

（3）长时记忆指信息经过充分地和有一定深度地加工后，在头脑中长时间保留下来的记忆。从时间上看，凡是在头脑中保留时间超过1分钟的记忆都是长时记忆。长时记忆的容量很大，所存储的信息也都经过意义编码。我们平时常说的记忆好坏，主要是指长时记忆。

瞬时记忆、短时记忆和长时记忆虽各有自己的对信息加工的特点，但从时间衔接看是连续的，关系也是很密切的。

知识拓展

一天中的四个记忆高潮

一般而言，人的大脑在一天中有四个记忆高潮。清晨起床后，大脑经过一夜休息后达到第一个记忆高潮，此刻学习一些难以记忆而又必须记忆的东西较为适宜。上午8点至11点是第二个记忆高潮，此时体内肾上腺素分泌旺盛，精力充沛，大脑具有严谨而周密的思考能力。第三个记忆高潮是下午6点至8点，不少人利用这段时间来回顾、复习全天学习过的东西，加深记忆，分门别类、归纳整理。睡前一小时是记忆的第四个高潮，利用这段时间对难以记忆的东西加以复习，不易遗忘。

（三）记忆与消费心理

消费者在进行购买决策时要依靠各种信息（如商品的名称、商标、价格、包装、广告等），其中很多信息是从记忆中搜索的。因此，消费者记忆能力的强弱对其购买心理和行为有一定的影响。

对企业来说，研究消费者的记忆规律非常有用。企业可以根据这些规律设计或编排广告，从而有效地提高广告宣传的效果，使商品在消费者心目中树立良好形象，留下美好的记忆，进而促进商品销售。

六、消费者认知过程——思维

（一）思维的概念

思维是指人脑对客观事物本质特征间接、概括的反映。它是人的认识过程的理性阶段，是人脑借助于语言对客观事物的本质属性、内在联系和发展规律的认识。思维是以感觉、知觉、记忆等提供的材料为基础，通过分析、综合、比较、抽象和概括等具体过程完成的。

（二）思维的特征

思维的主要特征包括间接性和概括性。

（1）思维的间接性是指通过媒介来认识客观事物。例如，某人想买一台SUV汽车，他可以通过网络来查询相关资料或向周边购买过SUV汽车的朋友和同事咨询等方式，了解有关SUV汽车的信息，而不用每次想了解信息时都到展厅去看样车。

（2）思维的概括性是指借助已有的知识、经验来理解和把握那些没有直接感知过的或者根本不可能感知到的事物。例如，当一个人从室内来到室外发现街道上是潮湿的，而此时又没有下雨，则他可以凭借以往的经验判断应该是洒水车刚刚喷湿了路面。

（三）思维的过程

思维是一个复杂的心理过程，具体表现为：当客观事物作用于人脑时，人脑对各种信息的分析、比较、抽象、综合、概括、系统化和具体化的过程。

（1）分析就是把整体分为部分，把复杂的问题分解为简单的要素，分别找出它们的本质属性和彼此之间的关系。

（2）比较是指在人的头脑中把各种事物加以对比，来确定它们的区别与联系。它是在分析的基础上进行的。

（3）抽象是指在人脑中把各种对象和现象的共同属性、本质特征同其他属性、次要特征分离开来的过程。

（4）综合就是在分析比较的基础上，把事物的个别部分与属性联合为一个整体。

（5）概括就是将抽象出来的对象的本质特征及相互关系、规律性等加以概括，从而形成概念。

（6）系统化就是通过分析、综合，把整体的各个部分归入一定的类别系统之中，也就是加以归类。具体化就是把经过概括得到的知识和原理，运用到具体的解决问题的过程中去。

典型案例

思维致胜——“饭店大王”希尔顿的创业故事

1923年，希尔顿在漫步达拉斯繁忙的商业区时，意外发现尽管商业繁荣，却缺乏高品质的住宿设施。这一发现激发了他的灵感，他决定在此开设一家豪华酒店。随即，他在达拉斯市中心的街角找到了一块理想的土地，其所有权属于房地产开发商老德米克。希尔顿迅速行动，一方面邀请房地产评估师和建筑师估算建造豪华酒店的成本，另一方面尝试与老德米克建立联系。

经过初步计算，建设一座豪华酒店需要100万美元的资金，而希尔顿当时仅有10万美元，仅占所需资金的十分之一。同时，老德米克对土地的要价也高达30万美元，这远远超过了希尔顿的支付能力。

面对资金短缺的问题，希尔顿经过深思熟虑后，直接向老德米克提出了一个大胆的建议：“我对您的土地非常感兴趣，但遗憾的是我无法一次性支付所需的金额。如果您愿意将土地租给我，我可以保证每年支付3万美元的租金，租期为90年。您觉得这样的安排如何？”

老德米克听后，脸上露出了满意的笑容，但他还是向希尔顿提出了条件：“如果你无法按时付款，我有权收回土地及土地上的酒店。”希尔顿毫不犹豫地接受了这个条件。结果，希尔顿仅用3万美元就获得了原本需要30万美元才能得到的土地使用权。随后，他立即开始筹集建设酒店的资金，向投资商展示了他的酒店计划和诱人的经营前景。很快，他与一个大投资商达成了协议，共同建设酒店。酒店如期建成，经营收益远超预期，取得了巨大成功。从此，希尔顿踏上了成为世界级酒店大王的道路。

希尔顿的创业故事以经济为线索，通过时间性的切入，将租金问题分解并逐一解决。他利用有限的现有资金作为签订协议的资本，将未来的项目利润作为履约的保障。接着，他又以经济为线索，将目标系统化和具体化。在分析比较的基础上，他运用灵活的思维模式，将协议权转化为股份资本，将建设资本的压力转化为投资者的投资动力，从而解决了全部的建设资本问题。因此，他的成功源于思维的力量。

（根据网络资料整理）

（四）思维与消费心理

一般来说，消费者在购买活动中经过对商品的思维过程后，就易于做出购买决策，但由于消费者各自思维方式不同，以及思维的广阔性、深刻性、独立性和灵活性的差异，其购买决策的方式和速度是不同的。例如，有的消费者思维的独立性与灵活性强，就会从实际出发较快地作出购买决策；有的消费者思维的独立性差，就易受到广告宣传的诱惑，或喜欢他人给予提示。因此，作为企业经营者，应该根据商品性质和销售对象的不同，在销售活动中采取不同的经营策略，为消费者提供思维的感知材料，使其产生丰富、美好的想象或联想，从而引起他们强烈的购买欲望。

消费者对商品的认知过程是一个从感性上升到理性，由感觉发展到思维的过程。认知的感性阶段和理性阶段是相互转化、相互制约并交织在一起的。认知过程是实施购买行为的前提，但是，并不是说只要有了认知过程就必然实施购买行为，这中间还需要积极情绪和情感的促进和推动。

任务二　了解消费者的情感过程

任务目标

通过分析消费者情感活动的一般过程，使学生能清晰界定情感的内涵、形成过程、情感的类型等基本内容，把握情绪和情感对消费者行为的影响，通过案例的学习和分析理解情感营销的方式，达到培养学生具备解读消费者情感心理能力并能在实际生活中运用的目的。

知识精讲

消费者购买商品的心理过程，既是一个认知过程，又是一个情绪情感过程。他们的购买行为不仅会受到其对商品认知的影响，还会受到自身情绪和情感的影响。人的情感包括情绪与情感两种形式。

一、情绪和情感概述

（一）情绪和情感的概念

1. 情绪

情绪是指人对客观事物需求态度的体验，它具有独特的主观体验形式、外部表现形式和极为复杂的神经生理基础。情绪一般指与人的生理需要与较低级的心理过程（感觉、知觉）相联系的内心体验。

2. 情感

情感是指情绪过程中的主观体验，对正在进行着的认知过程起评价和监督作用，着重于表明情绪过程的感受方面。它是人的社会性的需要，与人的意识紧密联系的内心体验。

情绪与情感通常以某种内心体验同时表现出来。例如，消费者对某商品采取肯定态度时，就会产生喜悦、满意、愉快等形式的内心体验；消费者对某商品采取否定态度时，就会产生不满、忧愁、憎恨等形式的内心体验。

（二）情绪和情感的关系

情绪与情感之间既有联系，又有区别。通常情况下，分析消费情感心理的过程可以分为以下两个部分来进行：

1. 情绪与情感的联系

情绪与情感之间的联系表现在以下三个方面：

（1）情绪的各种变化一般都受已形成的情感所制约，而人们的情感又总是在变化着的情绪中得到体现。例如，某些消费者之所以选择购买知名品牌的产品，是因为商品质量好、企业信誉高，在众多消费者心目中树立了良好的形象，消费者对它产生了信任感、亲切感，当消费者买下这种商品并满足了自身的实际需要时，便会产生愉悦和满意的情绪。

（2）情绪和情感都受消费者需要的影响。消费活动是一种满足需要的活动，不同的社会实践与社会生活使人们形成了各种不同的需要，从而形成了不同的态度和体验。例如，环境幽雅的购物场所、热情周到的服务、质量优良的商品等，一般都符合消费者的需要，容易使人产生趋向于这些事物的态度，从而产生满意、愉快、赞叹等情绪和情感的体验；反之，则会产生不满、烦恼、厌恶等情绪和情感的体验。

（3）消费者并不是对所有的商品或消费活动都产生情绪和情感，只有与消费者自身需要相关的事物才能引起其消费情绪和情感。例如，当消费者对汽车产品有需要时，才会去关注汽车的信息，并对各种不同车型产生喜爱或厌恶的情绪和情感。

2. 情绪与情感的区别

情绪与情感之间的不同可以从如下三个方面加以区分：

（1）情绪和情感所赖以产生的需要不同。情绪通常是人的心理体验，它与人的生理是否获得满足相联系。例如，饮食需要的满足与否引起满意或不满意的体验，情绪是较低级的心理现象。情感通常与人的社会需要是否得到满足相联系。情感的基础是同人与人之间的社会关系相联系的需要。例如，人有受到尊重的需要、有参与社会活动的需要、有爱与被爱的需要等，与满足这些需要而产生的荣誉感、集体感、责任感等心理体验就是感情。

（2）情绪与情感的稳定性不同。情绪一般由特定条件所引起，具有较大的变化性，并随着条件的变化而改变或消失。因此，情绪的表现形式比较短暂和不稳定。情感则不同，人一旦产生某种情感，就不易改变，而且能逐渐加强。所以，情感多用于表达内容，具有较大的稳定性和长期性，是较高级的、深层的心理现象。例如，人与人共同参与另外某种活动，在活动中产生友好的情感，不会因为活动结束而消失，还会长期存在并可能得到发展。

（3）情绪和情感的表现强度不同。情绪带有更多的冲动性和外显性，比如，欣喜若狂、手舞足蹈、暴跳如雷等。情感则显得更为深沉，而且经常以隐晦的形式存在或以微妙的方式流露出来，如深藏不露是描述的情感现象。情绪一旦爆发，往往一时难以冷静或加以控制；情感一般不存在这样的情况，它始终在意识支配的范围内进行。

情绪和情感的关系是十分密切的。一般来说，情绪是情感的外在表现，而情感是情绪的本质内容。例如，当一个事件激起人们的民族自豪感（情感）的时候，往往就伴随着明显的外部反应，或者兴高采烈，或者义愤填膺（情绪）。

二、情绪和情感的分类

（一）情绪的分类

1. 按照基本情绪的学说分类

关于基本情绪的种类，从古至今有不同的说法和观点。我国古代名著《礼记·礼运》中提出“七情”说，即喜、怒、哀、惧、爱、恶和欲，荀子倡导的“六情”将情绪分为好、恶、喜、怒、哀、乐，中医理论中将情绪划分为七种的不同类型，即喜、怒、忧、思、悲、恐、惊；而现代学者对情绪的划分中比较有代表性的有心理学家保罗·埃克曼（Paul Eckman）的六种基本情绪说，以及心理学家罗伯特·普拉奇克（Robert Plutchik）的八种基本情绪说，见表2-2。

表2-2　古今中外关于情绪分类的学说

时　期	学　说	基本情绪分类
古代	《礼记》中的“七情”	喜、怒、哀、惧、爱、恶、欲
	荀子倡导的“六情”	好、恶、喜、怒、哀、乐
	中医理论	喜、怒、忧、思、悲、恐、惊
现代	保罗·埃克曼的六种基本情绪说	快乐、悲伤、愤怒、恐惧、厌恶、惊奇
	普拉奇克的八种基本情绪说	快乐、悲伤、生气、恐惧、信任、厌恶、期待、惊讶

知识拓展

普拉奇克的八种基本情绪类型说

心理学家罗伯特·普拉奇克在1980年创造了一种情绪分类方法“情感之轮”，提出了八个主要的两极情绪：快乐（joy）与悲伤（sadness）；生气（anger）与恐惧（fear）；信任（trust）与厌恶（disgust）；惊讶（surprise）与期待（anticipation）。

基于以上情绪理论，普拉奇克绘制了情感轮盘模型（见图2-7），分为平面和立体两种形式。立体模型以一个倒立的圆锥体的形式呈现。

情绪轮盘可以帮助我们更好地理解不同情绪之间的联系和差异。在情感之轮中的八个基本情绪类型又有不同的强度，详解如下：

（1）快乐——强度从平静到狂喜。当个人消费者在汽车经销商那里找到了他一直想找的一款不太常见的汽车时，他可能会感到快乐。

（2）悲伤——强度从伤感到悲痛。当一位家庭消费者浏览航空公司网站，想抓住最后几分钟的机会订票，却得知最后一张票已经被订出去了的时候，他就可能体验到悲伤的情绪。

（3）生气——强度从烦躁到暴怒。对于消费者来说，买到假冒伪劣产品的时候，他可能会体验到生气的情绪。

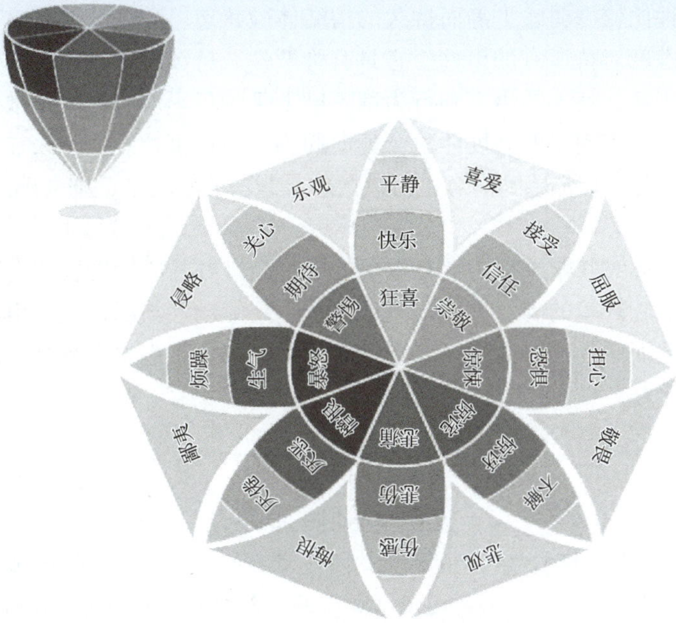

图2-7 普拉奇克的“情感之轮”

（4）恐惧——强度从担心到惊悚。当消费者驾车行驶在高速公路上时突然发现汽车的刹车失灵了，他就可能体验到这种情绪。

（5）信任——强度从接受到崇敬。当消费者选择的商品标明了该商品已取得国家权威认证机构出具的检验报告时，会让消费者体验到这种情绪。

（6）厌恶——强度从厌倦到憎恨。当消费者在上网浏览过程中时常被弹窗广告骚扰时会感到厌恶。

（7）期待——强度从关心到警惕。对购买了彩票的消费者来说，期待的情绪可能在他等待公布彩票中奖号码时出现。

（8）惊讶——强度从不解到惊诧。当消费者在服装店看上一件衣服后在电商网站搜索该服装，发现同样一件衣服在网站的价格仅有服装店的三分之一时，就会感到惊讶。

在现实生活中我们能够体验到的真实情绪都是这几种情绪的组合，由此形成外围的喜爱、屈服、敬畏、悲观、悔恨、鄙夷、侵略和乐观这些外在表现。“情感之轮”的对应关系及组合情况如下：

期待+快乐=乐观	⟷	惊讶+悲伤=悲观
快乐+信任=喜爱	⟷	悲伤+厌恶=悔恨
信任+恐惧=屈服	⟷	厌恶+生气=鄙夷
生气+期待=侵略	⟷	恐惧+惊讶=敬畏

2. 按照情绪的性质、程度和持续时间的不同划分

按照情绪的性质、程度和持续时间的不同，情绪可分为心境、激情和应激。

（1）心境是一种比较微弱、平静而持久的情绪体验状态。心境并不是对某一事件的特定体验，而是以同样的态度对待所有的事件。它具有弥散性、持续性和感染性的特点，在一定时期内会影响人的全部生活，使人的语言和行为都感染上某种色彩。心境的弥散性是指当人具有了某种心境时，这种心境表现出的态度体验会朝向周围的一切事物。一个人在愉快、喜悦的心境中，看什么都顺眼，对一切都感到满意；而在忧愁、悲伤的心境中，则会感到悲伤、萎靡不振，看什么都不顺眼。

消费者心境的好坏对其购买行为具有重要的影响。良好的心境能提高消费者的积极性，增加对商品、服务、购物环境的满意度，充分地发挥主观能动性与积极性，引起他们对商品以及企业的美好情感，从而激发购买欲望，实现购买行为，购买频率也会提高；反之，则会抑制购买欲望，阻碍购买行为。

知识拓展

颜色与心境的联系

颜色是营销活动中重要的元素之一。人们生活在颜色的海洋里，每时每刻都在同颜色打交道。它一进入人的眼帘，就会引起一系列联想活动，而且还能引起不同的情感体验。中国科学院心理研究所的马谋超教授曾经对349名青年进行过有关颜色与心境联系方面的调查，结果见表2-3。

表2-3　颜色与心境的联系

颜色	心境或情绪体验	联想的对象
红	振奋（兴奋、激动）、喜悦、幸福、朝气蓬勃、热情占69.2%；危险、不安占8.2%	红衣服、节日、喜事、太阳、红花占51.6%；血、火、信号灯、危险标志占29.4%
橙	喜悦、轻松、幸福、希望、爱慕、朝气蓬勃、温暖占52.7%	橘子、其他水果占56.7%
黄	幸福（喜悦）、轻松（明快）、朝气蓬勃、振奋、爱慕占35.8%	服装、丰收的田野、家具占31.4%
绿	轻松、希望、朝气蓬勃（有生机）占49.1%	草（草原）、树叶、春天的田野、森林、植物、青山绿水占71.8%
蓝	轻松、安静占25.9%	蓝天、海洋占83.5%
紫	冷淡、严肃、寂寞、不安、忧郁、消沉占30%	紫花、服装占34%
白	纯洁占45%；安静占13%	白雪、医院、白衬衣、白衣战士、白花占5%
灰	消沉、失望、冷淡、忧郁、不安、伤感占61.4%	阴天、灰衣服、灰建筑物占51.9%
黑	严肃、恐惧、悲伤、不安、伤感、寂寞、忧郁占52.7%	黑夜、黑衣服、黑纱、丧事、追悼会占80.8%

表2-3可以说明，在日常生活中，人们已经把特定的颜色同一定的对象以及心境或情绪体验联系起来。综合相关资料大致可以描述为，红色同节日喜庆连在一起，但又同火、血液和危险建立起联想；橙黄引起阳光明媚充满希望的感受；绿色使人想起春天、万象更新的景象；蓝色与天空、海洋发生天然的联系；洁白容易与纯洁对应；黑灰则令人伤感不安。

（2）激情是一种猛烈的、迅猛爆发而短暂的情绪体验。例如痛苦、狂喜、暴怒、恐惧、绝望等。它往往是由重大的、突如其来的强烈刺激所引起的。激情是人的行为活动强有力的操纵者。积极的激情与理智和较强的意志相联系，它能激励人们克服困难，成为正确行动的巨大推动力；消极的激情则会使人自制力和控制力下降，缺乏自信心，不能克服困难。可见，营销活动中要提供优质的产品、恰当的宣传和满意的服务，使消费者产生积极的激情，愉快地进行选购，做出购买决策。

（3）应激是指在出乎意料的情况下所引起的激情状态。人们在遭遇火灾、水灾、地震等突如其来的危机事件时，或者要求立刻采取选择行动时，人的身心就会处于一种高度集中状态，这种情绪体验就是应激状态。

应激同激情相比，它使人的意识更为狭窄。人在应激状态下，一般会出现两种不同的表现：一种是急中生智，人头脑清醒，动作反应快，能及时排除困难险情；另一种是惊慌失措，陷入一片混乱之中，做出不适当的反应。在应激状态下人们会出现何种行为反应是与每个人的性格特征、知识经验以及意志品质等密切相关的。在营销活动中，应尽量避免不必要的应激状态出现，如果出现应保持头脑冷静，保证营销工作的成功。

（二）情感的分类

情感受社会存在的制约，对人的社会行为起积极或消极的作用，它主要可分为道德感、理智感和审美感三大类。

（1）道德感指人们对道德需求是否得到实现或满足所产生的体验，它和道德信念、道德判断密切相关，是道德意识的具体表现。道德感包括爱国主义情感、国际主义情感、集体主义情感、人道主义情感、义务感、责任感、友谊感、自尊感等。这类情感的体验常常不是单一的，而是复杂的。例如，爱国主义情感，它既包含对祖国的爱，又包含对民族敌人的恨，爱与恨统一在其中。一些广告语就是将这种情感加以突出，如“中国人自己的……”“长城永不倒、国货当自强”等。

（2）理智感指人们对认识和追求真理的需求是否满足所产生的体验，这类情感和人的认识活动、求知欲、探究感、怀疑感紧密联系在一起。当问题一时难以找到适宜的解决方案时就可能出现迷惑的体验，可是一旦有了可行的方案，自信心便建立起来（确信感）。问题得以解决，伴随而来的便是成功后的喜悦感。理智感源于认识活动，反过来，又推动认识活动的进一步发展。一些广告语就是引发消费者的理智感，例如“只选对的，不选贵的”“紧跟在美味后面的是健康”“多付几分钱，可是天壤之别啊”等。

（3）审美感指人们按一定的审美标准，对客观事物，包括人在内进行欣赏、评价时所产生的情感体验。符合审美感需求的对象都能引起美的体验。例如，锦绣河山、艺术珍品、名胜古迹、文艺表演、体育竞赛、历史文物等都极易引起对美的体验。这种体验由弱至强经历着不同的程度。它具有两个特点，一个是愉悦的体验，包括戏剧引起的审美感；另一个是倾向性体验，即对美好事物的迷恋和对丑恶事物的反感。审美感具有客观性、社会性与阶级性。在不同的历史时代、社会制度和民族里，审美标准常有不同，对美的感受也不尽相同。

典型案例

奔驰车标的审美演变

梅赛德斯-奔驰，源自德国的汽车巨头，被誉为汽车工业的先驱。其标志性的车标广为人知，然而，历经一个世纪的洗礼，这一车标也经历了多次变革，每一次变迁都深深体现着时代的烙印与审美的变迁。让我们一同回顾奔驰汽车标志的演变历程。

被誉为“汽车之父”的卡尔·本茨，他制造出了世界上的第一辆汽车，尽管那是一辆三轮车。

1909年，Benz&Cie.公司推出了一个全新的标志设计（见图2-8），该设计以“ORIGINAL BENZ”字母为核心，并配以齿轮外框的图案，但随后被进一步简化为仅包含“BENZ”四个字母的形式。与此同时，原先标志中凸显机械质感的齿轮状外圈也被象征胜利与荣誉的月桂花环所取代（见图2-9），这一变化无疑与当时公司在赛车领域的卓越表现息息相关，因为在众多赛车活动中，月桂花环常被用作对获胜者的嘉奖。

到了1926年6月28日，DMG与Benz&Cie.两大汽车公司正式携手，合并为“戴姆勒-奔驰”（Daimler-Benz AG）公司。根据DMG的产品命名惯例，新公司生产的汽车被命名为“梅赛德斯-奔驰”（Mercedes-Benz），这一命名巧妙地融合了来自两家不同公司的“梅赛德斯”与“奔驰”，既体现了双方的平等与尊重，也彰显了合并后的和谐统一。事实上，由于合并计划早已在酝酿之中，相关的前期准备工作，包括新公司名称及商标图形的申请，早在1925年就已启动。然而，由于最终审批是在公司合并之后完成的，因此人们普遍误认为新名称与商标是在1926年才诞生的（见图2-10）。

图2-8　1909年奔驰汽车标志

图2-9　简化后奔驰汽车标志

图2-10　1926年奔驰车标

新版标志在设计与内容上实现了两家公司原有标志元素的完美融合。它不仅保留了梅赛德斯标志中的圆形与三叉星设计，还在三叉星外围的圆边框中巧妙融入了奔驰公司标志中的月桂花环元素。同时，“MERCEDES”与“BENZ”的英文单词也被精心地置于圆边框的上下两端，形成了既统一又富有特色的视觉效果。

1933年，梅赛德斯-奔驰推出了一款“精简版”标志，该标志摒弃了所有文字元素，仅保留了修长的三叉星与环绕其外的圆圈，展现出一种简约而不失精致的美感（见图2-11）。

到了1989年，奔驰公司再次对这款“精简版”三叉星标志进行了创新，通过立体化处理，使其更加立体生动。而这一设计也一直沿用至今。此次变革中，三叉星由原先的黑色变为了具有金属质感的银色，这一变化不仅彰显了梅赛德斯-奔驰紧跟时代潮流、追求时尚简约的品牌风格，更体现了其对产品品质一贯的高标准与严要求（见图2-12）。

图2-11　1933年简化版三叉星标志

图2-12　1989年奔驰汽车标志

梅赛德斯-奔驰那璀璨夺目的三叉星徽标，是奔驰与戴姆勒两大企业跨越世纪、辉煌历程的见证。历经百年风雨洗礼与无数挑战，它们始终屹立不倒，成为了汽车行业中的佼佼者。而梅赛德斯-奔驰之所以能够取得如此辉煌的成就，并不仅仅因为发明了全球公认的第一辆汽车，更重要的是其对产品品质始终如一的追求与坚守。这份承诺与坚持，正是三叉星标志背后的深刻内涵，也是公司历经百年而不衰的宝贵财富。

（根据网络资料整理）

情绪和情感的分类整理见表2-4，便于我们比较和深化理解。

表2-4　情绪和情感的主要类型

名称	类型	特　点	举　例
情绪	心境	微弱、平静、没有指向性；弥散性和长期性	感时花溅泪，恨别鸟惊心
	激情	短暂、爆发式、强烈的，常伴有外显行为的	彩民得知自己中大奖的情绪状态
	应激	突发或意外情况下出现的高度紧张	发生火灾时的紧急避险
情感	道德感	根据道德标准评价自己及他人	责任感、义务感、自尊等
	理智感	在智力活动中探求真理，跟知识学习有关	好奇心、求知欲等
	审美感	根据审美标准评价事物	欣赏名画或艺术品

三、情绪和情感的表现形式

情感过程是一种内心体验，无具体的形象，但一般都伴有各种外部表现。对于消费者而言，情绪和情感的外部表现是指消费者对商品和服务是否符合个人需要而产生的体验的表现形式。大多数情绪可以通过消费者的神态、表情、语气和行为表现出来。一般而言，消费者在购买活动中的情绪与情感主要表现在以下方面：

（一）面部表情

面部表情是指人表现情绪和情感的面部形式，也是表达情绪的主要手段。面部表情具有适应性的意义和生物学根源，所以许多最基本的情绪，如喜、怒、悲、惧等原始表情是具有全人类性的。表情中的目光和眼神是最重要的，眼睛最能表达人的情绪和内心状态。正如俗话所说"眼睛是心灵的窗户"，当消费者买到自己喜爱的商品时，往往眉开眼笑、面露欣慰之情；对商品有所疑虑时，则疑云满面；遇到营业员的恶言冷语时，又会横眉竖目等。

一个出色的销售人员要善于观察消费者的面部表情变化来揣摩消费者的心理，并能在恰当的时候与消费者沟通情感，促使消费者的情感向积极的方向发展。

（二）身体姿态

身体姿态就是所谓的"身体语言"或"身段表情"，主要是指四肢和身躯的动作、姿势，如高兴时手舞足蹈、愤怒时紧握双拳、惧怕时手足无措等。人们还时常无意识地通过各种姿势或手势将自己的情绪或情感反映出来。一般情况下，消费者对自己满意的产品常常表现出点头肯定，反复试用；反之则不屑一顾，匆匆而过。

（三）言语表情

言语的音强、音调、音速的变化，往往可以表达出不同的情绪。一般来讲，快速、激越、响亮的言语体现人的热烈、急躁或恼怒的情感，而低沉、缓慢的言语表现人的畏惧、悲哀的情感。人们在日常生活中常常可以体会到，同样一句话，因声音的不同，可以表示出亲切、真诚、厌烦、讥讽、同情、欢乐、悲伤等性质完全不同的情绪。销售人员在服务过程中应注意自己的言语表情，尽可能地让消费者从自己的语言中感受到亲切和真诚。

在大数据时代，可以通过科技手段，诸如摄像监视装置（以及人脸识别系统）、可穿戴设备、手机和各种终端设备的自拍摄像头等来捕捉消费者的面部表情、讲话的声调，以及肢体语言等数据，随时随地分析被追踪对象的实时情绪。

典型案例

沃尔玛推出“面部识别系统”，一眼看穿客户消费情绪

近年来，当社会普遍在讨论电子商务与传统零售店铺的相对优势时，全球零售业巨头沃尔玛已经清晰地认识到，线上购物并不能完全替代线下体验，两者需要紧密结合。

面对电商带来的挑战，沃尔玛一直在积极探索，旨在建立顾客在线互动与实体购物之间的数字化联系，构建一座连接电子商务平台和其遍布全球的实体店之间的桥梁。

在这一过程中，“面部识别系统”成为了一个关键的策略。沃尔玛正在研发一套先进的面部识别系统，计划在收银区域安装智能摄像头，以捕捉排队等候的顾客的面部表情和身体语言。利用这项技术分析顾客的情绪状态，尤其是不满程度。如果系统检测到某位顾客显得特别不高兴，就会立即通知相应结账区的工作人员，让他们能够主动上前提供帮助或解决问题，从而缓解顾客的负面情绪。例如，在长时间等待的队伍中，一旦发现有顾客显得焦虑不安，沃尔玛的员工就会带着微笑上前询问是否需要协助，并尽快给予支持。据沃尔玛介绍，这样做的目的是防止顾客因不满而离开，进而提升整体购物体验。在当前激烈的市场竞争环境下，许多消费者更倾向于直接转投另一家超市，而不是花费时间去抱怨。当然，不投诉也不代表顾客百分百满意，沃尔玛还想知道他们在想什么。这一套面部识别系统，利用生物信息和交易数据的关联，能知道顾客的情绪和购买习惯的关联，进一步分析消费行为。这比狂砸钱做广告有效多了。

站在消费者的角度上看，现在这一套用于观察顾客情绪的人脸识别系统可以增加个人存在感，也可以让服务更贴心高效，但某种程度上会让人感到不适，也会引起数据安全和个人隐私的泄露问题。

在传统店面投入新技术，诚然会引起部分人的不适应，甚至是不满，一个可以盯住并认识所有人的系统，也可能带来令人不适的监控。

（根据网络资料整理）

四、消费者情绪与情感的影响因素

从根本上说，需要是情绪产生的主观前提，人的需要能否得到满足，决定着情绪的性质与强度。具体在购买活动中，影响消费者情绪变化的因素主要有以下几个方面：

（一）商品的影响

消费者消费的主要目的是购买商品。能否买到称心如意的商品，是影响其情绪的最主要的客观因素。商品的质量、性能、价格、商标、品牌、造型、色彩、包装、式样、规格、体积、重量、可挑选数量以及各种优惠条件、售后服务等，都可能影响消费者的情绪变化，并影响消

费者对该商品的评估。而且有些情感化的产品本来就是在“销售”某种情感。例如，电影、音乐会所提供的可能是高潮迭起的剧情、气氛，消费者可以享受其带来的情绪变化。在现实的购买活动中，消费者情绪的性质和程度也随着对商品的了解而发生变化。另外，如果消费者事先对商品抱有较高的期望，而商品的现状又相差太远，则失望也大，消极、悲观的情绪就重，这时消费者的情绪变化就由期待变为失望且反差很大。

（二）购物环境

购物环境是指购物现场的整体情况和气氛，如现场空间大小、温度、照明、色彩、声音状况、人员拥挤状况等。消费者的情绪产生和变化很容易受到环境的影响。如果购物环境优雅舒适、干净整洁、温度宜人还伴有舒缓的音乐，会使消费者产生愉快、喜爱的积极情绪；反之，则容易使消费者产生厌烦、失望的消极情绪。

（三）营销信息

营销信息与消费者的情绪与情感呈现相互影响的规律。

一方面，厂商的营销信息会使消费者产生不同的情绪与情感。例如，厂商通过广告的呈现与展露（利用目标消费者喜爱的明星作为产品代言人），以引发消费者对广告的好感，进而将此广告的好感转移至所宣传的产品上（消费者因喜欢该广告的表现手法或模特，透过制约作用或移情作用，也转而喜欢所广告的产品）。因此，观看一个令人产生好感的广告，也可能使消费者形成对于产品的良好态度。同样，一个让消费者讨厌的广告也可能祸及所宣传的商品。

另一方面，消费者的情绪也会影响其对广告信息的处理。有研究表明，当处于积极的情绪状态时，消费者对广告信息的处理较不精细，他们较不关注广告细节，更多依赖于启发式处理方法。

经典案例

用“戳心”故事释放情感、投射信念

如今，人们庆祝春节的方式发生了显著变化，传统的场景亟须重塑。可口可乐致力于在每个新年都能与中国消费者建立深厚的情感联系，并形成习惯。他们采取了一种简单却大胆的策略，即将每一款包装都打造成一个移动的大红包。

为了实现这一目标，可口可乐与阿里巴巴的整个生态系统展开合作，涵盖移动支付、数据银行和视频广告投放等方面。这种合作不仅是战术上的安排，更是通过改变消费者行为来重塑营销的起点和终点的战略考虑。

在这个信息繁杂的时代，需要更多触动人心的故事来激发人们的想象力和信念，释放情绪。因此，现代广告中的各种故事也需要彻底革新。从千篇一律的广告套路转向走心体验的故事分享，从面向大众到关注个体，从被动接受到主动参与，从单向认知到互动体验，从消费产品到粉丝共创……可口可乐面临的最大挑战在于如何与各地的年轻人建立情感连接。为此，他们推出了可口可乐城市罐，通过与城市文化的紧密结合，深化消费者的体验。每个包装上的字样都来自当地消费者的反馈，简洁的标志性图标既熟悉又充满惊喜。最令人骄傲的是，有人在网上发帖，记录了六个来自不同城市的人一起吃饭，用不同的城市罐分享青春历险的故事，真正做到了走心。

可口可乐的名字瓶，是个性化的表达。2013年可口可乐从社交虚拟化的自我认知、自我投射为出发点，开始做昵称瓶，之后还有歌词瓶、台词瓶、奥运点赞瓶、密语瓶。2018年做的是

世界杯手环瓶和音乐手环瓶。他们以消费者洞察为基础和方向，定制个性化内容，打造完整的整合营销计划。同时利用包装引领，数字赋能，通过朋友圈广告、扫描二维码战队等方式，提升互动性，加强记忆点。

总结而言，在高速化、数字化、碎片化的多维时代里，每一天每一秒之间一切都在发生改变，例如场景体验、关系重塑、实时连接、智能服务等；但有一些东西历久弥新：人心洞察、品牌价值、产品创新和走心故事。

（根据网络资料整理）

（四）消费前的情绪

消费前情绪也就是消费者本来的心境状态。心境使消费者的心理活动带上某种无特定对象的情绪倾向，正如古语所说："忧者见之而忧，喜者见之而喜"。消费前的情绪和消费过程中情绪变化都会对顾客消费情感产生影响。心理学家研究发现，消费前正面情感越高的实验对象，对产品的满意程度也越高；而消费前负面情感越高的实验对象，则对产品的满意程度也越低。

当然，心境的好坏还与个性特征有关，如有的人性格乐观开朗，有的人则抑郁孤僻等。心境还常由工作、生活中的背景情况所引起，如健康状况、生活遭遇、事业成败、人际关系、社会地位，甚至天气等自然环境因素。例如，有的消费者某段时间因工作不顺心或家庭生活不如意而情绪消沉、萎靡不振，对商品的兴趣和购物的积极性都会减弱；相反，如果他在某一段时间工作顺利和生活愉快，良好的心境就会使他在购买活动中表现出较高的热情。

知识拓展

负面情绪会影响人们的消费行为

美国科学家进行的一项心理研究证实，负面情绪确实会影响人们的消费行为。

美国卡内基-梅隆大学的科学家介绍说，他们在研究中首先让约200名受试者观看不同类型的电影片段，唤起他们"厌恶烦躁"或者"悲伤忧愁"的情绪，而后对他们购买某一特定需要的物品的消费行为进行研究。研究人员介绍说，所有受试者在心理上当然都愿意以更低廉的价格买到物品，但在实际研究中他们却发现，那些厌恶烦躁者掏钱"很小气"，总试图以更低的价格获得物品；而那些悲伤忧愁者，他们却表现出更加急于得到物品，在价格上就不那么计较，即便是在价格略高的情况下也会购买。研究人员说，这显示与经济利益毫无联系的感情却能够影响到人们的消费行为。

（五）服务人员

由于销售与服务本身所具有的不可分离性特征，服务人员在销售服务过程中扮演了重要的角色。服务过程是服务人员与顾客相互交往的过程，服务人员的情绪表现、服务态度和行为会直接影响顾客的情绪、态度和行为。服务人员熟练的服务技能、良好的服务态度、对顾客利益的关心、与顾客间的相互理解、礼貌待客等行为都会增强顾客的正面消费情感。

研究表明，在服务人员与顾客的情绪之间存在相互影响，也就是从他人那里受到"感染"的情绪。情绪感染是循环反应的机制之一，它的作用可表现为一个循环过程。在这一过程中，别人的情绪会在个人心理上引起同样的情绪，从而形成情绪感染的循环反应。（所谓"情绪感染"就是一个人的情绪有意识或无意识地通过非语言渠道，影响或转移给另一个人的动态过程。）因此，当服务人员表达积极情绪时，顾客就会积极回应。同样，消极情绪和心境也会产生消极的感染力。所以，服务人员应在服务过程中努力表现出符合消费者心理需要的情绪表达。

典型案例

三只松鼠根据顾客心情定价的“黑科技”商店

在云栖大会北京峰会上，阿里云与三只松鼠携手展示了一项创新的零售概念——“三只松鼠投食店”。这家实体店融合了前沿的“黑科技”，实现了感知零售的应用，能够根据顾客的心情自动调整商品价格。

在峰会现场，主办方向与会者展示了三只松鼠新一代投食店的应用场景。当消费者踏入店铺，后台大数据系统即刻启动，并通过店内摄像头捕捉会员的情绪、手势和等级信息。随后，电子标签会根据这些数据为商品定价。此外，如果系统通过文本语义分析发现某位顾客近期情绪不佳，店内的松鼠玩偶还会给予顾客温暖的拥抱，甚至送上小礼物，以此增强人与人之间的情感联系。

这一举措标志着人工智能在零售商业场景中的又一次创新应用。通过对店内顾客情绪的实时感知，系统能够生成消费者情绪热力图。当发现消费者情绪低落时，品牌可以根据用户画像远程发起实时促销。这意味着消费者的情绪将成为自动决策的重要依据，未来的市场策略可能由人工智能来制定并执行。

三只松鼠创始人章燎原表示：“科技让我们更懂主人，但最终的体验是人文的，我们要强调的人是有情感的，只有人的情感与科技的智慧结合，才是最完美的体验。”他进一步指出，三只松鼠背后有一颗智能的“大脑”——云中央品控中心，通过大数据驱动产品质量和服务效率的提升。而这颗“大脑”的核心，则是借助技术和数据对产业链进行重塑。

（根据网络资料整理）

任务三　了解消费者的意志过程

任务目标

联系前两项任务内容，理解消费意志过程与认知过程、情感过程的关系。分析消费者意志，充分理解消费意志的含义和特征，准确把握影响消费者意志的各种因素，把握意志对消费者行为的决定性作用，通过案例的学习和分析理解意志的过程，达到培养学生合理思考和周密分析问题能力的目的。

知识精讲

消费者经历了认知过程和情感过程后，是否采取购买行动，还有赖于消费者心理活动的意志过程。消费者为了满足需要就必须首先感知和了解各类商品的事实关系，这一阶段就是前述的认知活动；其次要掌握这些商品对于自身的价值关系，也就是情感活动阶段；再要掌握各种消费行为的价值关系并且判断、选择、组织和实施一个最佳的消费行动方案，即意志活动阶段。

一、意志过程概述

（一）意志和消费意志的概念

意志是指人们在社会实践中为达到既定目的而采取的自觉、坚持不懈的努力的心理过程，包括自觉地确定行动的目标、有意识地支配和调节其行动以实现既定目标的心理现象。

消费意志是消费者在购买活动中有目的地、自觉地支配和调节自己的行动，克服各种困难，实现既定的购买目的的心理过程。例如，我们通常所说的“货比三家”，就是消费者在采购或交易过程中支配和调节自己的行动进行多家比较或性价对比以达到购买到最满意商品的过程。消费意志又包括感性意志与理性意志两方面。感性意志是指消费者用以承受商品或营销活动带来的感性刺激形成的意志，它反映了消费者在消费活动中对于感性刺激的克制能力和兴奋能力。理性意志是指消费者用以承受外界环境带来的理性刺激形成的意志，它反映了消费者在消费活动中对于理性刺激的克制能力和兴奋能力。

意志既要考虑客观事物本身的运动状态与变化规律，还要考虑主体的利益需要，尤其要考虑人对于客观事物的反作用能力，它是一种能动的、创造性地反映活动。

（二）意志过程的特征

在消费者意志过程中具有三个主要特征，通过分析特征，可以帮助营销工作人员更好地把握消费者意志以及消费者心理活动过程。

1. 有明确的购买目的

人类行为大都是有意识、有目的和有计划的。有需求，才有消费。消费者的意志是在有目的的行动中表现出来的，这个目的是自觉的、有意识的。有的消费者省吃俭用就是为了购买盼望已久的耐用消费品；有的消费者为了满足旅行的爱好，而把大部分收入用于旅行；准备结婚的青年男女大量购买结婚用品；孕期女性会给将要出生的孩子准备衣物、玩具等。这些购买行为预先有明确的购买目的，并有计划地根据购买目的去支配和调节自己的购买行动，以期实现购买目的。

2. 克服困难的过程

消费者的意志行动是有明确的目的的，而意志对行为的调节并不是轻而易举的，购买目的确定和实现是会遇到种种困难的。克服困难的过程就是消费者的意志行动过程。例如，在挑选商品时，面对几种自己都喜爱的商品，或遇到较高档的商品，但经济条件又不允许，或者自己对商品的内在质量难以判断，就会导致购买信心不足。这时必须考虑选择和重新物色购买目标，或者克服经济上的困难，去实现自己的购买目的。当消费者选择到满意的大件商品，又遇到商店不送货上门时，就要考虑解决运输问题。总之，消费者的意志过程总是与克服困难相联系的。

3. 调节购买行为

意志对购买行为的调节包括发动购买行为和制止购买行为两个方面。发动购买行为会产生积极的情绪，推动消费者为达到既定目的而采取一系列行动；而制止购买行为会产生消极的情绪，抑制消费者的购买行为。例如，消费者若在购买过程中本身已经对商品较为满意，此时如果得到营业员的热情接待，则会强化购买决定，从而买下商品。

经典案例

2020年的双十一，为何我们都是“尾款人”？

2020年，天猫双十一预售于10月21日正式启动，此次升级最大的变化是：活动不再仅限于11月11日当天爆发，而是分为两波进行。第一波购买时间为11月1日至3日，第二波则集中在11月11日。这意味着，2020年的双十一比往年多了三天的购物时间，消费者从11月1日起就可以支付预售商品的尾款，并提前十天收到货物。

在10月21日的第一波预售活动中，备受瞩目的头部主播的直播间定金总额超过了10亿元。根据数据显示，从10月20日晚到10月21日凌晨，淘宝直播中排名第一的主播，其商品销量估计达到1 000万件，网站成交金额估计为39.11亿元。

当天，许多人观看了长达7个小时的购物直播，熬夜支付定金。该主播的直播间午夜12点的敲锣声也登上了热搜。尽管大家嘴上抱怨规则复杂、定金尾款烦琐，声称绝对不买，但实际上上亿人都在背后悄悄打开淘宝，在直播间抢购商品，快速下单并疯狂支付定金。当然，在抢券和支付定金的时候，大家都感觉自己什么都买得起；然而享受完那一刻的快感后，这些定金人往往会变成“吃土”的尾款人。

在往年，双十一也没有让人这样疯狂，2020年为何人人都是定金人和尾款人？

最主要的原因，还是因为在该主播直播间买东西非常划算，赠品多得比商品都吸引人。在旗舰店买，可能只有满减和一些赠品，但该主播双十一活动的直播间不仅有满减，还有优惠券、超多赠品。

其次，就是“定金+尾款”的销售方式实在是非常聪明。卖家先让消费者付定金，定金还可以翻倍膨胀抵尾款，感觉好像需要花一点的钱就能“得到”一件商品。

同时，消费者支付的定金实际上变成了沉没成本。当需要补尾款时，即使冲动已经消退，不想购买了，也舍不得放弃已经支付的定金。此外，由于定金膨胀带来的优惠，只需再支付一部分钱就能以非常划算的价格获得商品，这让人们很难控制住自己不去购买。

（根据网络资料整理）

二、消费者的意志心理过程

消费者的意志心理过程是复杂多变的，但通常可分为以下三个阶段：

（一）做出购买决定阶段

做出购买决定阶段是意志心理过程的开始阶段，它决定意志行动的方向和方法，具体包括购买目的的确定、购买动机的取舍、购买方式的选择和购买计划的制订四个方面。消费者往往同时有多种需要，也就会同时产生多种购买动机。对于多数消费者来说，不可能在同一时间内满足所有需要，因而会发生购买动机的冲突。意志活动的第一表现就是解决这种冲突，根据需要的重要程度和轻重缓急，确定出最主要的购买动机。消费者在做出购买动机取舍后，就需要确定具体购买对象和购买方式，对于同类商品中的不同品牌、质量、档次、价格、优惠活动、购买地点等方面的差异进行比较，从而确定购买对象和购买方式，最后再制订购买行动计划，保证购买目标的实现。这些都是这一阶段在意志活动的参与下完成的。

（二）执行购买决定阶段

执行购买决定阶段是购买决定转化为现实的购买行动的阶段，是消费者意志心理活动中的中心环节。在这一环节中，消费者仍能遇到来自外部和内部的困难和障碍，它不仅要求消费者克服自身的困难，还要排除外部的障碍，为实现购买目的付出一定的意志努力。例如，商品的价格、质量、颜色、式样等有时并不完全符合消费者的要求，这就需要消费者进行比较和衡量。

（三）体验执行效果阶段

这一阶段是消费者体验和评价自己意志决策好坏的阶段，是消费者意志行动的最后环节。例如，消费者往往在购买商品并使用之后，会对商品是否符合自己购买前的预期以及周边亲友的评价等来反省自己的购买行为是否明智、所购商品是否理想，并因此考虑是重复购买还是不再复购，在他人要求自己给出购买建议时考虑鼓励他人购买还是劝阻他人购买。

知识拓展

意志品质

意志品质是指一个人在行动中具有明确的目的，不屈从于周围人的压力，按照自己的信念、知识和行为方式行动的品质。受意志支配的行动叫意志行动。意志品质是指构成人意志的诸多因素的总和。主要包括独立性（自觉性）、果断性、自制性和坚持性（坚韧性）。

意志的自觉性是指是否对行动目的有明确的认识，尤其是认识到行动的社会意义，主动以目的调节和支配行动方面的意志品质。自觉性是意志的首要品质，贯穿于意志行动的始终。自觉性强的人，能够广泛地听取别人的意见并进行取舍，吸收有益的成分，独立自主地确立合乎实际的目标，自觉地克服困难，执行决定，对行动过程及结果进行自觉反思和评价。在行动中能主动积极地完成符合国家和人民需要的任务，并能自觉调整个人利益与集体利益、国家利益三者之间的关系，不为物质利诱而动心。与自觉性相反的意志品质是易受暗示性与独断性。易受暗示性的人，行动缺乏主见，没有信心。容易受别人左右，因而会随便改变自己原来的决定。独断性的人则盲目自信，拒绝他人的合理意见和劝告，一意孤行，固执己见。易受暗示性与独断性都是缺乏对事物自觉、正确的认识，分不清是非曲直，而去遵循盲目的倾向。

意志的果断性是指一个人是否善于明辨是非，迅速而合理地采取决定和执行决定方面的意志品质。果断性强的人，当需要立即行动时，能迅速地作出决断对策，使意志行动顺利进行；而当情况发生新的变化，需要改变行动时，能够随机应变，毫不犹豫地做出新的决定，以便更加有效地执行决定，完成意志行动。与果断性相反的意志品质是优柔寡断和草率决定。优柔寡断的人遇事犹豫不决，患得患失，顾虑重重；在认识上分不清轻重缓急，思想斗争时间过长，即使执行决定也是三心二意。草率的人则相反，在没有辨明是非之前，不负责任地作出决断，凭一时冲动，不考虑主、客观条件和行动的后果。优柔寡断和草率决定都是意志薄弱的表现。

意志的自制性是指能否善于控制和支配自己行动方面的意志品质。自制性强的人，在意志行动中不受无关诱因的干扰，能控制自己的情绪，坚持完成意志行动。同时能制止自身不利于达到目的的行动。与自制性相反的意志品质是任性和怯懦。任性的人自我约束力差，不能有效地调节自己的言论和行动，不能控制自己的情绪，行为常常为情绪所支配。怯懦的人胆小怕事，遇到困难或情况突变时惊慌失措，畏缩不前。

意志的坚持性是指在意志行动中能否坚持决定，百折不挠地克服困难和障碍，完成既定目的方面的意志品质。这是最能体现人的意志的一种品质。坚持性强的人能根据目的要求，在长时间内毫不松懈地保持身心的紧张状态，在任何情况下，都坚持不变，直至达到目的。在遇到困难时，它能激励自己树立起克服困难的信心，始终如一地完成意志行动。所谓“锲而不舍，金石可镂”，是意志坚持性的表现。凡有成就的人，都有极强的意志的坚持性。正如贝弗里奇所说的，几乎所有有成就的科学家，都有一种百折不回的精神。可见，意志的坚持性品质是事业成功的重要条件。与坚持性相反的意志品质是顽固执拗和见异思迁。顽固执拗的人对自己的行动不作理性评价，执迷不悟，或者是明知不可为而为之。见异思迁者则是行为缺乏坚定性，容易发生动摇，随意更改目标和行动方向。

三、影响消费者意志的因素

影响消费者意志的因素主要有以下几点：

（一）认知经验

消费者过往积累的消费认知经验，是消费意志形成的重要影响因素。消费者对商品的认知程度越深，消费目的性越强，消费目标越明确，越有利于促进消费意志的形成。

（二）消费情感

消费情感对消费意志的影响是最为直接的。消费者对商品的情感倾向使消费意志趋向于一个具体的目标，并形成自觉的行动。

（三）外部刺激

外部刺激同样会影响消费意志的形成。外部刺激强度越强，消费意志形成过程中受到的干扰就越大，消费的自觉性和克服困难的实现难度就会越大。外部刺激越持久，越容易使消费者的目标趋于刺激物引导的目标方向。

（四）消费需要与动机

消费者的需要是产生一切消费心理活动的基础，消费者对某一需要满足的欲望越强烈，消费意志品质就会越坚定、越自觉。同样，消费动机越明确，越容易引导消费者形成自觉性和习惯性的购买，消费意志越容易形成。

结尾案例

让苹果带你走入全方位的体验式营销中

好的用户体验能够为用户带来惊喜，这种物超所值的感觉不仅体现在产品功能上，还体现在视觉和审美层面。“贴心感”指的是充分考虑用户在使用过程中的便利性，确保产品易于使用。“带入感”则是指让用户完全沉浸在产品中，享受其中的乐趣。而“操作感”则通过简洁的交互设计，使用户能够轻松掌控并形成良好的感知。

苹果公司在体验营销方面做得尤为出色，它利用消费者的视觉、听觉等多种感官来体验产品所带来的震撼效果。无论是手机、电脑、iPad还是手表等设备，苹果都采用了时尚且现代感十足的设计风格，以黑白为主色调的极简主义风格，既简约又不失时尚，完美契合了现代主义的美学理念。这样的设计不仅赋予了科技产品一种脱俗的魅力，同时也将这种独特的设计理念贯穿于整个营销过程中。

从苹果发布会现场黑板白字的经典布局到官方网站及线下旗舰店的设计，处处都能见到苹果对于细节的关注以及对品牌风格的坚持。这种一致性不仅增强了品牌形象，也让消费者无论在何处接触到苹果的产品或服务时，都能够感受到一致的品牌体验。

1. 产品感官：人性化操作感受

从苹果产品的外形设计来看，其以简约时尚、符合现代审美观为主要着眼点。以iPhone为例，它拥有极具现代感的流线型外观和流畅简约的设计风格。外形线条极其简单，整个操作界面皆为触屏操作，整个机身给人一种时尚冷酷的现代感。然而，当实际操作机器时，又能够真切地感受到其人性化的操作界面和步骤。

据称，苹果研发人员在研究机载程序时，特别考虑了人眼习惯的视觉方向来设计画面弹出的位置。再比如电子触摸屏的触点设计，苹果搜集了上万份样本，用以判断多大的面积是最舒适、最好操作的。因此，无论是哪个年龄层的用户，在使用iPhone时，都能感受到其操作体验带来的温暖、亲切和人情味，带给消费者视觉、听觉和触觉上焕然一新的全方位体验。

2. 体验店感官：开放式的购物环境

新颖的产品自然需要新颖的承载方式来传递给消费者。苹果并不是单纯为了开店而开店，而是将开店视为“一项创造体验的事业”，因此能够做到让顾客满怀激动地前来购物并满意离开。由于把专卖店的理念定位于“为生活添彩”，苹果摒弃了传统零售业在店铺设计、选址和员工决策权上的条条框框。

在店铺设计上，苹果借鉴了四季酒店的经验（传统的思维方式只能产生传统的想法，要跳出本行业的传统规范去寻求新的灵感），采用简洁大方的设计风格，仅使用不锈钢、玻璃和斯堪的纳维亚地板三种材料进行装饰。以苹果上海旗舰店为例，光线通过透明玻璃直接照入2 000 m^2的店铺内，80台苹果电脑、60部iPhone手机已经启动，等待顾客的体验和试用。店铺充分利用阳光与空间，以一种开放的姿态迎接每一位顾客，使他们自然而然地对产品进行体验与接触。

当苹果第一家零售店在弗吉尼亚州麦克莱恩市开业时，《商业周刊》列出了许多关于苹果店无法生存下去的理由。零售业专家甚至断言：“不过两年的时间，苹果就会发现这（零售店）是一个巨大且昂贵的错误。”然而几年后的苹果财报显示，来自208家苹果直营店的营业收入增长了74%，从此以后，苹果公司每年销售额的四分之一都来自苹果直营店。

3. 情感体验：忘我的情感碰撞

在消费者心理分析方面，苹果迎合用户的审美、价值观和个性等心理特征，分析消费者的体验感知因素和体验感知点，强化产品的本身特性，并将其与消费者体验需求相统一。例如，苹果官网的网页界面展示了漂亮的产品封面，下滑网页可以看到各个精致的细节照片。精美的大图不仅迎合了消费者的审美，还突出了苹果产品的精致特性，将特点紧密捆绑在一起。

这种情感式营销触动了消费者的内心情感，并创造了深刻的情感体验。苹果深知哪些情感元素可以激发消费者的某种情绪，使消费者自然地受到感染，融入这种情景中，从而对苹果产品产生强烈的渴望感。

4. 思考体验：我思故我在

营销诉求的思考需要智力，它能够引起顾客的惊奇、兴趣，以及对问题的集中或分散思考，为顾客创造认知和解决问题的体验。在整个消费电子产品的历史上，或许还没有哪一家品牌能够像苹果那样，在产品、营销、产业链建构等多个领域引发消费者、电子产品界、通信产业界乃至整个商业界的广泛关注与思考。

1998年，苹果的iMac上市仅6个星期就销售了278 000台，被《商业周刊》评为1998年度最佳产品。当时，乔布斯表示："苹果已回到它的根源，并再度开始创新。"iMac的创新紧随着一个以"与众不同的思考"为广告标语的思考营销促销活动方案展开。

5. 发布仪式：气场强大，富有仪式感

苹果每次发布重大产品时，都会举办一场发布会。与其他电子品牌选择在酒店等商业化场所举行不同，苹果的发布会通常选在充满艺术氛围的地方进行，这些地点给人以高尚、圣洁之感。从时间安排上来看，苹果产品在正式发布前几个月甚至几年前就会有相关传闻流出。到了真正的发布日，整个过程更是被精心策划得非常隆重。例如，2010年1月27日，苹果在旧金山举办了iPad发布会，并买下了会场周边所有的公交车站广告位。当乔布斯登台演讲之际，所有海报瞬间更换；而参会者抵达现场时街道两侧还保持原样，但当他们离开后，却发现自己已被iPad海报包围。正是这种庄重且富有仪式感的发布会形式，使得公众普遍认为苹果产品非同寻常，是需要以特别方式迎接和尊敬的"神器"。

随着生活水平提高，现代人对于消费的态度已经不仅仅局限于获取更多物质财富或产品本身，而是越来越重视商品背后的象征意义及其功能，即通过购物来满足个性化需求。因此，企业要想在激烈的市场竞争中脱颖而出，就必须根据消费者新的消费需求特点引导并创造能够满足个性需求的市场空间。在这样的背景下，体验营销应运而生。随着"体验"成为一种可以销售的商品，"体验消费"的趋势正在全球范围内兴起。

作为体验营销模式的先行者和典范，苹果无疑将这一理念发挥到了极致。通过对苹果成功案例的研究，我们不仅能学到新颖独特的营销思路，更重要的是理解其背后的运作机制与规律，并将这种全新的概念融入现有的营销体系当中，与其他营销元素相结合，从而释放出更大的商业价值。

（根据网络资料整理）

项目实训

购物消费体验

[实训目标]

（1）培养学生分析消费者购买过程中心理活动过程的能力。

（2）培养学生运用培养消费者积极情感的因素开展营销的能力。

[实训内容]

（1）以你最近一次比较大的消费活动为例，分析购买商品的心理活动过程。

（2）分析研究这种心理活动过程对市场营销人员的启示。

（3）思考在这次购买中营销人员是否利用了某种因素以培养消费者的积极情感。

[实训操作]

（1）教师说明训练内容及成果要求。

（2）每人回顾并写出一次消费体验分析报告。

（3）在班里进行交流。

[成果要求]

（1）每人写出消费体验与分析报告。

（2）在全班组织交流座谈会。

（3）根据每人的分析报告和个人在交流中的表现进行考核。

课后练习

一、单选题

1. 知觉是大脑对当前直接作用于感觉器官的客观事物的（　　）。

A. 显性反映　　B. 隐性反映

C. 整体反映　　D. 局部反映

2. （　　）是一种比较微弱、平静而持久的情绪体验状态。

A. 心情　　B. 应激　　C. 心境　　D. 激情

3. 著名的“情感之轮”是（　　）提出的理论。

A. 我国古代名著《礼记·礼运》　　B. 我国中医理论

C. 心理学家保罗·埃克曼　　D. 心理学家罗伯特·普拉奇克

4. （　　）是意志心理过程的开始阶段，它决定意志行动的方向和方法。

A. 购买决策阶段　　B. 做出购买决定阶段

C. 执行购买决定阶段　　D. 体验执行效果阶段

二、多选题

1. 根据记忆的内容不同，可以把记忆分成（　　）。

A. 形象记忆　　B. 情绪记忆

C. 逻辑记忆　　D. 速度记忆

E. 运动记忆

2. 记忆包括（　　）三个基本环节。

A. 联想　　B. 回忆　　C. 识记　　D. 保持

E. 想象

3. 消费者在购买活动中的情绪与情感主要表现在（　　）。

A. 面部表情　　B. 言语表情　　C. 微表情　　D. 身体姿态

E. 肢体动作

4. 影响消费者意志的因素主要有（　　）。

A. 消费需要与动机　　　　B. 消费者认知经验

C. 消费情感　　　　D. 外部刺激

E. 购物环境

三、案例分析讨论题

仔细阅读本项目的导引案例，然后回答以下问题：

1. 什么是体验式营销？请结合实例回答。

2. 请列举出一个你感兴趣的知名品牌，结合网络搜索一下它们进行商业合作的更多细节，就它们的成功经验与不足之处总结一下，说出你的观点。

项目三

分析消费者的个性心理特征

知识目标

（1）掌握个性的含义、特征，了解个性心理的构成。

（2）掌握气质的含义、特征和主要类型，理解不同气质类型的消费者的消费行为及营销策略。

（3）掌握性格的含义、特征，理解消费者性格类型及消费行为表现，了解对不同性格表现的消费者的营销策略。

（4）掌握能力的含义、类型和差异，了解能力的构成与消费行为，了解消费者能力对营销活动的作用。

能力目标

（1）能够运用消费者的个性心理理论分析消费者的消费行为。

（2）能够在市场营销活动中运用个性化营销策略服务不同气质、性格和能力的消费者。

在消费者的日常消费活动中，消费者经历着认知、情感、意志等心理活动过程，这一过程体现着消费者心理活动的普遍性规律。正是在这一基本规律的作用下，消费者的行为表现出某些共性。然而不同消费者的购买行为又是千差万别、各具特色的。消费者的个性心理特征的形成和发展，既受先天因素的影响，也受后天因素的影响。消费者的个性心理特征的差异，总是通过不同的购买行为表现出来。因此，研究和了解消费者的个性心理，不仅可以解释不同消费者的不同购买行为，而且可以在一定程度上预测不同消费者未来不同的消费趋势，对商品经营企业来说这无疑是非常有意义的。

导引案例

海尔个性化定制家电——从用户“异想”到行业爆款

在“懒人经济”盛行的当下，消费者对于家电产品的需求愈发多样化和个性化。他们不仅追求产品的基本功能，更希望产品能够贴合自身独特的生活习惯和使用场景。海尔作为家电行业的领军企业，敏锐捕捉到这一市场趋势，凭借其“以用户为中心”的创新理念，不断推出满足用户个性化需求的定制化产品。

1. 用户需求驱动：Leader三筒懒人洗衣机的诞生

2023年3月9日，一位网友在海尔抖音评论区突发奇想，留言称“能不能造一台同时洗内衣、袜子、鞋子和衣服的洗衣机？”这一看似“异想天开”的提议，却迅速得到了海尔的积极回应。

海尔表示“周总已看到设计，工程师连夜开发中”，3月11日，海尔官方高调宣布推出Leader三筒懒人洗衣机，而且这款被网友戏称为“米老鼠洗衣机”的产品，不仅凭借分区洗涤、洗鞋功能等创新设计引爆全网，而且这一高效且贴心的反应，让网友们纷纷感叹“被宠到”，“海尔听劝”的话题也随之登上热搜，更在预售首周狂揽8.8万台订单，成为家电界的现象级爆款。

海尔此次推出三筒懒人洗衣机并非一时兴起，而是有着坚实的技术基础和前瞻性的战略布局。早在2015年，其高端品牌卡萨帝就已推出双子双筒洗衣机，此次三筒设计在继承双筒优势的基础上，进一步细分洗涤场景，将“懒人经济”的理念发挥到了极致，精准满足了用户对于便捷、高效洗涤的个性化需求。

这款三筒懒人洗衣机外观独特，酷似“米老鼠”，三个滚筒各司其职。一大两小的设计分别对应大件衣物（5 kg）、内衣（1 kg）、袜子（1 kg），彻底解决了用户对于衣物混洗的卫生担忧。而且，在后续升级版本中，还新增了洗鞋功能，再次精准回应用户的个性化需求，让用户感受到产品不断进化的贴心。

2. 海尔的个性化定制基因：从特殊需求到市场突破

海尔在满足用户个性化需求方面有着丰富的历史经验。早在1996年，四川农民用洗衣机洗地瓜导致堵塞，海尔没有嘲笑用户的“土”需求，而是迅速研发出“洗地瓜洗衣机”，意外打开了农村市场。此后，针对不同地区和用户的特殊需求，海尔陆续推出了“洗龙虾机”“打酥油洗衣机”等产品，用实际行动诠释了“用户思维”的力量。

海尔的成功并非偶然，其背后是始终坚持的“以用户为中心”的研发理念。在产品研发过程中，海尔的工程师们就像用户的朋友一样，时刻与用户保持沟通，深入了解他们的生活习惯、使用场景和潜在需求。通过对用户需求的精准洞察和分析，海尔能够将用户的“创意”转化为实际的产品功能，实现产品的个性化定制。这种以用户需求为导向的创新模式，使得海尔的产品能够精准满足用户的个性化需求，从而在市场中脱颖而出。

（根据网络资料整理）

导引案例分析

海尔Leader三筒懒人洗衣机的成功，是海尔个性化定制战略的一个生动体现。它生动地体现了在当今竞争激烈的市场环境中，企业只有深入了解用户需求，以用户为中心进行产品研发和创新，才能推出真正符合用户个性化需求的产品。海尔从满足个性需求到开拓新市场的成功经验，也为其他企业提供了有益的借鉴，即不要忽视用户的任何需求，哪怕是看似“奇葩”的需求，都可能蕴含着巨大的市场潜力。

任务一　认知消费者的个性

任务目标

通过分析消费者认知活动的一般过程，使学生能准确区分消费者认知的基本内容，清楚界定消费认知层次，初步把握消费者认知过程的内在规律，达到培养学生具备解读消费认知心理能力的目的。

知识精讲

一、个性的概念及特征

（一）个性的概念

个性（personality），心理学中称为人格，指的是个体在先天素质的基础上，在社会化过程中形成的一种稳定的心理特征的总和。个性是在个体生理的基础上，在一定社会历史条件下，通过参加社会实践活动并受外界环境的作用逐渐形成和发展的。个性的形成既受先天因素如生理和遗传的影响，又与后天因素如社会环境、成长经历有关系。后天因素对个体个性心理特征的形成、发展和转变有决定性意义。

（二）个性的特征

1. 整体性

个性的整体性是指个体的各种个性倾向、个性心理特征以及心理过程，都是有机地联系在一起的。它们之间紧密结合、相互依赖，形成个性的整体结构。

2. 稳定性

个性的稳定性是指个体的个性特征经常地、一贯地表现在心理和行为之中。俗话说“江山易改，本性难移”，就是形象地说明了个性的稳定性。

3. 倾向性

个性的倾向性指个体对于客观事物所持有的一定的看法、态度和感情倾向。

4. 可塑性

个性的可塑性是指个性心理特征随着主客观条件的变化而发生不同程度的变化。

5. 独特性

个性的独特性是指人与人之间的心理和行为是各不相同的。由于个性组合结构的多样性，使每个人的个性都有其自己的特点。

6. 社会性

个性从其形成和表现的形式上看，既受社会历史的制约，又受个人生理特征的影响。如需要、理想、信念、价值观、性格的形成都受社会影响，个性带有明显的社会性。例如，在一定的社会中，同一民族的人们在某些共同的生活条件下生活，逐渐掌握了这个社会的风俗习惯和道德观念，就会形成某些共同的人格特点。

典型案例

塑独立人格，扬女性风范

在谈论我国古代的词人时，无疑宋朝是最为璀璨的时期。这个时代的词人众多，而且才华横溢，形成了著名的豪放派与婉约派，各有其独特的魅力与风格。然而，在这些古代词人中，男性占据了主导地位。苏轼、周邦彦等名字耳熟能详，而女性词人却寥寥无几。这背后深层次的原因在于我国古代女性的社会地位。尽管大户人家会教导小姐一些文化知识，但“女子无才便是德”的观念根深蒂固。与其他朝代一样，宋朝的女性在很大程度上仍是男性的附属品。然而，李清照是一位敢于表达自己情感、文采出众的女性。作为一位著名词人，她的名字被载入史册，成为了一个不朽的存在。

李清照的才华和勇气，使她在那个时代显得尤为独特和珍贵。通过李清照的人生经历和词作可以发现，她的个性十分的洒脱，可以说是敢爱敢恨的，这就是后世读李清照的词得出的隐隐有大丈夫的风味。李清照不拘小节，她是那个嗅青梅的思春少女，更是那个醉卧小船、误入藕花深处的妇人。她敢于和同时代的男词人比较，甚至其丈夫赵明诚也不得不感慨不如她。她还敢于质疑。这样的性格，说明了她思想的独立和自我，让她超脱于时代，有了自己的标签。那么，李清照的独立人格形成的主要影响因素是什么呢？主要还是来自家庭和时代背景的影响。

1. 家庭影响

李清照的独立人格不是一天两天就可以形成的，对其影响最大的应该就是她的家庭背景，她的父母亲都是高级知识分子，尤其是父亲，写得一手好文章，对于子女的教育自然也很重视。从另一个方面也可以看出李清照的父母是十分开明的，这让李清照从小就有了一种独立意识。

2. 时代背景

除了家庭影响外，时代背景也非常重要。李清照一生经历了四个皇帝，她出生于宋神宗年间，成长于宋哲宗年间，在宋徽宗当政时嫁给了丈夫赵明诚，见证了靖康之难，后半生在赵高宗的统治下结束。统治阶级的更替带来的是大环境的变化。李清照经历着这些动荡，也用自己清醒的头脑看待这些变化。作为女子，她不能去朝堂上作为，但是这也并不影响她对于故土和民族的热爱和对于英雄的向往。她喜欢英雄，对于英雄有自己的见解，甚至对于英雄惺惺相惜。她勇于追求爱情，不管是当初的赵明诚还是后面的张汝舟，李清照都是敢爱敢恨的。

李清照经历了家庭、国家的灾难，可谓是饱经风霜，但是却依旧坚守自我，她写的东西让人欣赏，她的女性独立人格更加是一种难能可贵的典范。家庭和时代成就了李清照，而李清照成就了那个时代的独立女性形象。

（根据网络资料整理）

二、个性心理的构成

个性的心理结构十分复杂，它主要包括个性心理倾向和个性心理特征，如图3-1所示。人的个性特征通过人的行为方式表现出来，消费者的个性心理特征的差异通过不同的购买行为表现出来。

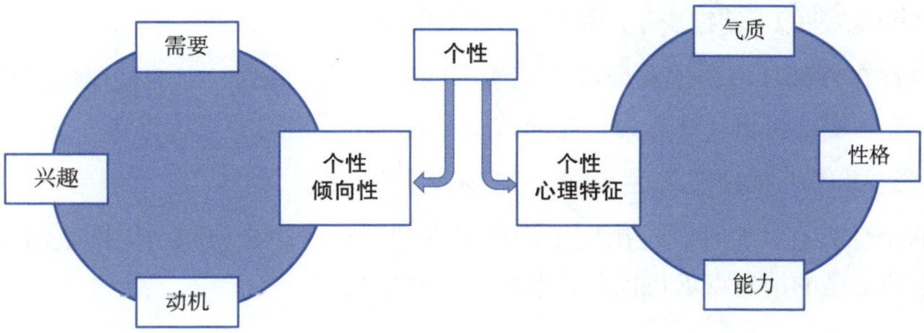

图3-1　个性的构成

（一）个性倾向性

个性倾向性指的是消费者主体在社会实践活动中对现实事物的看法、态度和感情倾向。个性倾向性是人从事各项活动的基本动力，它决定着一个人的态度、行为的积极性与选择性，它对个性的变化和发展起推动与定向的作用，是整个个性结构的核心。

个性倾向性主要包括需要、动机、兴趣、信念、价值观和理想。个性倾向性的各种成分是相互联系和相互影响的。其中，需要和动机是主要成分，是推动个性形成和发展的动力；兴趣是需要和动机的表现形式；而信念、价值观和理想位于最高层次，是人们言论和行为的总动力，制约着人的思想倾向和整个心理面貌。

个性倾向性的各个成分是互相联系，彼此影响的，但其中总有一个成分居于主导地位，个体成熟与发展阶段的不同、需要、动机、兴趣、理想、信念和价值观等心理倾向在整个个性倾向中的影响是不同的。例如：在儿童期，支配心理活动与行动的主要是兴趣；在青少年期，理想上升到主导地位；到青年晚期和成年期时，人生观和世界观支配着人的整个心理与行动，成为其主导的心理倾向。

（二）个性心理特征

个性心理特征是一个人身上经常表现出来的本质的、稳定的心理特点，主要包括气质、性格和能力。这种稳定的心理特征是个性心理倾向性稳固化和概括化的结果。

个性心理特征的每种特性都和其他特性处于不可分割的有规律的联系之中。能力、气质、性格各有特点，但又相互关联。例如，性格可以改变气质类型，气质又可以使性格带有特殊色彩并影响其形成和发展的速度。本项目的任务二、三、四中我们就将针对消费者个性心理特征的气质、性格、能力进行进一步的探讨。

三、个性在消费者行为中的作用

（一）消费者个性的独特性决定消费者需求的多样性

消费者个性的独特性及个体之间存在的差异，导致消费者在购买动机、购买方式及购买习惯方面存在差异，从而使他们的消费行为复杂多样。

（二）消费者个性的稳定性决定消费需求的稳定性

消费者个性的稳定性，决定消费者对某些商品和服务的需求，在一定时间内表现出对产品的依恋和对企业的忠诚。企业应重视市场的培育，培养对企业忠诚的客户，有目的、有计划地提供满足消费者稳定需求的商品。

（三）消费者个性的可塑性决定消费者需求的可引导性

消费者个性在外部环境诱因和内部主观激励的刺激下，具有一定的可塑性，从而决定了消费者的需求具有一定的可引导性，为企业提供了巨大的市场潜力和市场机会。

（四）消费者个性的社会性决定了消费者需求的可接受性

消费者的个性具有社会性，这决定了消费者在消费过程中必须顾及周围生活环境中他人的评价，并力求使自己的消费需求在社会关系中可以被接受。

知识拓展

品牌个性

尽管“品牌个性”这一概念早在1955年就由Gardner和Levy提出，但其理论发展一直较为缓慢。直到20世纪80年代，Sirgy主张所有品牌或产品都应具备独特的个性；随后，Aaker借鉴心理学中的“大五”人格模型对品牌个性进行了探索性研究。自此之后，国内外众多学者开始深入研究品牌个性，使其成为营销学与心理学领域的一个重要研究方向。

品牌个性指的是消费者心目中认为品牌所具有的人类特质，通常可以从真诚、能力、刺激、经典及粗犷五个维度来构建。塑造鲜明的品牌个性之所以有效，是因为当消费者与某个品牌建立联系时，往往会将该品牌视为一个具体的形象、伙伴甚至个人，并且可能会把自己的某些特征投射到这个品牌上。如果一个品牌的个性化特征与消费者自身的性格特点或者理想中的性格更加接近，那么消费者就更有可能对该品牌产生好感。此外，通过使用广告代言人、卡通形象等方式也能有效帮助塑造并强化品牌的个性形象。

任务二　认知消费者的气质

任务目标

通过明确气质的定义及学习不同的气质类型理论，研究不同气质类型的消费者在购买决策、品牌选择、购物习惯等方面的可能差异。通过案例研究和实际观察，锻炼识别不同消费者气质类型的能力，并学会如何利用这些信息来优化营销和客户服务。

知识精讲

一、气质的概念和特征

（一）气质的概念

气质（temperament）是表现在心理活动的强度、速度、灵活性与指向性等方面的一种稳定的心理特征。人的气质差异是先天形成的，受神经系统活动过程的特性所制约。

气质是人的个性心理特征之一，它是指在人的认识、情感、言语、行动中，心理活动发生时力量的强弱、变化的快慢和均衡程度等稳定的动力特征。主要表现在情绪体验的快慢、强弱、表现的隐显以及动作的灵敏或迟钝方面，因而它为人的全部心理活动表现染上了一层浓厚的色彩。气质在社会所表现的，指一个人内在魅力的质量的升华。所指的人格魅力有很多，比如修养、品德、举止行为、待人接物、说话的感觉等，所表现的有高雅、高洁、恬静、温文尔雅、豪放大气、不拘小节等。

（二）气质的特征

1. 先天性

气质的生理基础是神经系统类型，因此，气质同遗传因素有关，具有先天性的特点。在现实中，我们在人的身上可以看到与生俱来的秉性。如孩子在很小的时候，有的文静安稳，有的生性好动，有的则十分倔强等。

2. 稳定性

与性格等其他心理特征相比，气质更具有稳定性。在目的、动机、内容很不相同的活动中，人们也常显示出同样的气质类型特点，如有的人总是聪明、伶俐、乐观、活泼，受大家喜欢；有的人总是威严、傲慢、暴躁，令人敬而远之。

3. 变化性

气质虽然具有先天的稳定的特点，但也不是完全固定不变的。随着人的年龄、生活环境、文化教育，以及主观努力等因素的变化，气质也会发生缓慢的变化。如：青少年时，血气方刚，表现出活泼、好动、热情、积极、急躁或轻浮；壮年时，阅历渐深，表现出坚毅、沉着、含蓄；老年时，表现出老成持重、安详、沉稳。

二、气质的类型与特征

心理学家对气质这一心理特征进行了长期、全面的研究，他们发现人的气质是有明显差异的，这些差异属于气质类型的差异。他们从不同角度提出了不同的见解，由此形成了不同的气质理论。关于气质理论主要有体液说、高级神经活动类型说、血型说、体形说等，其中最有影响的是古希腊医生希波克拉特提出的体液说及苏联心理学家巴甫洛夫提出的高级神经活动类型说。分析消费者气质类型及特征主要是以下列理论学说为依据进行的。

（一）体液说

公元前5世纪，古希腊医生希波克拉特（Hippocrates）提出，人体内有四种性质不同的体液：血液、黄胆汁、黑胆汁和黏液。血液出自心脏，黄胆汁生于肝脏，黑胆汁生于胃部，黏液生于脑部。他认为，正是这四种体液形成了人的气质。机体的状态就决定于四种体液的混合比例。人体内某种液体过多或过少，或者比例不适当，人就会感到不适，四种体液调和，人就健康快乐。他还指出，胆汁太多使头脑过热，导致恐怖与恐惧；黏液太多使头脑过冷，导致忧虑与悲伤。

知识拓展

希波克拉特简介

希波克拉特（约公元前460—前377），古希腊著名医生，欧洲医学奠基人。他的许多医学观点对后世医学发展有巨大影响。

希波克拉特出生于小亚细亚科斯岛的一个医生世家，相传父亲赫拉克莱提斯是医神阿斯克雷庇亚斯的后代，母亲费娜雷蒂是显贵家族的女儿。在古希腊，医生的职业是父子相传的，所以希波克拉特从小就跟随父亲学医。数年后，独立行医已不成问题，父亲治病的260多种药方，他已经能运用自如。父母去世后，他一面游历，一面行医，为了丰富医学知识，获取众家之长，希波克拉特拜请许多当地的名医为师，在接触的许多病人中，他结识了许多著名的哲学家，这些哲学家的独到见解对希波克拉特深有启发，为他提出体液论提供哲学帮助。

罗马医生盖伦（C.Galen）从希波克拉特的“体液说”出发，将人体内的体液的混合“比例”用拉丁语命名为“temperamentum”，这便是“气质”（temperament）概念的来源。他除了用生理和心理特性之外，还加进了人的道德品行，这些因素组成13种气质类型，后来简化为4种气质类型，即流行于今的多血质、胆汁质、黏液质和抑郁质。每种气质类型的特点都是某种体液占优势的结果，并有特定的心理表现。

1. 多血质

多血质者情绪兴奋性高，思维、言语、动作敏捷，心境变化快但强度不大，稳定性差；活泼好动，富于生气，灵活性强；乐观亲切，善交往，浮躁轻率，注意力容易转移，兴趣广泛但不持久，缺乏耐力和毅力。

2. 胆汁质

胆汁质者情绪兴奋性高，反应迅速，心境变化剧烈，抑制能力较差，易于冲动，热情直爽，不够灵活，精力旺盛，动作迅猛，性情暴躁，脾气倔强，容易粗心大意。

3. 黏液质

黏液质者情绪兴奋性低，外部表现少，沉着冷静，反应速度慢；情绪稳定，深思熟虑，思维、言语、动作迟缓；交际适度，内心很少外露，坚毅执拗，淡漠，自制力强，不够灵活，易固执已见。

4. 抑郁质

抑郁质者善于察觉细节，细心谨慎，敏感多疑；内心体验深刻但外部表现不强烈，行动迟缓，不活泼；脆弱孤僻，对事物反应敏感，办事不果断，缺乏信心。

小案例

《西游记》师徒四人气质类型

《西游记》是我国古典文学四大名著之一，其中四位主要人物也表现出上述四种气质类型。

唐僧在任何时候都没有说过放弃，不管遇到什么艰难险阻，也不管遇到什么诱惑。他是一个非常自律的人，对自己要求十分严格，自我控制和自我约束能力极强，他的思考、言语和动作都相对缓慢，且不轻易表露内心情感。这种特质使他能够在取经的路上保持坚定的意志和耐心。唐僧通常不爱说话，但他的内心是敏感的。面对困难时，他可能会显得有些动摇，例如在与孙悟空发生争执后，他会在一时冲动之下将悟空赶走，但很快又因为依赖这位大徒弟而感到后悔。从气质类型上看，就属于抑郁质。

孙悟空武艺高强，如果没有孙悟空，很多事情将无法实现。但是，孙悟空是一个比较任性的人，容易情绪化。孙悟空在降妖除魔的过程中经常表现出迅速而有力的行动，以及容易激动的情绪，他的反应快速且常常采取果断的行动。他能力强，敢做敢为，富有创造力、闯劲和冲劲。从气质类型上看，他属于胆汁质。

猪八戒相貌丑陋，但脾气好，天生的乐观派。他总是给团队带来乐趣。八戒还是个处理人际关系的高手。例如，孙悟空闯祸了，唐僧一气之下把孙悟空赶走了，但真正遇到困难时，唐僧又想起了孙悟空。此时，八戒出现了。他善解人意，知道唐僧需要他来周旋。八戒还善于与外界打交道，不少外部力量的支持都是八戒争取来的。他的活力、幽默、善于处理人际关系的特征，从气质类型上看属于多血质。

沙僧做事脚踏实地，一丝不苟，对于取经的任务始终坚持不懈，表现出高度的责任感和持久的耐力。他在面对外部刺激或压力时，表现得较为冷静和稳定，不易受外界影响而情绪波动。他遵循规则和秩序，对待师傅唐僧非常忠诚，尊师重道，对师兄们也尊重有加。本事不是很大，却勤勤恳恳、任劳任怨、勤奋忠诚、可靠。他的气质类型属于黏液质。

（根据网络资料整理）

（二）高级神经活动类型说

俄国生理学家巴甫洛夫通过实验发现，人的高级神经活动在心理的生理机制中占有重要地位。他用人体反应活动类型的特性，即强度、灵活性和平衡性作为区分气质的指标，由此分出四种气质类型，即兴奋型、活泼型、安静型和抑制性。他用条件反射法发现高级神经活动中的两种基本过程（即兴奋和抑制）具有三种基本特征，即强度、平衡性和灵活性，这三种特征的不同形成了四种高级神经活动类型，即兴奋型、活泼型、安静型和抑制型。由于巴甫洛夫的结论是在实验的基础上得出的，并得到了后人的研究证实，因而具有较强的科学依据。

1. 兴奋型

兴奋性属于强而不平衡的类型，个体兴奋过程占优势，这种类型的人兴奋过程的强度大于抑制过程的强度，又由于兴奋过程与抑制过程的不平衡，所以在很强的刺激作用下，这种类型的人易产生精神分裂。人们把这种易兴奋而难以控制的类型又称“不可遏制型”。

2. 活泼型

活泼型属于神经活动的兴奋和抑制过程强、平衡而灵活的类型。这种类型的个体容易形成条件反射，行动迅速活泼，一旦缺乏刺激就很快入睡或无精打采。

3. 安静型

安静型属于强、平衡而不灵活的类型。这种类型的个体反应迟钝，容易形成条件反射，但难于改造，是一种行为迟缓而有惰性的类型，又称为稳定性。

4. 抑制型

抑制型的神经素质反应较弱，但较为平衡，兴奋速度较慢，接受不了强刺激，一般表现为主观体验深刻，对外界事物的反应速度慢而不灵活；遇事敏感多心，言行谨小慎微，易于激动和消沉，感受性和内倾向性都较为明显。

高级神经活动说和体液说都旨在解释人类气质的多样性，它们虽然分别代表了不同时代的科学理解，但高级神经活动类型说与体液说存在着较强的对应关系，见表3-1。

表3-1　高级神经活动说与体液说的对应

类型	高级神经活动（强度、平衡性、灵活性）	气质类型	行为特征
活泼型	大脑皮层细胞活动很强，兴奋与抑制之间平衡协调，反应灵活	多血质	活泼好动，反应敏捷，善于交际，适应性强、灵活，但注意力分散，易移情
兴奋型	大脑皮层细胞活动很强，但兴奋与抑制之间不平衡，兴奋占优势	胆汁质	热情直率，反应迅速，精力旺盛，性情急躁易冲动，心境变化剧烈
安静型	大脑皮层细胞活动比较强，兴奋与抑制之间平衡，但反应慢，不灵活	黏液质	安静稳重，反应缓慢，遇事谨慎，注意力稳定不易转移
抑制型	大脑皮层细胞活动比较弱，兴奋与抑制之间不平衡。抑制占优势	抑郁质	孤僻多疑，行动迟缓，观察事物细致，精神体验深刻，多愁善感

知识拓展

巴甫洛夫简介

巴甫洛夫（Pavlov，1849—1936），他是第一个用生理学实验方法来研究人和高等动物的大脑活动，并创立了大脑两半球生理学和条件反射学说的人。

1849年9月26日，巴甫洛夫出生在俄国中部小城梁赞，他的父亲是位乡村牧师，母亲替人家做饭补贴家用。巴甫洛夫自小学习勤奋，兴趣广泛，21岁考入圣彼得堡大学自然科学系。1875年，巴甫洛夫获得了生理学学士学位。同年，他又考上了圣彼得堡大学的医学院。1878年，他应俄国著名临床医师波特金教授的邀请，到他的医院主持生理实验工作，主要研究血液循环和神经系统对于心脏的影响。1833年写成《心脏的传出神经支配》的博士论文，获得帝国医学科学院医学博士学位、讲师职务和金质奖章。从1888年开始巴甫洛夫对消化生理进行研究，提出著名的条件反射学说。为此他获得了诺贝尔奖的生理学医学奖。巴甫洛夫是用条件反射方法对动物和人的高级神经活动进行客观实验研究的创始人，也是现代唯物主义高级神经活动学说的创立者。他开始时研究血液循环和消化功能，但主要工作是关于高级神经活动的研究。从1903年起连续30年运用“条件反射”方法研究了动物的行为、心理活动，并提出了人有第一和第二两个信号系统的思想，认为人除了有第一信号系统——对外部世界的映像产生直接反映之外，还有第二信号系统，即引起人的高级神经活动发生重大变化的语言和符号反映功能，由此建立了高级神经活动的新学说，他的高级神经活动学说把人脑的“第二信号系统”看作是先天性大脑机能，不仅对医学界和生理学界产生了巨大影响力，而且也对辩证唯物主义哲学体系的发展产生了巨大影响，尤其是对哲学有关语言和思维的相互联系影响较大。至今，辩证唯物主义哲学有关感觉反映和逻辑认识之间的联系依然是建立在巴甫洛夫的高级神经活动的理论基础之上的。

（三）血型说

1927年，日本学者古川竹二等人认为气质与人的血型有一定联系。四种血型即O型、A型、B型、AB型，分别构成气质的四种类型。这些说法在学术界受到批驳，在民间却被视为心理学的新发现而被接受。

1. A型

A型人精明、理智、内向，不善交际。沉思好静，情绪稳定，忍耐力强。具有独立性，易于守规。做事细心谨慎，但不果断。责任心强，固执。感情含蓄，注重仪表，但不新奇，是处理家务的能手。

2. B型

B型人聪明、活泼、敏捷，外向，善交际。兴趣广泛多变，精力分散；大事故少，小事故却不少，行动奔放，不习惯束缚；易感情冲动，热心工作，不怕劳累。缺乏细心和毅力，动作语调富于感情，易引起他人注意。

3. O型

O型人外向直爽，热情好动，富于精力，爱憎分明，见义勇为，有主见，主观自信，急躁好强，有野心；易激发感情。说话易用教训人的口气，易得罪朋友；动作粗犷，不灵活，不易做耐心的工作；爱情上多属主动，易被别人爱，也易接受别人的爱；长寿者多。

4. AB型

AB血型的人属于复合气质类。机智大方，办事干净利落，冷静、不浮夸。行动有计划，能够分担责任，兴趣广泛。因倾向不同，有的人有领导能力，有的人则沉默寡言、满腹心事，待人接物缺乏经验、易吃亏。

（四）体型说

20世纪20年代，德国精神病医生克雷奇默（E.Kretschmer）根据自己的临床观察发现，病人所犯精神病的种类和他们的体型有关。他把气质类型分为了三种，即肥满型、瘦长型和筋骨型。肥满型产生躁狂气质，其行动倾向为善交际、活泼热情、平易近人等；瘦长型产生分裂气质，其行动倾向为不善交际、孤僻、神经质、多思虑等；筋骨型产生黏着气质，其行动倾向为迷恋、认真、理解迟缓、行为较冲动等。他认为三种体型与不同精神病的发病率有关，所以，可以根据一个人的体型特征来预见他的气质特点。

体型说虽然揭示了体型与气质的某些一致性，但并未说明体型与气质之间关系的机制，而且这一研究结果主要是从病人那里而不是从正常人那里得来的，由此可见，体型学说缺乏一定的科学性。

三、不同气质类型消费者的消费行为及营销策略

虽然有关气质的学说很多，比较起来得到多数人认可的是古希腊希波克拉特的“体液说”加上盖伦的解释，即把气质分成多血质、胆汁质、黏液质、抑郁质四种类型。根据这种分法，我们可以根据不同气质类型的消费者在购买活动中的行为表现，寻求恰当、合理的营销策略。

（一）多血质类型的消费者

多血质的消费者热情、活泼、善于交际、能说会道，他们会对一切吸引他们注意的东西做出生动的、兴致勃勃的反应。这类人善于交际，言语具有表现力和感染力，对新的事物、新的环境接受和适应的能力较强。他们的消费行为是随机型或想象型，在购买过程中情绪比较外露，喜欢与营销人员或其他顾客交换意见，想象力丰富，审美意识强，容易受到商品外观、商品包装、各种新型营销方式的影响。他们在购买商品的过程中灵活性很高，富有激情，兴趣转移快，审美感觉灵敏。商品的颜色、外观、命名都能引起他们丰富的想象和联想，喜爱领先试用新产品。

对于这种气质类型的消费者，在进行营销宣传时应注意以下问题：第一，广告词的编写应新颖，语句优美，声音动听；第二，营销活动在介绍产品的特点时应详细而真实，以便和消费者产生心理共鸣，使他们感觉到这种产品是为他们而设计的；第三，广告的画面、音乐、广告词等应注重与消费者进行一种情感上的交流，而不是强行指令。营销服务人员应主动介绍、与之交谈，注意与他们联络感情，以促使其购买；与他们“聊天”的过程中，应给予指点，使他们专注于商品，缩短购买过程，但这类消费者不易培养品牌忠诚度。

（二）胆汁质类型的消费者

胆汁质的消费者态度直率、精力旺盛，反应速度快，但脾气暴躁，不稳重，同时缺乏耐心和细心。他们一旦意识到某种需要，马上会产生强烈的购买动机，并迅速进入决策过程，采取购买行动。胆汁质的消费者的消费行为属于冲动型，在购买商品时，情绪反应热烈，对商品和服务能够直率地表达自己的看法和态度，同时喜欢挑毛病、提意见。他们的消费动机经常是凭

个人主观意志和兴趣支配，容易受到商品外观、式样、品牌、社会时尚、广告宣传以及他人劝说的影响而即兴购买；他们不太注重商品的功能与效用，但买后又常常后悔，甚至要求退货；他们语言直爽。情绪波动，反应敏捷，性子急且自制力差，购物行为迅速、成交快。

对于这种类型的消费者，营销人员应该头脑冷静，充满自信，态度和蔼可亲，及时应答，并迅速递上他们所需要购买的商品，做好必要的解释，如商品性能、使用方法等，使顾客感到营销人员是全身心地为其服务。

研究此种类型的消费者对营销活动研究者的意义在于：这类人可能是新产品的最先接受者。一旦营销活动的宣传使他们意识到了自己需要，他们就会迅速采取行动，而不去过多地考虑价格、质量等方面的问题。但如果产品质量不好，他们对此产品的热情会迅速减退，而投向别的产品。另外，此类型的人缺乏周密的考虑，在购买行动上容易出现从众现象。

（三）黏液质类型的消费者

黏液质的消费者安稳、持重，注意力稳定持久，反应迟缓，情感不易发生，也不易外露。这类人善于克制自己的情绪，忍耐力强，交际适度，常常是沉默寡言。他们的需求转化为动机的过程要长一些，不轻易做出购买决策，一旦做出，便不易改变。这类消费者的消费行为是属于理智型或习惯型的，在购买商品时动作平缓，情绪稳定，对商品和服务的好坏不轻易下结论。这类消费者善于控制自己，沉着冷静，慎重，不易受外界影响，不轻信他人意见，很少受到广告和营销人员宣传的影响，一般在合理主张被确认后方采取购买行动，容易成为所喜爱商品（品牌）的忠实拥护者。

对于这类消费者，营销人员的服务要恰当适中，目光不需要紧随着顾客，不要急于向顾客推销商品，更不要急于表达自己的意见。回答顾客的问题要简明扼要，避免过多的提示和热情，否则容易引起他们的反感，要允许他们有认真思考和挑选商品的时间，接待时更要有耐心。

对这类消费者采取的营销对策是，突出产品最主要的特点，在广告中注意播放实际使用之类的画面。另外，相应地加快营销宣传的时间和频率。

（四）抑郁质类型的消费者

抑郁质的消费者感情丰富、细腻，而且深刻、持久、不外露。他们心细敏感，动作迟缓，说话慢慢吞吞。抑郁质的人善于觉察别人不易发现的细枝末节，性情孤僻，易伤感，喜独处，不善辞令。此类人不是追赶“流行”的弄潮儿，一般新产品上市此类人不是最先的接受者，而是中后期的接受者。但是，这种类型的人一旦对产品产生好感便能持久不变形成忠诚。抑郁质消费者的消费行为是经济型或敏感型的，在购买过程中情绪变化缓慢，观察商品仔细认真，体验深刻，经常能发现商品的细微之处，留意别人留意不到的地方，对商品和服务不轻易评论，决策过程较慢，其购买行为拘谨，缺乏主动性，且容易犹豫不决、谋而不断，风险意识很强，一旦有外界干扰就会中断购买行为，也容易出现购买后后悔的心理，有时对商品价格变动比较敏感，喜欢购买廉价或降价商品。

对于这类消费者，营销人员在提供服务时要有耐心，做到细致、体贴、周到，要熟知商品的性能、特点，及时正确地回答各种提问，增强他们购物的信心。在可能的情况下向顾客提供具有权威性的信息，有较好的暗示效果，从而促使其购买行为的实现。

因此，针对此类人的营销对策应将精力放在产品上市后的中后期，对产品的质量要突出强调。在说服这类人时，营销者还可以做实际测试，并聘请专家来做讲解。

典型案例

全聚德的服务策略

全聚德烤鸭有一百多年的历史，在不同的时代背景下，其目标顾客群体也经历了变化。在早期阶段，这家餐厅主要吸引的是当时的知名人士。随着市场经济的发展，全聚德开始更加注重经济效益，并逐渐扩大了自己的消费者基础。那么，为什么顾客会选择全聚德？它与其他烤鸭店相比有何独特之处？这些问题变得越来越关键。通过深入研究发现，这家老店的核心竞争力在于其悠久的历史、纯正的味道以及原汁原味的体验。为了凸显这些特点，全聚德坚持采用传统的烹饪方法。至今为止，全聚德前门店仍然沿用百年前的技术来制作烤鸭，包括使用传统的烤炉和果木炭作为燃料，由经验丰富的师傅在开放式火焰前操作。这种传统的制作流程不仅是烤鸭文化的精髓所在，也是对历史的尊重与传承。保持这一传统的意义在于维护产品的独特性；如果放弃了“传统工艺”的文化标签，即使最终成品质量没有明显差异，但全聚德品牌所蕴含的故事性和文化价值将会大打折扣。有时候，技术进步反而可能削弱产品在人们心目中的地位。

全聚德的服务人员善于揣摩顾客的消费心理，根据不同的顾客类型采取不同的服务对策：

（1）多血质-活泼型：这一类顾客一般表现为活泼好动，善于交际，具有外倾性。对于这一类顾客，服务员应主动与之交谈，要多向他们提供新菜信息，但要让他们进行自主选择，遇到他们要求退菜的情况，应尽量满足他们的要求。

（2）黏液质-安静型：这一类型的顾客一般表现为安静、稳定、克制力强、很少发脾气、沉默寡言；他们不够灵活不善于转移注意力，喜欢清静、熟悉的就餐环境，不易受服务员现场促销的影响，对各类菜肴喜欢细心比较，缓慢决定。服务对策：领位服务时，应尽量安排他们坐在较为安静的地方，点菜服务时，尽量向他们提供一些熟悉的菜肴，还要顺其心愿，不要过早表述服务员自己的建议，给他们足够时间进行选择，不要过多催促，不要同他们进行太多交谈或表现出过多的热情，要把握好服务的“度”。

（3）胆汁质-兴奋型：这一类型的顾客一般表现为热情开朗、直率、精力旺盛、容易冲动、性情急躁，具有很强的外倾性；他们点菜迅速，很少过多考虑，容易接受服务员的意见，喜欢品尝新菜；但比较粗心，容易遗失所带物品。相应的服务对策：点菜服务时，尽量推荐新菜，要主动进行现场促销，但不要与他们争执，万一出现矛盾应避其锋芒；在上菜、结账时尽量迅速，就餐后提醒他们不要遗忘所带物品。

（4）抑郁质-敏感型：这一类型的顾客一般沉默寡言，不善交际，对新环境、新事物难以适应；缺乏活力，情绪不够稳定；遇事敏感多疑，言行谨小慎微，内心复杂，较少外露。相应的服务对策：领位时尽量安排安静处，如果临时需要调整座位，一定要讲清原因，以免引起他们的猜测和不满。服务时应注意尊重他们，服务语言要清楚明了，与他们谈话要恰到好处。在他们需要服务时要热情相待。

全聚德积极吸收各家之长，为了拓宽厨师的视野、增进知识并汲取各地烹饪大师的精髓，总厨师长带领团队主动深入市场进行调研，探索菜品创新及新菜式的研发。他们曾前往四川、山东、广东以及本地菜系的发源地考察学习，成功开发出了一系列既保留全聚德传统风味又融入现代烹饪技巧的创新菜肴。

自老店创立以来，其门面和依稀可见的门楣上悬挂的老匾额见证了悠久的历史。然而，仅有这面“老墙”在视觉上给予顾客的印象仍显不足。于是，在1999年庆祝建店135周年之际，“老墙”之后增设了一间名为“老铺”的新餐厅，旨在通过展现老北京民俗文化来丰富自身的文化底蕴。经过五次设计方案调整后，最终呈现出来的是一家充满中国传统特色的复古风格餐馆。尽管“老铺”定位高端，但其订餐热线保持不变，在短短半年内便收回了全部投资成本，成为了整个饭店新的盈利增长点。

据记载，康熙帝、乾隆帝以及慈禧太后都对烤鸭情有独钟。基于此，全聚德决定充分利用这一历史遗产作为自身特色之一加以推广。为此特别设置了帝王厅和燕京八景宴会厅等场所，采用仿古宫廷装饰并提供A级服务标准，专门迎接那些追求高品质体验的客人，让他们享受到独一无二的尊贵待遇的同时也为店铺带来了可观收益。

通过巧妙地结合首都丰富的历史文化资源与民间习俗，全聚德不仅深化了自身品牌的文化建设，还细致研究了不同类型消费者的需求特点，提供了个性化服务方案，从而取得了显著的社会效益和经济效益。

（根据网络资料整理）

任务三　认知消费者的性格

任务目标

把握性格的定义、形成机制以及它在心理学中的重要性。掌握性格与气质的区别。学习不同的性格理论，了解这些理论的发展历程及其在消费者行为研究中的应用。从而根据消费者的性格特征进行市场细分，以便制定更加个性化和有效的市场策略。通过案例研究和实际观察，练习识别消费者性格类型，并分析其对消费者行为的具体影响。通过对消费者性格的深入理解，能够将相关知识应用于营销和消费者行为分析中，从而更有效地影响和满足消费者的需求。

知识精讲

一、性格的概念及特征

（一）性格的概念

性格是指个体对现实的稳定态度和在习惯化了的行为方式中所表现出来的个性心理特征。性格是个性结构中最为重要的部分，居于核心地位。它通过人对事物的倾向性态度、意志、活动、言语、外貌等方面表现出来，是个性心理特征最重要的表现。

知识拓展

性格与气质的关系

1. 性格与气质的联系

（1）气质可以按照每种类型的动力特征影响性格的表现方式，从而使性格带有一种独特的色彩。如同样是对人友善的性格，胆汁质类型的人表现为热情豪爽，多血质类型的人表现为亲切关怀，黏液质类型的人表现为诚恳，抑郁质类型的人表现为温柔。

（2）气质可以影响性格形成和发展的速度。如勇敢性格的形成，胆汁质类型的人比较自然和容易，而抑郁质类型的人往往需要经过很长时间的努力和锻炼。

（3）性格可以制约气质的表现，也可以影响气质的改变。如顽强坚定的性格可以克制气质的某些消极方面，使积极方面得到充分发展。一个意志坚强、认真负责的营销人员，气质若属于胆汁质类型，他（她）在接待顾客时，应经常告诫和要求自己不可急躁冲动，而要保持热情和耐心，动作快而不乱。

在性格与气质的关系中，气质反映活动的进行方式，而性格则引导着活动的方向，并调节、改变气质的因素，使活动达到预定的目标。因此，性格是最本质、最核心、最富有代表性的个性心理特征。

2. 性格与气质的区别

（1）两者形成的客观基础条件不同。气质的形成直接取决于人的高级神经活动类型，具有自然性质；性格形成的生理基础会受高级神经活动类型的影响，但主要受社会环境、教育背景等后天因素的影响，具有社会性质。

（2）两者的稳定程度不同。气质具有先天性，受遗传因素的影响，虽然也会受到外界环境的影响，但其变化极为缓慢，具有较强的稳定性；性格主要是后天形成的，是在人与外界环境的相互作用中逐渐形成和发展的，虽然也具有稳定性特点，但与气质相比较容易改变，具有较强的可塑性。

（3）两者的社会评价不同。气质反映的是人在情绪和行为活动中的动力性特征，具有某种气质类型的人在不同的活动中会以同样的方式表现出来。因此气质不受活动内容的影响，也不具有社会评价意义，无好坏之分。性格反映的是人的社会特征，是对客观事物的态度和行为方式，常与他人发生一定的社会关系。产生一定影响，或有益于社会和他人，或有害于社会和他人。因此，性格具有社会评价意义，有好坏之分。

（二）性格的特征

性格是十分复杂的心理现象，具有多方面的特征。一个人的性格正是通过不同方面的性格特征表现出来的，并由各种特征有机结合，形成独具特色的性格统一体。性格的基本特征包括四个方面。

1. 态度特征

性格的态度特征是指个体对现实的态度倾向性特征。个体通过对社会、集体、人生、工作、学习、消费、家庭、交往等方面的稳定的态度反映出一个人的性格特征。例如：一个人对待集体或社会是热情还是冷漠；对待自己是自尊、自信还是自卑、自负；对待他人是谦虚还是骄傲，是善良还是虚伪；对待工作是勤劳还是懒惰；等等。

2. 理智特征

理智特征指人们在感知、记忆、思维等方面认识过程中所表现出来的个人稳定的品质和特征。它表现为不同的个体心理活动的差异。比如：在感知方面，有的人主动观察事物，有的人被动接受外界刺激；在思维方面，有的人详细具体地研究事物，有的人抽象概括地把握事物；在想象方面，有的人注重现实，有的人富于幻想。

3. 情绪特征

情绪特征表现为个体受情绪影响或自我控制情绪程度和状态的特点。良好的情绪特征是能够控制自己的情绪，情绪稳定，常常处于积极乐观的心境状态；不良的情绪特征是事无大小，都容易引起情绪反应。例如：有的人冲动，有的人冷静；有的人稳定持久，有的人起伏短暂；有的人乐观开朗，有的人悲观抑郁。

4. 意志特征

意志特征指个体对自身行为的调节方式和控制特征在意志行动中的表现。比如：有的人独立性强，有的人依赖他人；有的人坚忍不拔，有的人受挫就动摇；有的人自制力强，有的人自我约束力弱。

小案例

“乐圣”贝多芬

世人崇敬的德国音乐家，被誉为“乐圣”的贝多芬，小时候家境清寒贫穷，全家人相处的气氛也不和谐。贝多芬的父亲对他的教育非常严厉和苛刻，这对他的成长和性格形成产生了深远的影响。父亲希望他成为像莫扎特那样的音乐神童，因此从小就对他进行了严格的音乐训练。贝多芬在22岁时开始在维也纳生活和工作，这是他音乐事业的重要阶段。在这个时期，他创作了许多著名的作品，如《第三交响曲》，这些作品标志着他创作风格的成熟。在他28岁时，双耳失聪，但他身残志坚，失聪后完成了九部《命运交响曲》。与此同时贝多芬留给后世的名言“我要扼住命运的咽喉，决不能倒下”成了不少人挑战不幸命运的人生信条。

思想决定行为，行为决定习惯，习惯决定性格，性格决定命运。拥有了优秀的性格和品质，一定能收获成功。

（根据网络资料整理）

二、性格的类型

消费者性格的形成过程十分漫长，原因也十分复杂。营销工作人员分析消费者性格类型可以依据下列方法进行：

（一）根据心理机能划分

根据理智、情绪、意志三种心理机能在性格结构中所占的优势地位，可以分为理智型、情绪型、意志型。

（1）心理机能中以理智占优势的性格，称为理智型。这种性格的人善于冷静地进行理智的思考、推理，用理智来衡量事物，行为举止多受理智的支配和影响。

（2）以情绪占优势的性格，称为情绪型。这种性格的人情绪体验深刻，不善进行理性思考，言行易受情绪支配，处理问题喜欢感情用事。

（3）以意志占优势的性格，称为意志型。这种性格的人在各种活动中都具有明确的目标，行为积极主动，意志比较坚定，较少受其他因素干扰。

（二）根据个体心理活动倾向性划分

根据个体心理活动倾向性划分，可以将性格分为内向型、外向型两类。

（1）内向型的人判断事物是依靠自己“内在”的价值或标准，沉默寡言，心理内倾，情感深沉，待人接物小心谨慎，性情孤僻，不善交际。

（2）外向型的人心理外倾，对外部事物比较关心，活泼开朗，情感容易流露，待人接物比较随和，不拘小节，但比较轻率。

知识拓展

MBTI性格测试

迈尔斯-布里格斯类型指标（Myers-Briggs type indicator，MBTI）是由美国作家伊莎贝尔·布里格斯·迈尔斯和她的母亲凯瑟琳·库克·布里格斯共同制定的一种人格类型理论模型。

该指标以瑞士心理学家卡尔·荣格划分的8种心理类型为基础，从而将人格的心理类型理论付诸实践，经过二十多年的研究后，编制成了迈尔斯-布里格斯类型指标。迈尔斯在人格的优势功能和劣势功能、主导功能和从属功能等概念的基础上，进一步提出功能等级等概念，并有效地为每一种类型确定了其功能等级的次序，又提出了类型的终身发展理论，形成四个维度。这四个维度就是四把标尺，每个人的性格都会落在标尺的某个点上，这个点靠近哪个端点，就意味着这个人就有哪方面的偏好。

MBTI是当今世界上应用最广泛的性格测试工具之一。它已经被翻译成近20种语言，每年的使用者多达200多万。据有关统计，世界前100强公司中已有89%引入了MBTI，用于员工和管理层的自我发展、提升组织绩效等各个领域。MBTI向我们揭示了性格类型的多样性和由此导致的不同个体之间行为模式、价值取向的差异性：性格类型深刻影响着我们观察事物的角度、思考问题的方式、决策的动机、工作中的行事风格，乃至人际交往中的习惯与喜好；不同性格的人在相同的境遇中或者面对相同问题时往往做出截然不同的反应；每一种性格类型都表现出独特的行为特征，为个人带来不同的能力优势与局限：怎样扬长避短，为最合适的人安排最合适的工作；每个人具有哪些能力优势与局限；怎样根据性格类型找到最佳的职业定位、规划未来的职业发展等。

表3-2所示为内倾型与外倾型的特征比较。

表3-2　内倾型与外倾型的特征比较

外倾型（E）	内倾型（I）
与他人相处时精力充沛	独处时精力充沛
行动先于思考	思考先于行动
喜欢边想边说出声	在心中思考问题
易于“读”和了解；随意地分享个人情况	更封闭，更愿意在经挑选的小群体中分享个人的情况
说的多于听的	听得比说得多
高度热情的社交	不把兴奋说出来
反应快，喜欢快节奏	仔细考虑后，才有所反应
重于广度而不是深度（心理能量的获得途径和与外界相互作用的程度）	喜欢深度而不是广度（心理能量的获得途径和与外界相互作用的程度）

（三）根据个体的独立性划分

按照个体的独立性程度，可以将性格分为独立型和顺从型两类。

（1）独立型表现为善于独立发现和解决问题，有主见，不易受外界影响，较少依赖他人，在购买活动中处于主动地位，积极提出问题、思考问题，谨慎行事，不盲从，但难免带有一定的主观性和片面性。

（2）顺从型则表现出独立性差，易受暗示，行动易为他人左右，抉择问题时犹豫不决，消费态度比较随和，消费观念属于大众型，随时尚的变化而变化，易受社会群体因素的影响，也易接受广告与其他促销手段的宣传，易接受促销人员的引导和推荐。

（四）根据消费态度划分

根据消费者的消费态度，可以把性格分为节俭型、自由型、保守型、顺应型。

（1）节俭型消费者的消费态度是勤俭节约，讲究实用，选择商品的标准是实用，注重商品质量，对商品的价格比较敏感，对商品的外观造型、色彩等不太在意。

知识拓展

古训中的勤俭美德

在中国漫长的农耕文明史中，惜食节俭成为流淌在中国人血脉中的传统与习惯。古人们留下了许多关于倡俭戒奢的诗词名句，提倡节俭。如今，虽然不再缺衣少食，但土地能承载和产出的资源始终有限，“厉行节约、反对浪费”的传统不能忘、不能丢。让我们重温这些诗词名句，感受和传承中华节俭美德。

谁知盘中餐，粒粒皆辛苦。

——《悯农》

勤于邦，克俭于家。

——《尚书》

民生在勤，勤则不匮。

——《左传》

俭，德之共也；侈，恶之大也。

——《左传》

俭节则昌，淫佚则亡。

——《墨子》

取之有度，用之有节，则常足。

——《资治通鉴》

由俭入奢易，由奢入俭难。

——《训俭示康》

历览前贤国与家，成由勤俭破由奢。

——李商隐《咏史》

一粥一饭当思来之不易，一丝一缕恒念物力维艰。

——《朱子家训》

（2）自由型消费者的消费态度比较随意，生活方式自由，想象力丰富，选购商品的标准常常改变。

（3）保守型消费者的消费态度表现为比较严谨，习惯于传统的消费方式，对新产品、新观念接受较慢，而且常带有怀疑或抵制的态度，喜欢选购有多次使用经验的商品。

（4）顺应型消费者的消费态度比较随和，消费观念属于大众型，随时尚的变化而变化，易受同事、朋友等社会群体因素的影响，也较易受广告与其他促销手段的影响。

（五）根据购买方式划分

按照消费者购买商品的方式不同，可以把性格分为习惯性、慎重型、挑剔型和被动型。

（1）习惯型消费者常常根据以往的购买和使用经验或习惯决定购买行为。当他们对某一品牌的商品有深刻体验后便很难改变自己的信念，购买中遵循惯例，不受时尚和社会潮流的影响。

（2）慎重型消费者一般比较稳定，情绪不外露，注意力稳定，喜欢利用自己的经验购物，不易受外界影响，具有自我控制能力。一般在采取购买行动之前，要做周密考虑，广泛收集有关信息，选购时，尽可能认真、仔细地对商品进行比较、选择、权衡之后才做出购买决定。

（3）挑剔型消费者有一定的购买经验和商品知识，挑选商品时很有主见，往往能观察到别人不易观察到的细微之处。有的则表现为性情孤僻，对销售员及其他消费者的意见会怀有戒心，检查商品极为仔细，有时甚至近乎苛刻。

（4）被动型消费者不经常购买商品，没有购买经验，缺乏商品知识，对商品没有固定的偏爱，购买行为呈消极被动状态，往往是奉命购买或代人购买，在选购商品时大多没有主见，渴望得到销售人员的帮助。

在购买活动中，由于周围环境的影响，在观察判断和分析消费者性格特征时，必须考虑性格稳定性特点，而不能仅凭一时的购买态度和偶然性的购买行为来作判断。

消费者千差万别的性格特点，往往自然地表现在他们的购物活动中。消费者个体性格对其购买态度、购买情绪、购买决策和购买方式的影响是客观存在的。营销者应通过观察、交谈和调查分析等方法，掌握消费者的性格类型，因人而异，具体对待，采取灵活多样的销售手段，见表3-3。

表3-3 消费者性格类型及营销策略

性格分类	类型	主要行为特征	营销策略
按心理机能划分	理智型	善于权衡商品的各种利弊因素，通过周密思考理智地做出购买与否的决定	不易为夸夸其谈的营销活动所打动
	情绪型	举止被情绪所左右，购买行动带有浓厚感情色彩，易受营业现场各种因素影响，往往容易从众	唤起他们愉快的情绪，对产品或营销活动产生好感，从而产生购买行为
	意志型	购买目标明确，积极主动，按自己的意图购买商品，购买决定果断、迅速，习惯于使用自己熟悉的产品	营销宣传必须针对消费者的某种特殊需求，以此突破他们心理上的防御，为他们所接纳
按消费态度划分	节俭型	不喜奢华，勤俭朴素，他们喜欢那些经济实用的商品，对人为地赋予过多象征意义的商品持怀疑态度；对能够说明商品内在质量的有关信息特别接受	在商品营销宣传时，针对这一类人更应注意，不要过多使用赋予商品其他意义的广告语
	自由型	浪漫、豁达，在选购商品时既考虑商品的内在质量，也追求商品的外在包装、商标等。他们联想丰富、富于幻想，特别乐于追逐那些具有象征意义的商品	营销活动中应注意调动这类消费者丰富的想象力，以激发他们的购买欲
	保守型	安于过去的传统消费习惯，对用惯了的商品怀有深厚的感情，对新的商品则抱有强烈的怀疑态度	营销宣传应注重在质量上，使他们对产品产生信赖感
	顺从型	在购买商品时很少有自己的见解，喜欢“随大流”、赶时髦。容易受周围环境和亲朋好友、同学同事的影响，希望别人为他的购买出谋划策	营销宣传把另一些类型的人购买欲激发起来，顺从型的人自然也随之加入购买之列

三、对不同性格表现的消费者的接待策略

有经验的营销人员，往往能从消费者的衣着、言行和表情来确定其性格特点，并适当调整自我的应对方式，以使买卖行为顺利进行。

（一）对待购买速度不同消费者的接待策略

由于性格的不同，有的消费者选购速度快，而有的消费者慢悠悠似乎难以决断，而且非常敏感，常让人感到会无缘无故地扭头就走，放弃购买。对此，营销人员要恰当把握。

对待迅速购买的消费者，销售人员应主动把握好商品的质量关，对那些在仓促之中做出决定的消费者，更应慎重对待，及时提醒消费者，以免其后悔退货。对于购买速度慢的消费者，千万不能表现出不耐烦，而应提供条件让其仔细比较，对这类消费者要有十足的耐心，营销人员可在接待他们的同时接待其他消费者，他们不但不会感到被怠慢，反而可以更放松地选择。但对待敏感型的消费者，需要营销人员全力以赴，注意自己的言行，既不能态度平淡而让其感到被怠慢，又不能过于热情而让其感到疑虑，最好是消费者需要什么就提供什么，没有必要过多介绍商品的性能、特点或销售信息。

（二）对待言谈多寡不同消费者的接待策略

在购买活动中，有的消费者喜欢发表自己的意见，并愿意和营销人员交谈，有的消费者则沉默寡言，不爱说话，对待这两种消费者也有不同的方式。

营销人员在同爱说话的消费者打交道时，要掌握分寸，应答要得体，多运用纯业务性的语言，多说营销术语，营造一个活泼融洽的销售气氛。对待不爱说话的消费者，营销人员要靠自己敏锐的观察力来把握其心理。一般可以从消费者的喜好和注意对象切入，进而用客观的语言介绍商品，促使消费者尽快实现购买行为。

（三）对待轻信和多疑消费者的接待策略

有的消费者由于对其所购买商品的性能和特点不太了解和熟悉，往往会以营销人员的介绍为主，营销人员推荐什么，他们就买什么。

诚实可信是商家力求在消费者心目中形成的良好形象。对待轻信型的消费者，营销人员切忌弄虚作假、欺骗消费者，以免损害自己的形象。营销人员要客观、实在地介绍不同品牌商品的优缺点，尽量让消费者根据自己的需要和判断来选择合适的购买对象。对于性格多疑的消费者，销售人员最好尽量让顾客自己去观察和选择。态度不能冷淡，更不能过分热情使其疑心。在消费者对商品存在疑虑时，拿出客观有力的证据，如说明书、质量保证书等，帮助他们打消疑虑。

（四）对待购买行为消极和积极消费者的接待策略

行为积极的消费者一般目的明确，在购买活动中行为举止和言语表达准确、清晰，接待起来比较容易。对待这类消费者，营销人员要做的就是好好配合。购买行为消极的消费者是那些目标和意图不明确的人，他们的购买行为是否能实现，与营销人员的行为态度有极大的关系。对这类消费者，应积极主动地接待，态度要热情，要善于利用一些广告宣传手段来激发他们的购买冲动，引发购买行为。

（五）对待内向和外向型消费者的接待策略

内向型的消费者一般不愿和营销人员交谈，主要包含两种情况：一种是自己不爱说话，但

喜欢听别人讲，在别人的问话和鼓励下，有时也滔滔不绝地谈自己的感受和需要；另一种是自己不爱说话，也不喜欢别人话多，更讨厌别人的询问。对于前一种消费者，营销人员要在热情、主动地介绍商品之后，谨慎地询问他们的意见；对于后一种消费者，营销人员可进行适当关注，但是当消费者不问时，营销人员也不必主动介绍或回答，这样消费者不会感到营销人员不热情，还能在轻松的心境中选购商品。外向型的消费者，比较容易把握态度，这类消费者比较容易接待。

（六）对待情绪型和理智型消费者的接待策略

对于情绪型的消费者，营销人员要有一定的情绪观察力和情绪感染力，把握消费者情绪变化，适时推荐商品。理智型的消费者常运用自己的思维做好购买计划，临时的推荐和广告对这类消费者影响甚微，营销人员最好任其所为，以免徒劳。

任务四　认知消费者的能力

任务目标

掌握能力在心理学中的定义，理解不同类型的能力，并了解它们是如何影响消费者行为的。基于对消费者能力的理解，学会设计针对不同能力水平的消费者的市场细分、定位和营销沟通策略。通过对消费者能力有一个系统的认识，能够在实际的消费者分析和营销工作中运用相关理论和方法，以更有效地吸引和服务不同的消费者群体。

知识精讲

一、能力的概念及构成

（一）能力的概念

能力是指人们顺利完成某种活动所必备的并且直接影响活动效率的个性心理特征。能力的形成和发展与诸多因素有关。

对能力的理解应注意三点：首先，能力是顺利完成某种活动的主观条件。从事任何一项活动都需要一定的条件，这些条件既有客观方面的，也有主观方面的。比如，消费者在消费活动中需要运用注意力、观察能力、记忆力、思维能力、想象能力、决策能力等；其次，能力总是与人的活动相联系，一个人的能力高低会影响所从事的各种活动的成绩和活动效果；最后，影响消费者能力形成与发展的因素主要包括遗传因素、环境因素、社会实践和个性特征等。

人的能力是在先天遗传因素的影响下，经过后天的环境影响（家庭、学校、社会等因素）和个人的努力逐步形成的。能力的发展和提高必须依靠知识、技能的学习。同时，掌握知识和技能又必须以一定的能力为前提，能力的大小影响着掌握知识和技能水平的高低。

小案例

“全才”达·芬奇

列昂纳多·达·芬奇（1452—1519），意大利文艺复兴三杰之一，也是整个欧洲文艺复兴时期的代表，是世界的艺术巨匠和科学巨匠。

达·芬奇成长在文艺复兴高潮时期的意大利，自那时起他就已经被认为是意大利最才华横溢且最富有天赋的画家、工程师、建筑家和发明家。在绘画上，他的代表作《蒙娜丽莎》和《最后的晚餐》，这两幅画运用当时著名的透视画法。在建筑上，他设计建造了许多道路、桥梁、教堂等，主要设计公共场所。在医学上，达·芬奇经常解剖人体，他对于人的心脏有比较全面的认识，他的认识在当时是非常进步的，他对人体的血液也有一定的认识，甚至清楚人体的血液循环。在军事上，他因为对飞行感兴趣，自己设计出了一款独特的飞行器。他还发明了一些其他的军事武器，例如坦克车、潜水艇等。在天文学上，他觉得地球不是整个宇宙的中心，他否定了地球中心论。他几乎是最早提出地球围绕太阳旋转的人，不仅如此，他还认为月亮自己其实是不发光的。他还经常为歌剧和节日设计背景场地和戏剧服装，更是许多宫廷节日主要的设计家，也为各城市设计广场上的雕像，并不停地被当时政府的军事机构聘请为军事工程设计师、武器设计专家……

达·芬奇学识渊博、多才多艺，是一个博学者，在绘画、音乐、建筑、数学、几何学、解剖学、生理学、动物学、植物学、天文学、气象学、地质学、地理学、物理学、光学、力学、发明、土木工程等领域都有显著的成就，涉猎颇广，极为罕见。

身为文艺复兴三杰之一，他是全能的，甚至直到如今，他的一些思想、发明等都是人们参考的标准，现代学者称他为“文艺复兴时期最完美的代表”，是人类历史上罕见的全才。

（根据网络资料整理）

（二）能力的分类

能力根据不同的标准可以分为以下几类：

1. 按能力的倾向性划分

按照完成活动时候所需的能力的倾向性，能力可以分为一般能力和特殊能力。

（1）一般能力是顺利完成各种活动所必需的基本能力，如观察力、记忆力、想象力、思维力等。一般能力适用于广泛的活动范围。

（2）特殊能力是顺利完成某种专业活动所必备的能力，又称为专门能力，如音乐听觉能力、绘画能力、体育运动能力、鉴赏能力等。特殊能力只在特殊活动领域内发生作用。

一般能力与特殊能力彼此联系，互相促进。一般能力是特殊能力形成和发展的基础，特殊能力促进一般能力的发展，每项具体活动需要一般能力和特殊能力的结合才能完成。

小案例

安东尼·高迪：崇尚自然的现代主义建筑师

安东尼·高迪（1852—1926）是西班牙最具国际影响力的建筑师，他的作品有17项被列为国家级文物，7项被列为世界文化遗产。

19世纪末20世纪初，随着工业化和城市化的不断加深，建筑艺术迎来了向现代转型的契机。高迪以建筑为媒介，表达了时代巨变背景下对传统的反思和对自然的崇尚。从大教堂尖塔顶端的海葵，到公寓屋顶外星人般的通风口，从初期的伊斯兰摩尔风格，到随后的新哥特式与新艺术风格混合，再到后期的自然主义风格……敢于将颜色、主题都大相径庭的区块进行组合拼接，顺便带上大理石装饰与碎瓷片镶嵌艺术，将自然中存在的扭曲、变形等融入建筑中，进行适度的夸张处理，可以说，高迪在建筑上进行的天马行空般创作，在很多初见者眼里觉得荒诞不经，甚至觉得建筑气氛怪异，也无法让当时的保守主义者很快接受它。但不可否认，高迪是幸运的，能够将他认为最美的自然形式，通过建筑表达出来，不论是建筑外形的处理，还是装饰材料的运用，都源于他对建筑的理解，源于他对所有美的认知。

（根据网络资料整理）

2. 按能力的功能划分

能力是具有不同的功能的，按照能力的功能可以将能力分为认知能力、操作能力和社交能力。

（1）认知能力是指个体学习、研究、理解、概括和分析的能力，它是人们成功完成活动最重要的心理条件，如知觉、记忆和思维。

（2）操作能力是指操作、制作和运动的能力、如劳动能力、体育运动能力等。

（3）社交能力是指人们在社会交往活动中所表现出来的能力，如组织能力、适应能力、语言表达能力、沟通能力等。

二、消费者能力的构成与消费行为

消费者能力是指个体能够顺利地完成消费活动并直接影响活动效率所必须具备的个性心理特征。因此，消费者能力可以理解为消费者可能取得的消费行为效果的大小。消费者能力是一种潜在的东西，是与具体的消费活动联系在一起并得到体现的。只有通过消费活动才能发现和了解消费者的能力；消费者的能力也只有在消费活动中才能得到增强和完善。

（一）消费者能力的构成

消费能力是基于消费者所追求的消费过程最大的满意度与快乐而形成的。任何一位消费者都会自觉地培养消费能力，尽可能使自己在消费行为中得到最大的快乐与满足。当人的能力反映在消费行为上，就体现为对商品的辨别能力评价能力，以及对商品信息的理解能力和选购商品时的决策能力等。消费者能力又可分为基本消费能力和特殊消费能力。

1. 基本消费能力

基本消费能力包括对商品的辨别能力、对商品的评价能力、购买决策能力以及记忆力和想象力。

（1）辨别力是指消费者识别、分辨和认识商品的能力，它是消费者深入认识商品的前提，也是形成对商品第一印象的条件。由于消费者生理、心理和生活环境的不同，以及商品知识和购买经验的不同，使消费者在对商品的辨别能力上存在着差异，同一件商品，有的消费者能凭借经验和知识很快感知商品信息，而有的消费者往往需要较长的时间才能了解商品。

（2）对商品的评价能力。评价能力是指消费者根据一定的标准分析判断商品性能、质量，从而确定商品价值大小的能力。评价能力是消费技能中比较复杂的一种技能，既包括获得信息、分析信息，也包括以自己的标准来判断信息。由于消费者在收入、行为方式、审美情趣方面存在着很大的不同，因而对商品的分析评价能力，特别是评价标准也会有所不同，出现对于同样的商品而评价结果未必相同的情况。消费者评价能力的高低直接影响其购买行为，评价能力越高的消费者购买商品时，能积极主动地收集相关信息，了解商品性能，因此能做出正确的购买行为。评价能力低的消费者往往对自己缺乏信心，不能准确地做出评价和判断，往往滞后购买。

小案例

世界评酒大师罗伯特·帕克

罗伯特·帕克，1947年出生于美国马里兰的巴尔的摩，是一名品酒大师。他对红酒打分的标准几乎成为一款新酒能否畅销的命运指挥棒。很多法国波尔多列级名庄酒都是先给帕克打分，再定价。

1975年，罗伯特·帕克开始想到要写一本关于葡萄酒品评方面的“独立的，消费指南”，主要是因为当时非常缺少在葡萄酒品质方面可靠的专业信息资料。1978年，第一期《葡萄酒倡导家》免费发出，发行对象是几个主要葡萄酒零售商邮购目录上的葡萄酒消费者。1978年8月开始订阅这份杂志的人数不到600人。20多年后，《葡萄酒倡导家》杂志拥有四万多订户，遍及美国各州和37个国家。今天，任何一个内行的观察家都承认，《葡萄酒倡议者》不仅在美国，而且在法国、英国、瑞士、日本、新加坡、俄罗斯、墨西哥、巴西和中国，都对认真的葡萄酒消费者的购买行为和购买趋向有重要影响。

曾被《纽约时代》评为“世界最具有影响力的葡萄酒评论家”——罗伯特·帕克先生创建了简单明了的葡萄酒评分系统（100分制）。帕克先生作为世界头号评酒师首次受到葡萄酒业界广泛关注是他神奇般地预见1982年是法国波尔多葡萄酒史上难得一见的好年份。作为一名职业律师，帕克先生是葡萄酒主流杂志《葡萄酒倡议者》的奠基人，也是《美食与美酒》的撰稿人，同时还是《商业周刊》的专栏作家。迄今为止，罗伯特·帕克先生已经出版了11本葡萄酒专业书籍。罗伯特·帕克先生是史上唯一一位被两位法国总统及一位意大利总统授予最高总统荣誉的葡萄酒作家兼评论家。

（根据网络资料整理）

（3）购买决策能力。购买决策能力是指消费者运用注意、识别、挑选、评价后对商品进行综合分析，并及时果断地做出购买决定。决策能力决定了消费者的购买行为能否最终实现。消费者的气质类型、个性特点、对商品的认识程度、使用商品的经验以及使用商品的习惯都是影响决策能力的重要因素。购买决策能力的高低还受消费者自信心等因素的影响，自信心强、处理问题迅速果断的消费者购买决策能力强，反之，则表现出优柔寡断、犹豫不决。比如在商品涨价时，顾客出现大量抢购的情况下，决策速度快的消费者会及时地做出判断，以最快的速度做出决策是否加入到购买商品的队伍中去；而决策速度慢的消费者，面对商品大幅度涨价和很多人抢购的现象，就会产生更多的心理矛盾和冲突，甚至会手足无措，难以做出决策。

（4）记忆力和想象力。消费者在购物过程中，经常需要参照和依据以往的购买、使用经验及商品知识，这就需要消费者具备良好的记忆能力，以便把过去消费中感知过的商品、体验过的情感、积累的经验在头脑中回忆和再现出来。想象力是消费者以原有表象为基础创造新形象的能力。丰富的想象力可以使消费者立即想象到商品的使用效果，从而激发购物欲望。

2. 特殊消费能力

特殊能力首先是指消费者购买和使用某些专业性商品应该具备的能力，一般表现为以专业知识为基础的消费技能。例如，购买高档摄像器材、专用体育器材、古董、汽车等高档消费品时，就需要相应的专业知识及分辨力、鉴赏力、检测力等特殊的消费技能。倘若不具备这些特殊能力，则在购买专业性商品时很难取得满意的消费效果，无法达到预期目标。

特殊消费能力还包括某些一般能力高度发展而形成的优势能力，如创造能力、审美能力等。

随着社会的发展，人们对时尚和个性的追求愈来愈强烈，在现实购物中，有些消费者具有强烈的创造欲望和高度的创造能力，他们不局限于市场上已有的商品和既定的消费模式，而喜欢对商品素材进行再加工和再创造；通过创造性消费展示和实现自己的个性与追求。

知识拓展

新兴职业——服装搭配师

服装搭配师是时下新兴的一门时尚职业，定义为“通过服饰商品多元化的组合、商品连带搭配销售，从而达到视觉营销价值，为品牌风格及视觉精准传达而服务”。服装搭配师在国外被统称为“Stylist”，即整体造型师，又因街头时尚的发展已经被时尚界所接纳并被同行业认定是时尚流行的指标，服装搭配师起于街头时尚，在时尚圈非常受欢迎，是时尚圈新崛起的高薪职业。

服装搭配师服务的对象不仅仅是商店的模特，而更多的是通过服装搭配为顾客打造得体的形象。因而作为个人穿衣打扮的导师，不仅要懂得服装的面料、质地、色彩各种元素，其外在气质也要符合其职业身份。

（二）消费者能力的行为表现

消费者能力不尽相同，有高有低，但是总会以一定的方式表现出来。根据不同消费者在选择商品、消费决策、消费体验等过程，可以把消费者能力由高到低分为成熟型、熟练型、略知型和缺乏型四类。

（1）成熟型消费者对所选购的商品非常了解，经验丰富，对商品的性能、价格、质量、生产情况等方面的信息非常熟悉。这类消费者在购物时，完全注重于商品的质量，包括商品内在质量和外观质量；注重从总体方面综合性地评价商品的性能；注重自己对商品性能的亲身感受，比较理智地接受商品广告的宣传或服务人员的推荐。

知识拓展

何 为 KOL

KOL（key opinion leader，关键意见领袖）是营销学上的概念，通常被定义为：拥有更多、更准确的产品信息，且为相关群体所接受或信任，并对该群体的购买行为有较大影响力的人。

KOL对某类产品较之群体中的其他人有着更为长期和深入的介入，因此对产品更了解，有更广的信息来源、更多的知识和更丰富的经验。

KOL较常人更合群和健谈，他们具有极强的社交能力和人际沟通技巧且积极参加各类活动，善于交朋结友，喜欢高谈阔论，是群体的舆论中心和信息发布中心，对他人有强大的感染力。

（2）熟练型消费者对特定商品种类具有比较丰富的消费经验，对商品的价格、质量、性能等方面比较熟悉，但是如果要让他们真正来鉴定商品某一方面的特点时，他们偶尔会出现“不确定”的情况。这类消费者购买商品一般不需要别人的参谋，但偶尔需要别人指点，他们一般不反对营销人员和广告宣传，他们也会主动分析和判断外来的商品信息，并不完全听从各类宣传介绍。相对于成熟型消费者而言，熟练型消费者的消费技能要逊色一些，但是在消费者中，熟练型的人数比重要远远大于成熟型。

（3）略知型消费者属于略微具备一些商品知识，或仅仅掌握少量的商品信息，自己没有消费经验或消费经验较少，主要是通过他人的介绍、广告宣传或者其他途径了解商品，但是了解的信息有限。略知型消费者进入购物环境之前，往往没有相应的购物准备或者购物准备很少，购物动机可能不明确，甚至没有购物动机，经常在促销当中形成购买动机或促成购买行为。

（4）缺乏型消费者是指他们在商品消费方面，不具备基本的消费能力，没有基本的消费信息。当然，对大多数消费者而言，也只是在某类或某种商品消费时，属于缺乏型，对所有商品都缺乏消费能力的消费者很少见。

消费者能力表现为成熟型、熟练型、略知型和缺乏型，仅仅是一个相对概念。每一位消费者可能在某一类商品的消费上表现为成熟型，而在另一类商品的消费上又表现为缺乏型。这些都是因人而异的，与消费者个人的生活环境、生活经验、消费兴趣等众多因素有关，其中消费者的兴趣对主动培养消费能力的意识起着重要的作用。

三、消费者能力对营销活动的作用

消费者在购买活动中的能力，除本身素质是重要的基础外，还有许多其他因素也发挥了作用，如向消费者传递商品信息、讲解商品知识、培训保养维修方法、示范使用操作技术等。消费实践活动是消费者能力发展的决定性条件，它制约着能力发展的性质与水平。

人的能力是在实践中表现出来的，因此，在营销活动中，消费者购买行为的多样性或差异性也一定会在购买活动中表现出来。这就为我们促进销售、引导消费创造了依据。但另一方面，企业的营销工作应讲究职业道德，切不可有意利用顾客的能力弱点去推销伪劣商品，欺诈顾客。

由于营销服务人员的营销能力与服务效果有密切的联系，所以营销服务人员也要通过实践和理论学习，来不断提高自己的营销能力。

结尾案例

雷军与小米：科技领域的创新传奇

小米，这家从零起步、逐步壮大，并成功跨越国界的科技巨头，其成长轨迹堪称科技领域的一段非凡传奇。自创立以来，小米凭借精准的市场预判力、不懈的技术革新以及对用户需求的深度响应，在不足二十年的时间里，实现了从单一手机制造商到全方位智能生态系统创新者的惊人蜕变，成为全球智能硬件领域的领航者。这一过程中，小米不仅向世界展示了卓越的产品与服务，更为中国科技创新树立了一座新的里程碑。

小米的使命是始终坚持做“感动人心、价格厚道”的好产品，让全球每个人都能享受科技带来的美好生活。2023年10月，小米正式对外宣布了“人车家全生态”的全新集团战略，致力于构建一个更加完善、更加智能的生态系统。根据2024年8月发布的《财富》世界500强排行榜，小米集团在全球排名397位，这一成绩不仅彰显了小米的实力，也体现了其在全球科技领域的领先地位。

1. 雷军的创业之路

在中国企业家行列中，雷军以其独特的“孤勇者”形象脱颖而出。从金山软件到卓越网，再到小米科技，他的职业生涯充满了挑战与挫折。早年，他经历过产品失败、业务崩溃乃至公司濒临倒闭的艰难时刻，卓越网的出售更是一次沉重的打击。即便在小米初期经历爆发式增长后，也未能幸免于随后的低谷期。然而，作为企业的领航者，雷军面对困境与危机时，总能独自鼓起勇气，继续前行。

在2022年8月的年度演讲中，雷军分享了自己在创业路上的挫败与困惑，这已是他连续第三年举办此类演讲，并借此机会发布了新书《小米创业思考》。回溯两年前，正是在他的首次年度演讲上，小米官方传记《一往无前》得以面世。雷军与小米的高调，在当下更多企业家选择低调与谨慎的背景下，显得另类而难得。

2. 小米智能家居的布局与成就

小米智能家居是围绕小米手机、小米电视、小米路由器三大核心产品，由小米智能硬件产品组成的一套完整闭环体验。已构成智能家居网络中心小米路由器、家庭安防中心小蚁智能摄像机、影视娱乐中心小米盒子等产品矩阵，轻松实现智能设备互联，提供智能家居真实落地、简单操作、无线互联的应用体验。并且，极具竞争力的价格也将小米智能家居塑造为大众“买得起的第一个智能家居”。

小米智能家居的布局与小米路由器有着密不可分的关系。从路由器第一次公测时宣传的“顶配路由器”，到第三次公测时提出的“玩转智能家居的控制中心”，小米路由器最初的产品定义便是成为家庭数据中心和智能家庭中心。通过小米路由器、小米路由器App、小米智能家庭App，用户可实现多设备智能联动，实现设备联网、影音分享、家庭安防、空气改善等功能，应用场景十分丰富。

3. 技术研发与创新能力

小米坚持技术为本，在全球建立了10个研发中心、200余间实验室，并拥有16 000多名工程师。2023年的全年研发投入约200亿元。基于小米在人工智能、物联网、大数据的长期投入，小米构建了智能家居方向的人工智能物联网平台，帮助智能家居领域的中小企业实现产品面向用户的智能管理。

截至2024年6月30日，小米AIoT平台全球月活跃用户数达到6.76亿，连接量和交互量都保持着快速增长趋势，其连接能力、互通能力、生态能力国际领先，交互能力达到国际一流水平。小米AIoT手机端智能软件包括米家App和小爱同学等，提供用户一站式接入米家产品及其他品牌家电的功能，并具有全屋智能等智慧用能场景，既为用户提供便捷舒适的智能环境，又可向用户展示用能情况并提供节能建议。

4. 低碳产品与绿色价值链

小米凭借其技术创新和整合协同能力，充分发挥链主企业的优势，基于生态战略2.0构建了“小米AIoT+数字原生绿色产品价值链”体系，降低电子产品全生命周期碳足迹。通过打造数字原生的IoT平台，以技术创新和整合协同能力为电子消费行业提供系统性解决方案和关键技术示范。

小米AIoT平台迅速成为全球最大的消费级IoT平台并领先至今，已连接全球6亿多设备。以数据为基础，通过补链和强链实现国内国际双循环，为中国电子消费行业的智能制造提质降碳提供系统性解决方案和关键技术示范。小米实现了智能工厂运行系统和柔性生产，提高了制造业效率，降低了价值链碳足迹。

基于小米的AIoT应用系统，小米通过米家App向用户展示用能情况并提供节能建议。

同时，AIoT系统充分发挥信息交互的能力，为上游企业提供新场景节能产品用户画像，为下游用户提供多场景智慧互联自动化节能技术，持续改进产品低碳表现。通过规模化生产并以极致体验的“基本款”实现全球出货量，小米塑造了一系列低碳迭代升级过程中“感动人心，价格厚道”的好产品，如插线板、充电宝、小米手环等产品迅速占据市场份额，并颠覆了原本低价低质、高价高能耗的产品体验。随着小米产品成为市场的主流选择，为整个行业树立了低碳产品的样板。

小米与雷军的故事，是科技领域的一段传奇，也是中国科技创新力量的一个缩影。未来，小米将继续秉承其使命与愿景，为全球用户带来更多“感动人心、价格厚道”的好产品。

案例讨论：

（1）结合本案例分析小米及其品牌创始人雷军具有怎样的个性特征？

（2）品牌创始人的个性会如何影响品牌的个性？

项目实训

购物消费体验

[实训目标]

（1）培养学生分析消费者气质和性格类型的能力。

（2）培养学生运用个性理论开展营销的能力。

[实训内容]

（1）完成气质类型测试量表，把握自己的气质类型。

（2）完成性格测试量表，把握自己的性格倾向性。

（3）角色扮演，在事先不知道同学气质类型和性格倾向的情况下，模拟接待消费者购买的过程，并通过扮演消费者的同学的表现判断其气质和性格类型，分组交叉完成角色扮演和接待。

[实训操作]

（1）教师说明训练内容及成果要求。

（2）每组派出同学进行角色扮演，轮流扮演接待员和顾客。

（3）负责接待的同学要能准确判断出所接待顾客的气质类型和性格倾向性，其余小组观察并作出评价。

课后练习

一、单选题

1. 喜欢标新立异、追求新颖奇特商品的消费者属于（　　）。

A. 多血质　　B. 胆汁质

C. 抑郁质　　D. 黏液质

2. 易于接受导购人员介绍和帮助的消费者大多是（　　）。

A. 理智型消费者　　B. 经验型消费者

C. 确定型消费者　　D. 随意型消费者

3. 人对现实的态度和相应的行为方式中比较稳定的、具有核心意义的个性心理特征被称为（　　）。

A. 气质　　B. 能力　　C. 性格　　D. 个性

4. 善于冷静地进行理智的思考、推理，用理智来衡量事物的消费者，属于（　　）性格类型。

A. 情绪型　　B. 理智型　　C. 独立性　　D. 意志型

二、多选题

1. 气质具有的特征包括（　　）。

A. 功能性　　B. 独特性　　C. 调节性　　D. 习得性

E. 稳定性

2. 性格与气质的主要区别在于（　　）。

A. 形成基础不同　　B. 社会评价不同

C. 作用倾向不同　　D. 构成层次不同

E. 稳定程度不同

3. 依据能力与消费行为的表现划分，成熟型消费者表现为（　　）。

A. 具备一些商品方面的知识，并掌握有限的商品信息，但是缺乏相应的消费经验

B. 对于所需要的商品不仅非常了解，而且有长期的购买和使用经验

C. 注重从整体角度综合评价商品的各项性能，能够正确辨认商品的质量优劣

D. 在选购过程中，对商品的了解建立在直觉观察和表面认识的基础上

E. 主要通过广告宣传、他人介绍等途径来了解认识商品

4. 从购买行为方式角度看，可以将消费者划分为（　　）。

A. 慎重型　　B. 挑剔型　　C. 保守型　　D. 被动型

E. 习惯型

三、案例分析讨论题

仔细阅读本项目的导引案例，然后回答以下问题：

1. 商品要符合消费者个性应怎样做？请结合实例回答。

2. 请列举出一个你感兴趣的知名品牌，结合网络搜索一下它们品牌个性化的更多细节，就它们的成功经验与不足之处总结一下，说出你的观点。

项目四

发现消费者的需要与动机

知识目标

（1）理解消费者需要的含义和基本特征，掌握挖掘消费者需要的方法。

（2）掌握消费动机的类型和特征，以及如何激发消费动机。

（3）理解消费者购买决策的类型、内容及过程。

（4）了解影响消费者购买决策的因素，以及消费者购买决策的基本环节。

能力目标

（1）能够分析需要、动机与消费行为的关系，针对不同消费者的购买动机进行营销。

（2）具备针对消费者的购买行为过程进行干预的能力。

消费者会在特定需求或欲望动机的驱动下进行各式各样的消费行为。需求和动机是影响消费者行为的重要因素，也是推动消费者行为的根本动力。消费者的购买动机来源于其需要，而购买行为则由动机所驱动。通过深入了解消费者的需要和动机，商家可以更有效地激发消费者的购买欲望，并影响其购买行为。

导引案例

×泰汽车：从巅峰到落幕

自2003年成立以来，×泰汽车最初是一家专注于农用运输车和轻型货车制造的小型车企。随着中国汽车市场的蓬勃发展及消费者需求的日益增长，×泰开始转型，涉足乘用车市场。通过持续的努力与创新，×泰在国内市场上逐渐占据一席之地，其经济实惠且设计符合大众审美的产品赢得了广泛认可。

为适应快速变化的市场需求，×泰积极寻求合作机会。2011年，公司与意大利著名品牌玛莎拉蒂达成合作协议，尝试进入高端汽车领域，并推出了多款SUV和电动汽车等新车型。其中，×泰SR7以其独特的SUV设计风格受到了关注，增强了品牌的可见度和辨识度。

为了进一步提升品牌形象，×泰采取了多种营销手段，如举办“龙脉之旅”、参与行业评测以及设计师大赛等活动，以此来提高产品质量标准并增强用户信任感。

然而，在看似繁荣的背后，一系列问题逐渐浮现，包括发动机故障、变速箱频繁更换（例如四年内三次）、底盘异响等问题频发；还有车窗升降失灵、一键启动失效、空调不制冷以及仪表盘故障灯异常点亮等情况也被曝光。此外，维修周期长、服务质量不稳定加上售后服务响应迟缓也让消费者感到不满。尽管企业试图通过引入新型号和改善现有产品来挽回局面，但收效甚微。

面对激烈的市场竞争压力和自身存在的诸多挑战，2020年×泰做出了停产的决定。这不仅标志着一个时代的结束，也是对企业未来发展路径的一次深刻反思。

（根据网络资料整理）

导引案例分析

在×泰汽车这个案例中，我们可以看到，×泰在品质保障、品牌信誉等方面的不足，以及消费者追求安全性和高质量售后服务的动机，共同导致了×泰汽车市场份额的下滑和消费者购买意愿的下降。

其他车企可通过重视产品质量和可靠性、关注消费者需要、提供完善的售后服务、持续技术创新和品牌建设等措施，更好地满足消费者的需求和期望，提升市场竞争力并实现可持续发展。

任务一　发现消费者的需要

任务目标

通过分析消费者需要和需求的区别，使学生能准确理解消费者需要的类型、内容和特征，初步把握消费者需要发展趋势，达到培养学生挖掘消费者需要能力的目的。

知识精讲

消费者需要是推动消费者购买行为的原动力，是消费行为发生前的一种心理倾向。消费者需要在主观上通常被体验为消费者生理和心理的不满足感，并成为刺激消费行为的积极性源泉。

一、需要与需求

需要是个体因某种“缺乏”而追求满足的心理倾向，它体现个体内部和外部生活条件的要求，并直接表现为消费者对获取以产品或劳务形式存在的消费对象的要求和欲望，引导人们努力实现目标。

需求则是人们在欲望驱使下，在可行范围内，综合考虑自身支付能力后的最优选择。

需求与需要既密切联系，也有明显区别。需要强调的是“需”，而需求则更注重“需”的“实现”，需同时考虑个体的购买意愿和支付能力。

二、消费者需要的类型

对消费者需要的研究角度不同，有不同的分类，主要为以下几类：

（一）按照需要的起源划分

根据起源的不同，可将消费者需要分为生理性需要和社会性需要。

生理性需要源于个体为维持和延续生命以及自身发展而对客观事物的需求和欲望，如饮食、饮水、睡眠等。这是人类最原始、最基本的需求，普遍存在于每个个体中。

社会性需要则是在社会环境的影响下，个体为维护社会的存在和发展而产生的需要，如求知、社交、荣誉、自尊等。这些是人类特有的高级需要，体现了人类在社会生活中的价值和追求。

（二）按照需要的对象划分

根据需要的对象不同，可将消费者需要分为物质需要和精神需要。

物质需要是消费者为进行社会活动而产生的对以物质形态存在的物品的需求和欲望，是人们生存的基础，包括衣、食、住、行等各方面。

精神需要是消费者为提升自身素质，对教育、艺术、娱乐、情感等方面的追求，主要在人们物质需要被满足后，为追求生活品质的提高而出现。

（三）按照需要的实现程度划分

根据需要实现的程度不同，可将消费者需要分为现实需要和潜在需要。

现实需要是指消费者已经明确意识到并有能力实现的需求和欲望。这种需要已经或即将被满足，是消费者在当前状态下的一种实际需要。

潜在需要是指消费者尚未完全认识或具备实现需要的能力，但已经将其列入消费计划的需要和欲望。这种需要在未来可能被满足，是消费者未来可能产生的一种需要。

（四）按照需要的层次划分

美国人本主义心理学家马斯洛于1943年提出了需要层次理论，把人类的需要归纳为五个层次，并按照对个体的重要程度由低到高依次如下排列。

（1）生理需要。生理需要是人类赖以生存的最基本需要，包括对空气、食物、水和睡眠等的必需。当生理需要未得到满足时，其他层次的需要都将被置于次要地位。

（2）安全需要。安全需要是人类为了保障生理和心理安全而产生的需要，它涵盖了人身安全、生活稳定、健康保障以及社会秩序等各方面，如儿童需要成人的陪伴、成人则期望有稳定的工作环境。只有在生理需要得到基本满足之后，人们才会开始重视安全问题的解决。

（3）爱与归属的需要。爱与归属的需要是指个体希望与他人建立情感联系，寻求友谊和关爱，例如结交朋友、追求爱情，以及感受到归属感和被接纳的愿望。

（4）尊重需要。尊重需要是指个体追求自尊和成就感，并期望得到他人的尊重和认可，以及获得一定的社会地位的愿望。这种需要涵盖了对地位、声望和荣誉等方面的追求和欲望。

（5）自我实现需要。自我实现需要是指个体希望充分发挥自己的潜能，追求自我完善，实现个人理想和抱负。它是马斯洛需求层次理论的最高层次，也是人性追求的最高境界。根据马斯洛的观点，只有少数人能够达到自我实现的境界。

表4-1所示为马斯洛需要层次理论对比。

表4-1 马斯洛需要层次理论对比

需要层次	描　述	示　例
生理需要	基本的生活需要，包括食物、水、睡眠、衣物、住所等	饥饿、口渴、疲劳、寒冷、缺乏睡眠等
安全需要	对身体安全、经济安全、职业安全、健康保障的需要	担心失业、疾病、意外事故、贫困等

续表

需要层次	描　述	示　例
爱与归属的需要	对友谊、家庭、爱情、归属感的需要	孤独感、渴望社交、希望被接纳等
尊重需要	对自我尊重、他人尊重、地位、成就的需要	自尊心受损、渴望被认可、追求成功等
自我实现需要	追求个人潜能的充分发挥，实现个人理想和目标的需要	艺术家追求创新、科学家追求发现、运动员追求突破等

生理需要和安全需要是人类最基本的诉求，而爱与归属的需要和尊重需要是更高层次的精神追求，自我实现需要则是最顶层的成长需求。通常，当低层次的需要得到满足后，人们才会追求更高层次的需要。一个饥肠辘辘的人，可能会为了食物而不顾一切，甚至包括自身的安全。而一个连基本生存都成问题的人，通常不会过分追求尊重和自我实现的需求。在同一时期、同一个体中，可能存在多种需要，但人的行为通常受到主导需要的驱使。在任何特定时期，都存在一种占据主导地位的需要。

值得注意的是，各类消费需要并非孤立存在，而是相互联系、紧密交织。消费者在追求物质层面满足的同时，往往也体现出对精神层面的渴求；而精神需要的实现，同样需要依托相应的物质产品作为支撑。这种物质与精神需求的交融与共生，构成了消费者需要的丰富多样性和层次性。

三、消费者需要的内容

根据消费者购买产品或服务时所希望获得的满足，消费者需要的内容可以概括为以下几个方面：

（一）对产品使用价值的需要

消费者购买商品时，首要的关注点是商品的使用价值。这涵盖了商品的基本功能、质量、外观、规格、品种多样性、安全标准、使用的便捷性，以及供应的充足性和同类商品的可选范围。

（二）对产品安全性的需要

消费者期望在产品购买、使用及处置的全过程中，自身的人身安全和财产安全能得到充分保障，不受任何形式的伤害或损害。因此，各类产品必须严格遵守国家的相关安全标准与规定，确保用户可以放心使用。

典型案例

Volvo汽车：以安全为核心的品牌承诺

沃尔沃汽车一直将安全视为其品牌的核心价值。在消费心理学中，产品的安全性是影响消费者购买决策的关键因素之一。沃尔沃深刻理解这一点，因此在其最新车型——沃尔沃EX90上，进一步提升了安全性标准。

作为沃尔沃首款全电动SUV，EX90不仅在续航里程、性能和智能化方面表现出色，更在安全性上实现了重大突破。该车型配备了沃尔沃最新的Pilot Assist驾驶辅助系统，能够提供更加精准的导航、自适应巡航和自动避障等功能，显著提高了驾驶的安全性。此外，EX90还采用了先进的电池技术，确保在极端情况下电池的安全性。车身结构也经过精心设计和优化，以增强抗撞击能力并更好地保护乘员。

在车辆使用及处置方面，沃尔沃为EX90提供了全面的解决方案，包括定期的电池健康检查、专业的维修服务以及便捷的电池回收计划等，以确保用户在使用过程中的安全，同时减少对环境的影响。

通过EX90这一最新车型，我们可以看到沃尔沃对安全性的不懈追求和不断创新的精神。这不仅满足了消费者对产品安全性的需求，也进一步巩固了沃尔沃在电动汽车市场中的领先地位。

（根据网络资料整理）

（三）对产品审美功能的需要

对产品审美功能的需要体现了人们对美的向往和追求。随着生活品质的提升，消费者不仅看重商品的使用价值，还期望商品在设计、工艺、造型、色彩和风格等方面都能满足审美需要。

（四）对产品体现时代特征的需要

对产品体现时代特征的需要反映了消费者需求的发展性和时代性。消费者会不断感知社会环境的变化，并据此调整自己的消费观念和方式，以保持与时代的同步。因此，人们倾向于选择新颖、时尚、多变的商品，这些商品能够体现当代的新鲜事物和思想，具有强烈的时代感。

（五）对产品社会象征性的需要

消费者往往希望通过购买和拥有某种商品来展示自己，或者通过商品来传达和表达特定的情感。这种需要体现了消费者在社交、尊重和自我实现等高层次需要上对商品性能的期望。

（六）对产品提供良好服务的需要

对产品提供良好服务的需要反映了现代消费者的全面需要观念，即不仅购买商品本身，还期望获得与之相关的良好服务。这种需要体现了消费者的主体意识和权益保护意识，具体包括对售前、售中、售后服务的满意度，购物环境的舒适度，以及企业形象和商品信誉的认可度。优质的服务能够为消费者带来尊重感、情感交流和个人价值的肯定，从而满足他们在多个层面上的心理需要。

四、消费者需要的特征

在现实生活中，人们的消费需要多种多样、复杂纷繁，并随着社会经济的不断进步而持续演变和丰富。尽管需要的形态千变万化，我们仍然可以从中发现 些共通性和规律性。这些规律潜藏在消费需要的基本特征之中，具体表现在以下几个层面：

（一）差异性与多样性

消费者的需要因其收入、教育水平、职业、性格、年龄、民族及生活习惯等多种因素而异，表现出极大的差异性和多样性。每个消费者都有多方面的需要，对于某一特定产品或服务，他们可能追求价格实惠、品质优良、耐用持久等多重特质。因此，企业在产品定位和营销策略上必须充分考虑消费者需求的差异性和多样性，以满足不同消费群体的独特需要。

（二）发展性与层次性

随着时代的进步，新技术、新产品、新观念和新社会风尚的不断涌现，消费者的需要在数量、质量和品种上均呈现出持续的增长和演变。当某一层次的需要得到满足后，新的、更高层次的需要便会应运而生。这种需要的升级趋势表现为由基础向高级、由简单向复杂、由数量追求向质量追求的转变。消费者的消费水平和购买力大小是影响需要层次的关键因素，不同层次的消费者在购买产品的数量、质量、品牌等方面均表现出显著的差异。这种需要的层次性和差异性要求企业在市场营销中应充分考虑不同消费者的实际需要，以提供更加精准和个性化的产品和服务。

（三）可引导性与可变性

消费者的需要具有可引导性，它可以通过外部环境的调整或刺激来引导、改变和转移。企业通过有针对性的营销活动，能够有效地触发消费者的需要转变，使他们从无需要状态转变为有明确需要，或者将潜在的需要激发为现实需要。这种营销手段的运用，能够促使消费者对推销的商品产生强烈的购买欲望，并最终实施购买行为。

消费者的需要也随着生活环境、消费环境的变迁而不断演变。观念的更新、时尚潮流的变迁、文化素养的提升、广告的宣传引导，以及消费现场的各种刺激因素，都会对消费者的需要产生深远的影响。因此，企业在制定营销策略时，应充分考虑这些外部因素，以更有效地引导和满足消费者的需要。

（四）伸缩性与周期性

消费者的需要在种类、层次和程度等方面展现出一定的伸缩性，这种伸缩性根据消费者的经济能力、需要的强烈程度，以及商品的供求关系而有所变化。基本日常生活需要的伸缩性相对较小，而高档消费品的伸缩性则较大。这意味着消费者的购买决策不仅受到自身经济状况的影响，还受到市场状况和产品特性的制约。

同时，消费者需要表现出明显的周期性特征。一些需要在得到满足后，会在一定时期内不再产生，但随着时间的推移会重新出现，形成一种循环往复的模式。这种周期性在衣食住行等基本需要上尤为显著。例如，夏季对防晒装备（如防晒衣、防晒帽、防晒口罩）的需要，就是周期性的体现。

值得注意的是，消费者需要的伸缩性和周期性并不是孤立存在的，它们往往相互交织、共同影响消费者的购买行为。在市场价格上涨时，消费者对于可买可不买的商品可能会选择放弃购买；而在市场供给不足或价格下降时，消费者则可能出于抢购心理而购买并不急需的商品。这种伸缩性和周期性的变化，要求企业在制定营销策略时充分考虑市场状况和消费者心理，以更好地满足消费者的需要并实现销售目标。

五、消费者需要的发展趋势

（一）流行化消费

消费者的消费观念正日益向时尚和品质倾斜，他们更加注重产品的独特性和品质。因此，许多产品，如通信设备、轿车、电子电器、影视作品、文艺作品，甚至是食品和饮料等，都开始展现出流行化的趋势。以汽车行业为例，如今的消费者不仅关注汽车的实用性和性能，还更加注重其外观设计、品牌声誉和个性化定制，各种流行元素开始融入汽车市场，从时尚的外观设计到先进的科技配置，都成为了消费者选择的重点。此外，随着汽车文化的普及和消费者对汽车生活的追求，汽车相关的消费也在逐渐增多。例如，汽车配件、汽车美容、汽车改装等，都成为了消费者追求个性化和品质生活的重要组成部分。

（二）商品大众化

流行化消费现象导致了商品的快速大众化。在信息社会的助推下，新技术的不断涌现使得众多商品日益趋同，它们在功能和外观设计上的独特性逐渐减弱。一种新型的服务方式刚推出市场，便可能迅速被广大消费者采纳并演变成为标准配置。昨日还备受追捧的新潮商品，转眼间便可能融入大众生活，成为普遍存在的消费品。例如，昨天的新潮汽车，今天就可能成为街头巷尾热议的话题，而明天则可能成为大众的代步工具。

典型案例

特斯拉Model 3：从潮流尖端到大众日常的转变

特斯拉Model 3初入中国市场时，以其高端、前卫的形象迅速捕获了众多追求个性化与科技感的消费者目光。凭借出色的性能、独特的设计以及尖端技术，每一次亮相都能引发市场热议，成为潮流风向标。

然而，随着时间推移及信息传播速度加快，Model 3的独特魅力逐渐淡化。特别是在中国市场，通过价格调整策略，该车型成功从高端定位向大众市场渗透。降价措施不仅让更多消费者有机会接触并体验到这款电动汽车的魅力，也加速了其普及化进程。

如今，在街头巷尾随处可见特斯拉Model 3的身影，它已不再是遥不可及的梦想之车，而是成为了日常生活中的一部分。尽管其卓越的性能和设计风格依旧受到广泛赞誉，但“潮流”标签已不再适用，转而成为了普通家庭日常出行的选择之一。

这种现象反映了随着新技术不断涌现而导致的产品同质化趋势，同时也表明公众对于新能源汽车认知度与接受度正在逐步提升。即便是在一个强调个性化的时代背景下，商品大众化依然是一个不可逆转的趋势。面对这样的变化，企业需灵活调整战略方向，持续创新以维持竞争优势；而消费者则应保持理性思考，根据自身实际需求做出明智选择。

（根据网络资料整理）

（三）消费趋向品牌化

当前市场呈现出产品同质化的倾向，而消费者的个性化需求却愈发强烈。面对这种需求与供应的矛盾，单纯依靠产品本身已难以满足。现代消费者更倾向于通过个性化的品牌体验来寻找差异和共鸣。在日益激烈的市场竞争中，个性化的品牌已经成为经营者塑造自身形象、吸引目标消费者的关键手段。通过打造独特的品牌形象，企业不仅能够满足消费者的个性化需求，更能在竞争激烈的市场中脱颖而出，赢得消费者的青睐。

小案例

胖东来的“妙招”

胖东来，1995年创建于河南省许昌市，初期主要是一家小型超市，但创始人于东来凭借其商业洞察力和对消费者需求的深刻理解，逐渐将其发展为河南本土崭露头角的零售巨头。其成功的秘诀在很大程度上归功于其始终坚持的顾客至上的服务理念。

胖东来的服务细节之周到，堪称业界翘楚。

胖东来提供多样化的购物车选择，包括手提购物篮、儿童购物车以及老年人购物车等（如老年人购物车配置了放大镜，方便他们查看商品信息），满足不同顾客的需求。同时，在商品介绍上，胖东来设有详细的选购知识、使用方法及品质监督温馨提示牌，帮助顾客更好地了解产品。

在超市入口处整齐码放购物车并提供消毒湿巾；长夹/手套/纸巾等方便客户选购生鲜商品的小工具一应俱全。此外，还为购买水果熟食商品的顾客附赠剥皮器/筷子等餐具，收款小票上公示服务热线并承诺上门办理需要退货的产品。提供宠物寄存服务，有员工会定时去查看宠物的状况，确保它们得到妥善地照顾。这些细节服务不仅提升了顾客的购物体验，也让顾客感受到了品牌的真诚和关怀。

胖东来非常重视顾客的反馈意见。他们通过设置投诉渠道、定期调查问卷等方式，收集顾客的意见和建议，并据此及时调整商品品类和品质，甚至帮助顾客采购没有的商品。

胖东来对顾客需求的重视和关怀，也为其赢得了良好的口碑和忠诚的顾客群体，从而打造了其独特的品牌形象。

（根据网络资料整理）

（四）消费者倾向感性消费

消费者购买商品的目的不再局限于物质满足，而是更多地追求情感上的满足和精神上的愉悦。人们更加注重通过消费实现个性化和情感需求的满足。这种转变意味着消费者的需求从单纯的物质层面升华到了精神层面，更加注重购物的感受和体验。因此，商家在设计和推广产品时，需要更加注重满足消费者的情感和精神需求，提供独特的感受和体验，以吸引和留住消费者。

六、挖掘消费者需要的方法

在现实的消费场景中，仅有少数消费者能够清晰、准确地表达并告知企业他们的具体需求；而大部分消费者的需求则隐藏在表面之下，不易被直接察觉。因此，对于企业而言，若想在激烈的市场竞争中脱颖而出，赢得消费者的青睐并占据市场份额，深入挖掘消费者的潜在需要就显得尤为关键。通过精准把握消费者的真实需要，企业能够做出更加明智和有效的市场决策。

挖掘消费者需要的方法有两种，即定性法和定量法。

（一）定性法

定性法是一种以理论与经验为基础，侧重于捕捉事物主要特征的研究手段，它在一定程度上忽略了数量上的同质性差异。在消费者需求的研究中，运用定性法所得出的结论通常具有结论性和方向性，能够为企业提供宏观的指导和策略方向。以下为几种在挖掘消费者需要中常用的定性法及其具体应用：

1. 访谈法

访谈法，作为一种深入且个性化的调查手段，是由调查者围绕特定主题与消费者进行的一对一深度交流。在这一过程中，调查者旨在揭示消费者对某一问题的潜在动机、态度及情感。访谈可以采用结构化的提纲，确保讨论的焦点明确；同时，也可以采用开放式的方式，鼓励消费者自由表达，更适用于探索性的研究场景。通过访谈中的对话互动，调查者不仅能够引导消费者主动分享在使用产品或服务过程中的实际需求，还能从他们对消费活动的情感态度中洞察其潜在需要。此外，为了更深入地理解消费者的需求层次，调查者可以采用阶梯式提问的技巧，逐层深入挖掘消费者的内在动机和目标。

以购买汽车为例，消费者的直接目标可能是拥有一辆便捷的交通工具，但其背后的深层次需求可能包括提升生活质量、展示个人成就，或者是追求驾驶的乐趣和自由的生活方式。进一步地，消费者可能期望通过汽车的某些特定功能或品牌形象来实现家庭出行的舒适与安全、社交活动的便利与扩展，甚至是个人职业发展的助力。每个人的终极追求都是幸福和满足，但在汽车的选择上，每个人对幸福的定义和追求方式却各不相同。通过深度访谈，调查者能够更准确地推断出消费者在追求幸福和满足的旅途中所呈现出的不同层次的需求，从而为企业提供更精准的市场洞察，指导企业设计出更符合消费者期望的汽车产品，并制定更有效的市场策略。

2. 焦点小组法

焦点小组法是一种集体讨论式的调查方法，其中调查者会引导小组成员围绕特定主题展开意见交流和相互讨论，鼓励每位成员自由发表看法。

这种方法的独特优势在于，它能够通过消费者之间的互动，揭示出在个人访谈中难以触及的信息层面。例如，观察消费者对其他成员发言时的即时反应和态度，可以为调查者提供宝贵的洞察。同时，焦点小组内的讨论往往更加广泛且多元，这不仅能够拓展讨论的深度与广度，还能激发调查者产生新的思考和创新思路。因此，焦点小组法在挖掘消费者需要方面具有重要的应用价值。

3. 投射法

投射在心理学领域是一种个体无意识地将自己的思想、情感、愿望和特征等投射到外部世界或他人身上的心理现象。投射法作为一种调研测试手段，旨在通过特定媒介引导消费者进入一个自由无束的想象世界，从而在不自觉中展现其深层个性和需求。这种方法尤其适用于挖掘那些消费者自身都未必意识到的需求。

在实施投射法时，运用精湛的访问技巧至关重要，这样可以有效避免消费者的回答受到社会期望的干扰，从而更间接、更真实地揭示消费者的内心世界。投射法的魅力在于其隐蔽性：调查者的真正意图和目的被巧妙隐藏，被测试者通常在不知情的情况下参与测试。这种情境下，被测试者的反应更可能暴露其内心的真实想法，降低了伪装的可能性，从而提高了测试结果的真实性和准确性。

投射法包含多种类型，例如词语联想测试、句子故事补全、漫画解读、照片分类、叙述故事以及第三人称叙述等。这些方法灵活多样，能够从不同角度深入探索消费者的内心世界。

然而，投射法也存在一定的局限性。其结果分析往往依赖于分析者的主观经验和判断，缺乏客观统一的评价标准。因此，在解读和分析投射法得出的结果时，需要特别谨慎，同时也需要不断探索和完善其科学性和准确性。

（二）定量法

定量法是通过收集和分析数据来具体量化消费者对某一产品或服务的需求程度。与定性法相辅相成，定性法帮助企业深入挖掘消费者的潜在需求，而定量法则为这些发现提供客观的数值证据，验证其准确性。简而言之，企业在通过定性研究初步了解用户需求后，通常需要借助定量法的数据支持来进一步验证和明确这些需求。

消费者研究的根本目的在于“解释、预测以及操控消费者的心理与行为”。这三个层次的目标相互关联、逐步递进：首先，通过解释消费者的心理与行为，我们能够理解其背后的动因和模式；其次，基于这些理解，我们能够预测消费者在未来可能的变化和趋势；最后，有了这些预测，我们才能够考虑如何有效地影响和引导消费者的心理和行为。针对这三个层次的目标，存在相应不同层次的定量研究方法，以帮助我们更加科学、精确地实现消费者研究的宗旨。

1. 描述性研究

描述性研究专注于揭示消费者需求的当前状态，涵盖市场份额、消费者满意度、品牌忠诚度等关键指标，这些都是企业持续关注的描述性统计数据。此类研究对于企业而言几乎是不可或缺的数据分析工具，能够直观反映大量消费者的实际需求。以21世纪经济报道新汽车研究院联合尼尔森IQ共同推出的《2023中国汽车消费趋势调查报告》为例，该报告深入剖析了新消费时代下的汽车市场，指出，在当今时代，汽车消费者更加追求高品质和舒适的驾驶体验，人们普遍愿意为获得更高端的汽车品牌和更优质的服务支付更多费用。此外，随着消费者需求的日益多元化，个性化定制和环保意识也逐渐成为新消费时代下汽车消费者所重视的方面。人们不仅希望自己的座驾能够展现独特的个性和品位，同时也关注汽车的环保性能和节能减排效果。这些消费观念的转变，正推动着汽车市场朝着更加多元化、高品质和可持续的方向发展。

描述性研究在解释消费者需要方面发挥着重要作用，即它能够回答“是什么”的问题，帮助企业更清晰地了解市场现状和消费者偏好。通过精准地预测消费者需要，企业能够更有效地制定市场策略，推动业务发展，并提升市场份额。因此，深入开展描述性研究对于企业的长远发展具有重要意义。

2. 相关性研究

相关性研究的核心在于揭示不同变量间的联系，它能为人们提供“何时、何地、何种条件下某现象会发生”的线索。在当下的大数据时代，这种研究尤为关键，它利用庞大的数据集来探寻变量的趋势、模式和相互依存关系。

在企业领域，相关性研究的应用极为广泛。它赋予了企业预测需求变化的能力，从而实现了消费者研究中“预测”的目标。然而，这种研究方法也有其局限性：它虽然能告诉人们两个变量之间存在关联，但无法确定它们之间的因果关系。换句话说，企业可以通过观察一个变量的变动来预测另一个变量的变动趋势，但由于不清楚哪个是“因”、哪个是“果”，企业便不能通过直接调整一个变量来期望改变另一个变量。相关性研究能够揭示消费者的需求与哪些变量相关联，但却无法指导人们如何激发或抑制这些需求。

3. 实验性研究

实验性研究是一种系统的探究方法，其中研究者会故意改变一个或多个变量，同时严格控制其他非相关的变量，以观察并分析由此产生的结果变化。这种方法的目的是验证变量之间是否存在因果关系。根据对非相关变量控制程度的不同，实验性研究主要分为随机控制实验、田野实验以及自然实验三种类型。

随机控制实验在变量操控上的精确度较高，这有助于获得更为准确的因果关系。然而，这种实验的结果在外部环境的适用性上往往受到一定质疑。相比之下，田野实验在真实环境中进行，通过操纵变量来观察人们的自然反应，因此其结果更具实际应用价值。对于现代科技企业和互联网公司而言，田野实验成为了一种强有力的工具，能够帮助它们优化用户体验并提升企业效益。过去需要依赖问卷调查或实验室实验来获取的数据，现在可以通过分组推送或版本迭代等方式，直接测试真实消费者的反应来获得。

在消费者研究领域，自然实验常被用来评估国家政策对消费者需求的影响。例如，我国的“禁塑令”如何改变了消费者的日常生活习惯等。在这类研究中，虽然研究者无法主动控制原因变量，但这些变量对消费需求的影响却是不容忽视的。

在挖掘消费者需求的过程中，定性和定量研究方法各有其独特的优势和局限性。只有深入理解这两种方法的差异，并根据特定的消费者需求场景选择最合适的研究方法，企业才能更有效地满足消费者的需求并实现持续增长。

任务二　刺激消费者的购买动机

任务目标

通过了解消费者购买动机的基本概念，使学生能准确掌握消费者购买动机的类型、特征和功能，初步把握动机理论的相关概念及作用，达到培养学生激发消费动机能力的目的。

知识精讲

人的每一种行为背后，都隐藏着其特定的原因。有些原因非常直接和简单，例如一口气喝完一整瓶水，可能仅仅是因为“我渴了”。然而，有些行为背后的原因却更为复杂。比如，为何有人愿意花五年的工资去购买一辆豪华汽车？或者，明明咖啡因不耐受，晚上为何还会喝咖啡？这些问题的答案远不像“我渴了”那么简单。

消费者的所有行为均带有明确的目的性，其根本在于追求个人某种需要的满足。当这种需要未能得到满足时，消费者内心会产生一种紧迫感和驱动力，促使其寻找满足需要的方法。此时，外界的刺激与诱因便成为触发具体动机的关键因素，引导消费者制定并实施相应的行动计划，以达成其目标并满足内心需要。

简而言之，消费者的行为是一个目标导向的过程，始于需要，经过动机的激发和行动的实施，最终达成需要的满足。在这个过程中，外界诱因起到了重要的推动作用，而消费者自身的内在驱动力则是实现目标的关键动力。

一、购买动机的概念

动机是一种内在的心理动力，它激发并维持个体的行为，引导其朝向特定的目标。这种动力源于个体内心深处迫切希望实现的意愿、期望和需要。当这些内在的驱动力被激发时，它们会变得积极主动，推动特定行为的发生，进而构成了行为的动机。

购买动机是消费者内心驱动力的直接体现，它促使消费者采取购买行为以满足特定的需要。其实质在于，消费者为了满足某种需要，愿意付出行动的内在力量。这种力量在内外因素的共同作用下得以形成和激发。

内在的需要是产生动机的关键因素，它经由唤醒过程转化为驱动力，推动个体追求需要的满足。当消费者产生某种消费需要时，这种需要会在心理上引发紧张感，使消费者的意识聚焦于能够满足该需要的商品或服务。外在的诱因，如广告、促销活动等，则在这种心理紧张感的基础上，进一步激发消费者的购买动机。这些诱因通过刺激消费者的感官和情感，增强他们对商品的渴望和购买意愿，从而将心理紧张感转化为实际的购买行为。

典型案例

“0糖0脂0卡”，“元气森林”激起碳酸饮料新浪潮

在当今社会，健康意识的增强使得越来越多的消费者开始注重饮食的健康性。特别是在饮品市场，那些能够提供健康、无负担选择的品牌往往更能吸引消费者的目光。“元气森林”正是凭借其“0糖0脂0卡”的健康定位，成功激发了消费者的购买欲望，成为了市场上的热门品牌。

通过购买和饮用“元气森林”，消费者可以轻松控制糖分、脂肪和卡路里的摄入，从而实现自我管理和健康目标。尽管“0糖0脂0卡”的产品在健康方面具有明显的优势，但如果口感不佳，很难赢得消费者的喜爱。与使用阿斯巴甜和安赛蜜等合成甜味剂的碳酸饮料相比，“元气森林”主要使用赤藓糖醇作为甜味剂，这种甜味剂来源于天然发酵过程，更接近自然蔗糖的甜度，口感清甜，成功实现了健康与口感的双重满足。

“元气森林”的“0糖0脂0卡”系列饮品，凭借其健康、时尚的定位，成为了许多消费者社交分享的选择。当消费者在微信朋友圈、微博、小红书等平台分享自己购买和饮用的照片和体验时，不仅展示了自己的健康生活方式，还获得了朋友们的认同和点赞。这种社交分享和认同感进一步增强了消费者对“元气森林”品牌的忠诚度和购买动机。

（根据网络资料整理）

二、购买动机的类型

购买动机的分类主要有两种方式：一是根据一般购买行为进行分类，二是基于具体的购买动机进行划分。

（一）一般的购买动机

消费者的购买动机因其个人需要和外部影响的多样性而显得相当复杂。然而，无论个体间的动机差异有多大，其共性和规律在消费活动中始终存在。基于此，我们将消费者普遍展现的购买动机归纳为以下两类：

1. 生理性购买动机

生理性购买动机源于消费者维持生命和身体健康的基本需求。为了满足这些需求，人们会产生对衣食住行等方面的购买动机，确保正常的生命活动和社会参与。简而言之，生理性消费动机就是基于生命维持和健康的需要而产生的购买行为驱动力。具体可分为以下三种类型：

（1）生存性购买动机：消费者因生存需要而激发的购买动机，如因为饥饿而求购食物，因为生病而购买药物，为延续后代而购买婴儿奶粉等。

（2）舒适性购买动机：消费者因追求舒适而激发的购买动机，是指消费者在满足基本生活需要之后，进一步追求高品质、舒适的生活体验所产生的购买动机，如购买高档品牌的服装、首饰、手表等，以展现自己的品位。

（3）发展性购买动机：消费者为满足个体发展需求而激发的购买动机，旨在提升个人的知识技能、身体素质或社会竞争力，以实现个人成长和进步，如培训进修、强身健体等。

2. 心理性购买动机

心理性购买动机源于消费者的心理需要，这种需要受到认识、情感、意志等心理过程的影响。心理性动机在个体间存在较大的差异，与个人的心理特征和需求紧密相关，主要包括以下三个方面：

1）情感动机

情感动机源于人的高级情感，如喜怒哀乐、道德感、群体感和美感，它推动消费者为满足情绪、情感、兴趣、审美和道德等需求而购买。当购买需求得到满足时，消费者的情绪体验会直接影响他们对产品的态度。例如，一些消费者可能会出于盲目攀比的心理，或是为了展示自己而购买商品。情感动机推动的购买行为通常具有稳定性和深刻性的特点，因为它反映了消费者深层次的情感需要和价值观。

2）理智动机

理智动机是消费者在仔细思考各种需求、不同产品满足效果以及价格后形成的购买动机。这种动机基于消费者对产品的客观认识，并通过分析与比较产生。例如，消费者在众多品牌的汽车中，会依据价格、安全性、油耗等因素进行综合考虑，最终选择购买某一品牌的汽车。理智动机的形成建立在消费者对商品全面、客观的认识之上，通过深入分析、比较和深思熟虑后产生。由理智动机驱动的购买行为通常表现出客观性、周密性和控制性的特点，消费者会理性地权衡利弊，做出明智的购买决策。

3）惠顾动机

惠顾动机源于消费者基于情感和理智经验的累积，对特定商店、品牌或商品形成的特殊信任和偏爱。这种动机促使消费者习惯性地、重复性地购买特定商品。惠顾动机的形成往往基于消费者过去的购买经验，其中个人购买活动的体验起到了关键作用。在惠顾动机的推动下，购买行为展现出经验性、稳定性和重复性的特点。消费者基于对特定商店、品牌或商品的信任，更倾向于选择熟悉的、信赖的产品，从而保持购买行为的一致性和稳定性。

典型案例

苹果无缝生态体验：增强用户黏性的成功之道

苹果为用户提供的卓越体验成功地增强了用户的黏性，确保了消费者对苹果产品的持续忠诚。

苹果的无缝生态系统体验是其成功的关键因素之一。从iPhone到mac，再到iPad和AirPods，苹果的产品都设计得能够顺畅地互操作和协同工作。这种整合不仅提高了用户的工作效率，还让他们对苹果品牌产生了深深的依赖和忠诚。用户在切换苹果产品时，无须重新学习或适应，确保了使用体验的一致性和稳定性。

苹果持续的软件更新与技术支持为用户提供了持久的价值。无论是iOS还是macOS，苹果都定期发布更新，修复漏洞、提升性能并引入新功能。这种对软件持续优化的承诺，使得苹果产品始终保持竞争力，并让用户无须担心产品过时。苹果品牌注重提供卓越的客户服务，从售前咨询到售后支持，都力求为用户提供个性化的体验。苹果的专业销售团队和技术支持人员随时准备为用户解决问题，这种优质的客户服务使得用户更愿意与苹果品牌建立长期合作关系。

苹果的创新产品设计与功能也是其吸引用户的重要因素。从iPhone的触摸屏技术到Apple Watch的健康监测功能，苹果不断引领行业潮流。这些创新满足了用户对新鲜感和实用性的追求，使他们更加坚定地选择并忠诚于苹果品牌。

苹果对硬件和软件的全面控制，使得用户能够实现设备之间的无缝互操作性，吸引许多

iPhone用户在购买平板电脑、智能手表或无线耳机时更倾向于选择苹果产品，这进一步增强了苹果用户的黏性。

（根据网络资料整理）

（二）具体的购买动机

1. 求实购买动机

求实购买动机是消费者以追求商品或服务的使用价值为核心目标的购买行为驱动力。在此动机的引导下，消费者在选购商品时，首要关注的是商品的质量和功效，强调商品应具备较高的实用价值、经济性和可靠性，对商品的外观、品牌或新颖性则相对不那么看重。持有求实购买动机的消费者，在购物过程中注重实际利益，如商品是否能带来方便、省时、省力的效果，或是能否满足特定的实际需求，如减轻家庭负担、增加休闲娱乐时间等。

2. 求新购买动机

求新购买动机是消费者以追求时尚、新奇、个性和独特为主导的购买行为驱动力。在此动机的推动下，消费者倾向于选择那些引领潮流、款式新颖、色彩独特的产品或服务，而将产品的耐用性和价格视为次要因素。求新购买动机的消费者通常富有想象力，渴望变化和创新，对造型奇特、与众不同的商品充满兴趣，在购买时，特别关注商品的外观造型和款式是否符合时尚趋势，而对于商品的实用性则相对不那么看重。

3. 求美购买动机

求美购买动机是消费者以追求产品的艺术美感和欣赏价值为主要目标的购买行为驱动力。在此动机的引导下，消费者特别关注产品的外观造型、色彩、款式和艺术价值，强调产品的风格和个性化特征，在选购时，这类消费者不仅注重商品本身的客观美，如色彩美、造型美、艺术美等，还注重商品的美化功能，如美化自我形象、美化个人生活环境等，相对不太考虑商品的价格。

4. 求廉购买动机

求廉购买动机是消费者以追求产品、服务价格低廉为主要目标的消费心理。在此动机的驱使下，消费者特别看重商品价格，对价格变动极为敏感，愿意投入更多体力和精力去比较和寻找价格优惠的商品。在购买时，消费者往往不是优先考虑商品的款式、包装、品牌等，而更偏爱于选购处理价、优惠价或折扣商品。这种购买动机不仅与消费者的收入水平有关，即使是经济条件较好的消费者，也可能因为节俭的习惯而追求价格优惠。

小案例

五菱宏光MINI：求廉之选，销量领跑市场的秘诀

近年来，中国新能源市场持续高速增长，总体销量从2020年的136.7万辆迅速攀升至2023年的949.5万辆。在这一繁荣的市场中，五菱宏光MINI EV凭借其在A00级市场、纯电动市场、新能源市场以及乘用车总市场的销量冠军等辉煌战绩，展现了其强大的市场影响力。2022年，其总销量更是高达55.4万台，超越了众多竞争对手，包括比亚迪宋Plus家族和特斯拉等，稳坐全球小型纯电汽车销售冠军的宝座。

在当前经济环境下，广大消费者对价格保持高度敏感。五菱宏光MINI EV以亲民的售价满足

了消费者对低成本通勤的迫切需求，成为他们心中的理想选择。

五菱宏光MINI EV的定价策略不仅降低了纯电动车的入门门槛，还使其成为了市场上的热销产品。五菱宏光MINI EV为广大消费者提供了一个经济、实用、便捷的出行选择。这种精准的市场定位和对消费者需求的深入理解，正是其成功的关键所在。

除了价格优势外，五菱宏光MINI EV还以过硬的品质和理性的定位赢得了消费者的信赖。它深知纯电动车作为城市通勤用车的核心诉求是好用、便捷、安全、可靠。因此，在追求性能的同时，五菱宏光MINI EV也注重产品的实用性和安全性。这种以消费者需求为导向的产品理念，使得五菱宏光MINI EV在市场上持续领跑。

此外，五菱宏光MINI EV还不断创新，推出了马卡龙版、GAMEBOY版、敞篷版等多样化车型，以满足年轻用户的多元化需求。这种对市场趋势的敏锐洞察和快速响应，使其在竞争激烈的市场中始终保持领先地位。

在技术支持方面，五菱宏光MINI EV的GSEV全球轻出行智能生态架构为其提供了强大的技术支撑。这一架构涵盖了硬件、软件和服务等多个层面，确保了车辆的高品质和安全性。这种技术实力不仅提升了消费者的驾驶体验，也进一步巩固了五菱宏光MINI EV在市场上的领先地位。

（根据网络资料整理）

5. 从众购买动机

从众购买动机是消费者在购买产品时，倾向于跟随他人购买行为、与他人保持一致的购买决策驱动力。此动机的形成源于多种原因，包括仰慕、艳羡他人并渴望获得认可，对风险的惧怕和保守心理，以及缺乏个人主见、倾向于随大流或随波逐流的心理。消费者在购买过程中，可能会受到参照群体和社会风气的影响，从而选择购买和使用他人已经拥有的商品，而相对忽视自身的独特需求和特点，带有一定的盲目性和不成熟性。

知识拓展

羊群效应（从众心理）

羊群是一种很散乱的组织，平时在一起也是盲目地左冲右撞，但一旦有一只头羊动起来，其他的羊也会不假思索地一哄而上，全然不顾前面可能有狼或者不远处有更好的草。因此，“羊群效应”就是比喻人都有一种从众心理，从众心理很容易导致盲从，而盲从往往会陷入骗局或遭遇失败。经济学里经常用“羊群效应”来描述经济个体的从众跟风心理。

羊群效应是个人的观念或行为由于真实的或想象的群体的影响或压力，而向与多数人一致的方向变化的现象。表现为对特定的或临时的情境中的优势观念和行为方式的采纳。人们会追随大众所同意的观点，将自己的意见默默否定，且不会主观上思考事件的意义。

在从众心理下，人们常常因为懒惰而不愿去做判断和决定。当许多人都对某事持肯定态度时，后面的人往往会因为这种社会共识而跟随，这在购买决策中尤为明显。这种心理现象在社会中非常普遍。

羊群效应启示：

（1）独立思考：不盲从他人，要勇于独立思考和判断，不因他人而失去自我。

（2）分辨信息：不因群体行为而被误导，应对信息保持批判性思维，分辨真假，避免盲从。

（3）自我领导：不要仅仅依赖他人的引导，要培养自我领导能力，对自己的行为负责。

（4）探求真实需求：避免仅仅因为他人在做某事而跟风，而是要深入思考自己的需求和目标。

6. 求便购买动机

求便购买动机源于消费者对快捷、方便生活的追求。此动机使消费者在购物时特别重视时间和效率，会有使用、携带、维修方便等方面的要求，希望能够迅速、简便地选购到所需的商品。受此动机驱动的消费者，往往会选择那些能够减少家务劳动强度的商品和服务，如洗衣机、冰箱、方便食品等，以减轻家务负担，提高生活质量，同时，也会倾向于选择网上购物等便捷的购物方式。

7. 求安全、健康购买动机

求安全购买动机源于消费者对人身和家庭财产安全的重视。在选购产品时，消费者希望所购买的商品能够应对潜在的危险，并在使用过程中确保其性能安全可靠。此动机反映了现代消费者对生命安全和健康的日益关注，他们倾向于选择那些具有安全保障和有益于身心健康的商品或服务。因此，商品的安全性能和健康因素往往成为消费者购买决策的首要标准。

8. 习惯性购买动机

习惯性购买动机源于个人的兴趣爱好、长期形成的生活习惯或职业需求。此动机导致消费者对某些特定产品产生持续的兴趣和购买欲望，例如健身、养宠物、露营等爱好所驱动的相关产品购买。此外，习惯性动机还包括消费者对特定商店或品牌的信任和偏好，使人们习惯性地、反复地光顾同一家商店或购买同一品牌、同一商标的商品。这种基于信任和习惯的购买行为有助于企业建立稳定的消费者群体，并维持一定的市场占有率。

9. 储备性购买动机

储备性购买动机源于消费者对商品价值或使用价值的长期储备需求。这种动机通常表现为购买具有保值功能的商品，如金银首饰、名贵工艺品和收藏品，以对抗通货膨胀或市场波动。此外，当市场出现供不应求或社会不稳定时，消费者也可能出于对未来不确定性的担忧而增加商品储备。除了实物储备，消费者还可能选择购买有价证券等金融产品，以实现保值增值或风险投资。

当然，除上述列举的购买动机外，还存在求速、尊重、留念、隐私等多种具体的消费驱动力。这些购买动机并非孤立存在，而是相互交织，共同影响着消费者的购买决策。值得注意的是，消费者的购买动机并非一成不变，它会随着时间、地点和条件的变化而发生转变。

了解和掌握消费者不同的购买动机及其特征，对于企业精准营销、有效促进消费者购买行为具有至关重要的作用。然而，消费者的购买动机往往复杂多变，有时并非单一动机所能解释，而是多种动机共同作用的结果。

三、购买动机的特征

不同的消费动机会激发各异的购买行为，甚至同一购买行为背后也可能蕴藏着多元化的动机。这些消费动机受到诸多因素的共同影响，时而明确显现，时而则隐含不露。消费动机的特征具体体现在以下几个方面：

1. 目的性

目的性是指消费者在购买商品或服务时所追求的特定目标或需求满足。这是消费者产生购买行为的核心驱动力，也是人们进行购买决策的基础。在购买过程中，消费者的所有行为都会围绕目的进行，会根据自己的需求，在市场上寻找能够满足这个目的的商品或服务，会比较不同品牌、不同规格、不同价格的商品，选择最符合自己需求的那一款。

例如：一个人购买食物，他的目的就是为了消除饥饿感，获取必要的营养；一个人购买名牌包，她的目的可能是为了追求时尚，或者希望通过这个包来展示自己。

2. 主动性

主动性是指人们在面对引发购买欲望的刺激物时，表现出的自觉且积极的态度，通常源于消费者的个人需求、兴趣或消费习惯。

以宠物爱好者为例，一旦置身于宠物博览会，人们便会因对宠物的热爱而自发产生购买动机。同样地，美食爱好者会主动搜寻新开餐厅信息，积极前往，激发品尝的欲望和行动。此外，在购买过程中，消费者还会主动搜集商品信息，比较不同选项，并自主选择合适的购买方式。消费者的这种主动行为有助于做出更明智的购买决策，同时也为企业提供了与消费者互动和了解市场需求的机会，进而推动营销策略的优化和顾客满意度的提升。

3. 组合性

消费者在购买商品或享受服务时，其动机可能是单一的，也可能是多元的。

以购车为例，有些人的动机非常明确且单一，他们只是想拥有一辆新车，用于解决上班路途较远导致的通勤时间过长问题。然而，另一些人的购车动机可能更加复杂且多样，他们可能希望通过购车来展示自己的经济实力，或者通过购买热门车辆而期待现车到手转卖带来的经济收益。这些不同的动机反映了消费者需求的多样性和复杂性，也为企业提供了更深入了解市场、精准定位目标群体的机会。

4. 转移性

在消费者的购买行为中，主导动机和辅助动机扮演着不同的角色，有着不同地位。但在某些条件下，两者可以相互转化。通常情况下，主导动机决定了消费者的首选购买行为，而在这一过程中，也可能存在多个潜在的辅助动机。一旦消费者的首选购买行为得以实现，或者他们在购买决策过程中遇到新的刺激，原来的辅助动机就有可能转变为主导动机。

以购置汽车为例，假设一位消费者原本计划购买一辆经济型轿车以满足日常通勤需求。然而，在逛车展时，他意外发现了一款性能卓越且设计时尚的SUV，这激发了他潜在的辅助动机——对更高端、更多功能性车辆的渴望。在这种情况下，原来的经济型轿车购买计划可能被搁置，消费者可能会转而选择购买SUV。这说明在购买汽车时，除了明确的主导动机外，消费者往往还隐藏着其他的购买动机。当遇到适当的刺激或满足条件时，这些潜在的辅助动机可能会上升为主导动机，从而改变消费者的购买决策。

5. 内隐性

动机作为消费者内心的活动过程，往往深藏不露，尤其是心理性消费动机，其内隐性尤为显著。有时，消费者出于特定原因，可能会刻意掩饰其主导或真实的动机。要解读消费动机，我们更多地依赖于对消费者行为的分析以及结合自身的市场知识和经验。以购买高端汽车为例，消费者选择这样的产品，可能首先出于生理需要和安全需要，如追求更舒适的驾驶体验或确保出行安全。然而，除此之外，他们也可能受到追求社会认同、展现个人成就以及希望得到他人尊重的心理动机的驱动。这些动机并非显而易见，因此具有内隐性。

6. 冲突性

在消费者心理中，当两种或多种消费需求同时产生，且因互相抵触而无法同时满足时，内心便会引发矛盾或冲突。这种动机冲突可以划分为三种类型：双趋冲突、双避冲突以及趋避冲突。

1）双趋冲突

消费者在面临两个及以上均具吸引力的目标，但受限于条件无法同时实现时所体验的内心挣扎。比如，在挑选产品时，消费者可能同时喜爱两款产品，但由于预算或其他原因无法同时购买，这种难以抉择的心理状态便是双趋冲突的典型表现，正如成语“鱼与熊掌不可兼得”所揭示的，人们在面对两个都想得到的东西时，往往感到矛盾和无奈。

2）双避冲突

发生在消费者面对两个或更多具有威胁性的目标时，每个目标都引发逃避的动机，但由于环境和条件的限制，只能选择逃避其中一个。这种在逃避选择中产生的心理冲突，可以用“骑虎难下”来形象描述。在这种情况下，人们往往会感到左右为难，不知所措。

3）趋避冲突

消费者在面临一个既具吸引力又具排斥力的目标时所经历的内心斗争。例如，对于网上购物，消费者一方面享受其带来的便捷性，另一方面又担忧其潜在的风险，如质量不可控、维权较难等。这种既想要又害怕的心理状态，正如“又想吃又怕烫”所比喻的，消费者在追求利益的同时，也担忧可能带来的不利后果。

四、购买动机的功能

购买动机是驱动和持续消费者行为的内在驱动力和直接原因，在激发和推动消费者行为活动方面发挥着重要的功能。具体来说，购买动机具有以下功能：

1. 激活和终止功能

购买动机作为消费者行为的内在驱动力，具有激活和终止行为的重要功能。当消费者的某种需求或愿望被激发时，购买动机开始发挥作用，推动消费者从静止状态转向活动状态，积极寻找和选择能够满足其需求的商品或服务。这一过程是购买动机的激活功能的具体体现。

一旦消费者找到了符合其购买动机的商品或服务，并完成购买行为，其需求得到满足，购买动机便会逐渐减弱，甚至消失。这时，消费者的购买行为也将随之终止。这显示了购买动机的终止功能。

2. 指向功能

购买动机在消费者行为中扮演着至关重要的角色，它不仅能激发行为，还能确保行为指向明确的目标或对象。在多种消费需要中，购买动机帮助消费者识别和确认他们的基本需要，如生理需要、安全需要、社交需要或自我实现需要。随后，这些基本需要在动机的推动下，具体化为对某种商品或服务的购买意愿。当消费者的行为指向特定商品或服务时，购买动机还会影响他们如何选择评价标准或评估要素。这一功能确保了消费者的购买决策是基于其真实需要和偏好，从而提高了购买行为的效用和满足度。更重要的是，当消费者面临多种需要的冲突时，购买动机能够引导他们做出选择，使购买行为朝向最强烈、最迫切的需要方向进行。这种选择性功能确保了消费者在满足需要的同时，实现了消费行为效用的最大化。

3. 维持和强化功能

一旦动机被激发，它会持续地为行为提供动力，贯穿整个行动过程，直到目标得以实现。这种维持功能确保了消费者在追求满足需要的过程中，能够持续采取购买行为，直至达到预期的满足状态。此外，动机还具有强化行为的作用。当某种动机引发的行为结果得到消费者的正面反馈时，这种满足的结果会巩固和加强该行为，即正强化。相反，如果行为结果导致消费者的不满或负面反馈，这种不满的结果则会减弱或消退该行为，即负强化。这种强化功能有助于消费者在多次购买行为中学习和调整，使购买行为更加符合其需要和期望。

典型案例

华为手机：多元满足，触动消费者的心弦

华为，作为全球瞩目的科技领航者，其手机产品线广泛且深入，精准覆盖了各类消费者细分市场的多元化需求。针对那些注重性价比与实用性的顾客群体，华为推出了如畅享系列在内的经济型手机，这些手机凭借亲民的价格与卓越的基础功能，精准契合了用户的日常所需，成为他们的优选之一。

而对于那些追求极致品质与尖端科技的消费者，华为的Mate与P系列高端旗舰手机则提供了无可比拟的体验。这些手机不仅在设计上尽显精致，更在性能表现与创新科技上引领行业潮流。无论是畅享5G网络带来的极速体验，还是AI技术赋予的智能便捷操作，都使得华为的高端手机成为了科技与美学的典范之作。

在信息安全日益凸显的今天，华为在手机安全领域的深耕细作也成为了消费者选择其产品的关键因素。凭借先进的加密技术、安全芯片以及全面的隐私保护功能，华为为用户的数据安全与隐私权益筑起了一道坚实的防线，让他们在数字世界中畅游无忧。

此外，华为还致力于打造完善的生态系统，以提供更加全面、便捷的服务体验。从应用商店、云服务到智能穿戴设备，华为的产品与服务均与华为手机实现了无缝对接，为用户带来了更加丰富、便捷的使用享受。

从价格优势到卓越性能，从安全保障到创新引领，从单一产品到完整生态系统，华为均展现出了其强大的品牌实力与卓越的产品竞争力。这种全方位的满足，无疑进一步激发了消费者购买华为手机的强烈欲望。

（根据网络资料整理）

五、激发购买动机的营销策略

在深入了解消费者真实购买动机的基础上，企业可以更有针对性地制定营销策略，进而提升商品销量和企业效益。对于营销者来说，识别出某种商品能够满足消费者的具体动机和需求是至关重要的。通过围绕这些动机制定策略，企业能够更有效地激发消费者的购买意愿，从而推动销售增长，实现更大的商业价值。

（一）发现消费者购买动机

消费者购买产品，本质上是为了满足某种需要或解决某个问题。人们购买的不仅仅是商品本身，更是一种情感和价值的体现。以香水为例，消费者购买的不仅仅是香水的气味，更是那种能带来氛围、希望和使自己感觉特别的效果。同样，当消费者选择一辆豪华汽车时，他们追求的不仅是安全的性能和舒适的驾乘感，更多地是希望通过这辆汽车展示自己的个性、品位等。

然而，消费者的购买动机并非总是公开和明确的。有些动机可能是隐性的，甚至是消费者自己都不愿承认或未意识到的。比如，购买豪华汽车可能还隐藏着消费者对“富有和成功”的渴望，或者希望通过这辆汽车使自己看起来更有魅力、更有自信。

因此，企业在进行产品传播活动时，必须深入了解并准确把握消费者的购买动机，尤其是那些隐性的、不易察觉的动机。只有这样，企业才能制定出更加精准、有效的营销策略，从而打动消费者的内心，实现销售和品牌价值的最大化。以运动鞋为例，消费者购买运动鞋，可能首先是为了满足运动的需求，追求舒适度和功能性。然而，除了这些显性动机外，消费者还可能受到一些隐性动机的驱使，如追求时尚潮流、展现个人风格，或者希望通过运动鞋提升自己的社交认同感。因此，运动鞋品牌在进行产品传播时，不仅要强调产品的运动性能和舒适度，还要深入挖掘并呈现产品背后的时尚元素、文化价值和社会意义，以吸引更多消费者的关注和认同。

（二）基于多重动机的营销策略

一旦确定了目标市场的核心购买动机，企业应紧密围绕这些动机制定营销策略。在现实生活中，购买行为通常是多重动机共同作用的结果，这些动机既可能相互加强，也可能相互抵消。

当多种动机共同推动购买行为时，它们会相互强化，形成更强大的购买动力，从而更容易促成交易。然而，当动机中存在相反方向的力量时，它们会相互抵消。只要抵消后的动机总和不为零，购买行为仍有可能发生。如果促进购买的因素超过阻碍购买的因素，购买行为将得以实现；反之，则会被阻碍。当动机总和处于平衡状态时，消费者可能会犹豫不决，此时外界刺激和营销策略的作用就显得尤为关键。

面对多种重要的购买动机，产品必须具备多样化的功能，广告也必须传递多重利益。显性动机是消费者易于察觉和讨论的，因此广告可以直接迎合消费者对产品质量和功能的追求。而隐性动机则更需要营销者采用巧妙的沟通策略，通过双重诉求方式，既强调产品品质，又间接触及消费者所追求的地位、理念和个性等深层次需求。

六、动机理论及其在市场营销中的作用

（一）本能理论

19世纪末至20世纪初，达尔文的进化论对人们的思想观念产生了深远影响。该理论强调人类与动物之间的紧密相似性，指出人类行为可以通过研究动物行为来推测和理解。本能理论就是在这种背景下应运而生，它主张人类的大部分行为是由本能所驱动的，这些本能是行为的原动力。

从营销学角度看，理解消费者的本能行为对设计有效的营销刺激至关重要。尽管在复杂的人类行为中，本能行为只是其中的一小部分，且许多被视为“人类天性”的行为可以通过后天

学习而改变，但本能行为在营销中仍具有不可忽视的价值。

本能理论的历史可以追溯到人们对自然现象如蜘蛛织网、蜜蜂筑巢和候鸟迁徙的简单命名和标签化。然而，奥地利心理学家西格蒙德·弗洛伊德首先将本能纳入一个系统的动机理论中，将本能定义为生理需求在心理上的表现。弗洛伊德认为，本能是推动并决定人的行为方式的主要力量，其最终目的是消除人体的需求状态。美国心理学家麦独孤进一步扩展了本能理论，提出了一系列如觅食、性欲、恐惧、憎恶、好奇和好斗等人类本能。

在营销实践中，深入挖掘并巧妙运用消费者的本能行为对于提升营销刺激的效果至关重要。以汽车消费为例，通过广告创意和策略性地触发消费者的本能反应，如对于安全感、探索欲或社交认同的需求，可以显著增强消费者对特定汽车品牌的情感连接和购买意愿。例如，某些汽车广告可能通过展示车辆坚固的车身结构、先进的安全技术来唤起消费者对家庭和自身安全的保护本能，从而促使他们选择购买这款汽车。这种以本能行为为导向的营销策略，能够精准地触达消费者的内心需求，使汽车品牌更加深入人心，最终实现销售增长和市场扩张。

（二）精神分析理论

自人类诞生之日起，探索推动人类行为的原动力一直是人们深入思考的课题。其中，奥地利著名心理学家西格蒙德·弗洛伊德所提出的精神分析理论，为我们理解人类动机提供了独特而深刻的视角。

弗洛伊德认为，人类存在两大基本本能。首先是生的本能，他将其命名为“力比多”。这一本能涵盖了诸如饮食、自爱、他爱等一系列行为和动机现象，体现了人们对快乐和满足的追求。它推动着人们去从事各种带来愉悦的活动，成为人类生活中的重要驱动力。而另一种本能则是死的本能，弗洛伊德称之为“萨那托斯”。这一本能涉及诸如仇恨、侵犯等行为和动机，体现了人类内在的破坏和毁灭冲动。尽管这两种本能在现实生活中常常受到压抑而无法自由发展，但它们却在无意识领域中并立共存，共同驱使着人们的行动。

在消费领域，弗洛伊德的精神分析理论为我们理解消费者行为提供了宝贵的启示。很多时候，消费者对商品的选择并非出于表面的需求或意识，而是受到深层次、未被意识到的动机所驱动。这些动机可能源于生的本能，如对快乐、满足的追求；也可能源于死的本能，如寻求破坏、释放压力等。

因此，要真正理解消费者购买某种商品的真正原因，仅仅依靠表面的观察和分析是远远不够的。我们需要借助心理学的方法和技术，深入探索消费者的无意识领域，才能找到那些隐藏在消费者内心深处的真正动机。只有这样，我们才能更准确地把握消费者需求，从而设计出更符合消费者心理的商品和服务。

（三）驱力理论

20世纪20年代，美国心理学家伍德沃思将驱力概念引入心理学，提出了动力心理学，认为人和动物一样受外部刺激驱动行为，并根据过往经验作出反应。驱力理论是一种将需要与生理短缺紧密联系的心理学观点，它认为当某种生理需要短缺严重时，内驱力会增强，从而驱动行为更加积极有力。随着需求的满足，内驱力逐渐减弱，行为也随之变得消极。当需求完全满足时，内驱力降至零，行为也随之停止。这一理论强调了动机的内驱力来源于未满足的需要，行为的目的是满足这些需要，从而减少内驱力。

美国社会心理学家伯科威茨则进一步指出，驱力是由个体生理或心理的匮乏状态所引发，促使个体采取行动的力量。

美国行为主义代表人物之一赫尔提出了$E=D \cdot H$的公式，该公式实际上体现了动因理论的核心观点。在这个公式中，E代表从事某项活动或行为的努力程度，D代表动因，H代表习惯。赫尔的公式表明，消费者追求某一产品的努力程度取决于他们由于匮乏状态产生的内在动因，以及通过观察、学习或亲身体验所获得的关于该产品的消费体验。赫尔特别强调了基于经验的习惯对行为的影响。如果过去的行为带来了积极结果，人们倾向于重复这种行为；如果行为导致了消极结果，人们则倾向于避免这种行为。

在营销实践中，理解并应用驱力理论可以帮助我们更好地把握消费者的需求和行为动机，从而设计出更具吸引力的产品和服务。同时，通过培养积极的消费习惯和体验，我们可以促进消费者的购买决策，提高营销效果。

（四）诱因理论

20世纪50年代，一些心理学家开始质疑仅用内驱力来解释人类所有行为的合理性。他们认为，外部刺激（即诱因）在唤起行为时也扮演着至关重要的角色。例如，即使一个人已经吃饱，但看到别人在吃东西时，仍然可能会产生再吃一些的欲望。诱因，作为能满足个体需求的外部刺激，具有激发或引导个体朝向特定目标的作用。与驱力理论关注行为的“被推动”面不同，诱因理论更侧重于行为的“被拉动”面。

根据诱因理论，当个体面临多种选择时，他们会基于从各个行为方案中可能获得的利益或损失来做出决策。个体对行为奖赏的预期将直接决定其活动状态。如果预期的行为奖赏效果好，个体将表现出更高的活动水平；反之，则活动水平会降低。这实际上反映了一个基本假设，即个体的行为是受目标引导的，并且他们清楚知道行为的结果。

将动机研究的重点转向外部刺激，对于企业的营销活动具有重大的现实意义。营销人员可以通过操控刺激物来影响消费者的行为。例如，生产企业可以通过对消费者的测试来决定产品应进行哪些改进，以便更好地满足目标市场的需求；零售企业则可以通过优化店内布局和营造宜人的氛围来激发消费者的购买冲动。通过深入理解并运用诱因理论，营销人员可以更有效地设计和执行营销策略，从而实现企业的营销目标。

小案例

比亚迪：驾驭未来，引领绿色出行新潮流

比亚迪凭借其不懈的技术革新与坚定的环保理念，成功激发了广大消费者对“技术创新与绿色出行”的深切向往。在全球环保意识与可持续发展理念日益增强的背景下，新能源汽车逐渐成为了消费者的新宠。他们渴望拥有一款既能减轻环境负担，又集先进科技于一身的汽车，而比亚迪恰好精准捕捉到了这一市场需求。

比亚迪的电动汽车，凭借其前沿的电池技术和高效的驱动系统，不仅确保了卓越的续航能力和出色的驾驶体验，还融入了智能互联、自动驾驶等尖端科技元素。此外，比亚迪还积极推动太阳能充电站等绿色能源设施的建设，为消费者提供了更加环保、高效的充电服务。

除了产品层面的卓越表现，比亚迪还通过一系列创新的营销策略，进一步加深了消费者对“技术创新与环保出行”的认同感。公司定期举办科技展览和试驾体验活动，让消费者亲身体验

电动汽车的科技魅力和驾驶乐趣。同时，比亚迪还积极参与国际环保交流与合作，向世界展示了中国新能源汽车产业的蓬勃发展与坚定决心。

（根据网络资料整理）

任务三　协助消费者做出购买决策

任务目标

通过了解消费者购买决策的概念和内容，使学生能准确掌握消费者购买决策的类型和过程，初步把握影响购买决策的因素，达到培养学生具备协助做出购买决策能力的目的。

知识精讲

消费者在日常生活中会不断面临各种问题和挑战，如计算机损坏、交通工具选择等日常琐事，以及购屋换房、升学择校等较为重大的决策。在这些多样化的情况下，消费者需要灵活应对，做出明智的决策。

消费者只有在充分理解购买决策的内容后，才可以做出更为明智和理性的消费选择，从而最大限度地满足个人的需求和期望。企业若深入研究并细致分析消费者的购买决策过程，便能清晰地识别出影响消费者购买行为的各种关键因素。这样，企业便能更有针对性地制定精准且有效的营销策略，进而推动销售业绩的提升，实现商业目标。

一、购买决策的概念

购买决策是消费者在具有明确的购买目的时，对多个购买方案进行比较、评估并最终选择的过程。这一决策环节在消费者的购买活动中占据至关重要的地位，是消费者购买行为的核心。这一过程既是消费者认知的体现，也是其行动的展现，它反映了消费者在需求、选择、行动和评价等方面的全面参与和决策能力。正确的购买决策可以使消费者以更少的资源和时间获得符合期望的商品，从而带来最大的满足感。相反，错误的决策不仅会导致资源浪费，还可能使消费者的需求无法得到充分满足，甚至引发心理挫折，对未来的购买行为产生不良影响。

（一）消费者购买决策的要素

消费者购买决策包含以下三个要素：

1. 有明确的目标

消费者在进行购买行为之前，首先会确立一个明确的行动目标。这个目标源于他们自身的需求或愿望。只有当消费者的需求变得足够强烈时，才会催生购买动机。以口渴为例，当人们感到口渴时，解渴的需求就会自然产生，从而促使他们购买饮用水或饮料来满足这一需求。简而言之，消费者的购买动机是由其内在需求所驱动的，而满足这些需求则是他们购买行为的最终目的。

2. 做出选择

在面临多个购买方案时，消费者会进行系统的整理和分析，以便根据各种可用信息做出最佳选择。这一决策过程受到多种因素的影响，其中包括消费者的个人偏好、产品的价格、包装、品质等。以购买衣服为例，消费者会综合考虑自身的经济状况、个人喜好的款式或颜色、服装的品牌和口碑等因素，以确保最终选择的衣物既符合个人品位，又在经济承受范围内，且具备良好的品质。这种全面的考量体现了消费者在购买决策中的理性和成熟。

3. 付出行动并评价

一旦消费者确定了自己的选择，他们会积极采取行动，完成购买行为。随后，在使用产品或服务后，消费者会对自己的购买决策和使用体验进行评估。以在外就餐为例，如果消费者在品尝后发现口味不佳或服务不佳，他们可能会对该食品或店铺形成负面评价，并可能通过社交媒体等渠道表达不满。这种反馈机制对于消费者和企业都至关重要，它有助于消费者在未来的购买决策中做出更明智的选择，同时也为企业提供了改进产品和服务的机会。

（二）消费者做出购买决策遵循的原则

消费者做出购买决策主要遵循以下四项原则：

1. 最大满意原则

在一般情况下，消费者会通过精心选择并实施决策方案，以追求最大的效用和满足度，从而最大限度地满足自身需求。这种决策原则被称为“最大满意原则”，它倡导消费者在决策过程中不遗余力地追求完美，直至达到预定目标。然而，值得注意的是，最大满意原则更多是一种理论上的理想状态，在实际生活中，消费者可能因各种现实因素而无法完全遵循这一原则，而需要选择其他更为实际和可行的决策原则来指导他们的购买行为。

2. 相对满意原则

面对市场信息的纷繁复杂和产品种类的繁多，消费者往往不会投入大量的时间、精力和金钱去搜集所有制定最佳决策所需的信息。即便这样做，付出的代价往往过大，实际上并不划算。因此，在实际购买决策中，消费者更倾向于做出相对合理的选择，达到相对满意的状态，这就是所谓的“相对满意原则”。以购买服装为例，消费者通常会在有限地比较和选择后，找到质量、款式和价格都相对合适的衣服，满足自己的需求，而无须耗费大量时间遍访所有商场或浏览所有网店，逐一挑选每一件衣服。这种相对满意原则体现了消费者在追求满意度和效率之间的平衡。

小案例

ZARA快时尚，满足你所有期望

在当今这个快节奏的时代，消费者往往面临着时间与精力的双重考验，他们渴望在短时间内高效地完成购物，尤其是选购到心仪的服装。作为全球快时尚品牌的佼佼者，ZARA凭借其敏锐的市场嗅觉与卓越的供应链管理能力，确保了产品的不断推陈出新。这意味着，无论何时消费者踏入ZARA的门店或访问其官方网站，都能遇见新鲜的时尚元素与独特设计，为他们提供了丰富的选择空间，极大地提升了找到满意服装的概率。

除了快速更迭的产品线，ZARA还十分注重产品的性价比。其服装定价亲民，但品质与设计却能与高端品牌相媲美，甚至更胜一筹。这种在价格与品质间巧妙平衡的产品策略，使得消费者在有限的预算内也能享受到高品质、时尚潮流的服装，满足了他们对购物相对满意度的追求。

此外，ZARA还提供了多元化的购物渠道，包括线上购物平台、实体店以及App等，为消费者带来了前所未有的便捷性。无论消费者身处何方，都能轻松触及ZARA的产品，享受随时随地、随心所欲的购物体验。这种灵活多样的购物方式，不仅进一步满足了消费者对便捷性的需求，也为他们打造了更加愉悦、顺畅的购物之旅。

（根据网络资料整理）

3. 遗憾最小原则

由于任何购买决策都不可能达到绝对满意的程度，消费者总是需要面对不同程度的遗憾。因此，在决策过程中，以遗憾最小化作为依据显得尤为重要，这就是所谓的“遗憾最小原则”。在实际操作中，消费者通常会评估各种购买方案可能带来的不良后果，并比较它们的严重程度。最终，他们会选择那些带来较轻不良后果的方案作为决策的依据。以外套价格选择为例，面对价格差异，一些消费者可能会选择价格最低的那款，以最小化可能的遗憾。这种策略旨在降低风险损失，缓解因产品不满意而产生的心理失衡，帮助消费者保持心理平衡。

4. 预期-满意原则

有些消费者在购买前会形成对产品价格、质量、样式等方面的心理预期。在决策过程中，他们会将这些预期标准与备选方案进行对比。最终，他们会选择最符合自己预期标准的方案作为购买决策。这就是所谓的“预期-满意原则”。这一原则的优势在于，它能够帮助消费者缩小决策范围，加快决策过程，从而迅速而准确地做出最终的购买选择。通过这种方式，消费者可以更加高效地满足自己的需求，提高购买决策的满意度。

二、购买决策的内容

消费者在作出购买决策时，主要考虑以下七个方面的内容：

1. who：谁来买

在消费过程中，消费者会扮演多重角色，包括提议者、影响者、决策者、购买者和使用者。提议者指的是首先提出购买意向的人；影响者则是那些提供意见或建议，进而对购买决策产生影响的人；决策者负责做出最终的购买决定；购买者是实际执行购买行为的人；而使用者则是直接消费或享用产品或服务的人。

不同的购买决策可能涉及不同的参与者，同一购买决策也可能有多人参与。为了有效地激发购买欲望并加速购买决策，企业应精准定位目标消费者群体中的提议者、影响者和决策者，并对其进行针对性的广告宣传。

不同性别的消费者在购买不同商品时展现出不同的鉴别能力。例如，女性在购买服装和食品时通常具有较强的挑选能力，因此这类商品多由女性购买。相对而言，男性在购买家电等商品时表现出较强的选择能力，因此这类商品多由男性购买。对于重大商品，如住房，往往需要全家共同参与决策。

小案例

任天堂Switch：年轻人的时尚新宠

随着科技的日新月异与时代的更迭，游戏机已不再局限于儿童娱乐的范畴，而是跨越界限，成为年轻人生活中的重要组成部分。任天堂Switch，凭借其独特的魅力，成功捕获了年轻消费群体的心，成为他们时尚生活的新标志。

对于“90后”与“00后”的消费者而言，任天堂Switch超越了游戏机的传统定义，它不仅是娱乐的媒介，更是展现个性、寄托情感的独特载体。与传统游戏机相比，任天堂Switch在外观设计上融入了更多的时尚与艺术元素，将强大的游戏性能包裹在时尚的外壳之中，使之成为既实用又具艺术感染力的产品。

任天堂Switch的设计理念与年轻消费群体的消费观念不谋而合，他们追求“因喜爱而拥有”。Switch的设计融合了设计师与艺术家的灵感与创意，展现出独特的设计美学、艺术价值与时尚气息，让年轻人将其视为挚爱之物，无论是旅行、工作还是社交场合，都乐于携带并分享给朋友及社交媒体上的粉丝。

此外，任天堂Switch已经超越了游戏机的界限，成为潮流文化的象征。近年来，随着Switch的普及与风靡，它已渗透到艺术、品牌、娱乐等多个领域，展现出强大的文化影响力。越来越多的艺术家与设计师从Switch中汲取灵感，共同推动这一潮流文化的发展，使其焕发出更加璀璨的光芒。

（根据网络资料整理）

2. why：为什么买

在购买决策中，“为什么买”这一环节是对购买动机的权衡和选择。消费者会根据自己的需求和价值观来评估不同的购买选项，最终选择最符合自己动机的产品。消费者的购买动机往往复杂多样，即便是相同的购买行为，也可能隐藏着不同的动机。例如，小王购买汽车是为了上班方便，而小李则是为了替换家中因严重车祸而损坏的旧车，小张则是为了利用节假日带全家外出旅游。

这种动机的多样性使得消费者在选择产品时可能同时受到多种因素的影响。他们可能既希望产品能够满足某种实际需求，又追求时尚或社交价值，同时还关注价格或促销优惠等经济因素。这种复杂性使得消费者在购买决策过程中可能并不总是清楚自己真正的动机是什么。

对于营销人员来说，了解消费者购买本公司或竞争对手产品的真正原因至关重要。只有深入了解消费者的购买动机，企业才能更准确地调整产品品类结构，进行有针对性的产品开发，并设计出更符合消费者需求的营销传播信息，使企业在竞争激烈的市场中脱颖而出。

3. what：买什么

确定购买目标首先涉及选择产品的品类和品牌。例如，若消费者希望丰富业余生活，他们可能需要决定是购买一套健身器材来强壮体魄，还是选择一台平板电脑以满足娱乐和工作的多样化需求，抑或是挑选一本小说来享受阅读的乐趣。

在选定产品品类后，消费者还需进一步挑选合适的品牌。以平板电脑为例，他们可能需要考虑是购买苹果公司的iPad，还是选择性价比更高的小米平板，又或是华为平板等。

此外，消费者在选择产品时还需综合考虑多个因素，如产品的产地、等级、规格、款式、包装、价格以及售后服务等。在竞争激烈的市场环境中，产品属性的不断增加使得消费者在选择“买什么”时面临更加复杂的决策过程。

为了简化消费者的决策流程并促进购买行为，企业在市场营销中应深入挖掘消费者购买背后的动机和追求的利益。通过强调品牌特色、创新款式、灵活规格、吸引的色彩以及合理的价格策略，企业可以更有针对性地吸引目标消费者，从而有效降低决策难度，促使消费者做出购买决策。

小案例

智能手表：时尚健康新宠引领科技潮流

智能手表的创意源自2015年，由美国工程师詹姆斯·汉密尔顿提出，其初衷在于为用户提供一种便捷的健康监测工具。最初，这类手表主要聚焦于测量步数、心率等健康指标，但随着科技的持续进步，其功能范围不断拓宽。

起初，智能手表的主要消费群体是健康追踪爱好者与科技发烧友。然而，随着生活方式的演变及健康管理意识的提升，智能手表行业在过去几年里实现了迅猛增长。

在智能手表的众多功能中，健康监测依然是消费者最为关注的特性。心率监测、睡眠分析、运动追踪等健康管理功能深受用户喜爱。同时，智能手表还集成了通信、支付、导航等实用功能，为用户带来了更加便捷的生活体验。

（根据网络资料整理）

4. how many：买多少

购买数量决策，即“买多少”，涵盖了单次购买量和购买频率的确定。这一决策受到多种因素的影响，包括个人支付能力、运输和存储能力，以及市场供应能力。当消费者经济条件允许，产品便于运输和储存，且市场供应充足时，他们往往会增加对某一产品的购买量。

消费者在选择购买方案时，会综合考虑多种因素。除了上述提到的支付能力、运输和存储能力等因素外，消费者还会对产品的各种属性进行评估和排序。在购买日常用品时，如果消费者首先关注那些替代性较低的产品属性，如品牌、脂肪含量等，然后再考虑替代性较高的属性，如口味、净含量等，他们可能会增加购买数量。以牛奶为例，消费者在购买时会考虑品牌、脂肪含量、口味等多个属性。其中，脂肪含量的替代性较低，因为脱脂、低脂和全脂牛奶在消费者眼中具有不同的价值和特点，不能互相替代。而口味的替代性则相对较高。因此，如果消费者在购买牛奶时首先关注脂肪含量，然后再考虑口味，他们可能会增加购买数量。

此外，促销活动也会对消费者的购买数量产生影响。例如，当卖家推出“买二送一”“买三送二”的促销活动时，消费者可能会增加购买数量以争取最低单价。

值得注意的是，购买数量与使用量之间存在相互促进的关系。随着购买数量的增加，使用量也会相应提升；反过来，使用量的增加也会推动购买数量的增长，尤其是当消费者对某一品牌或产品形成忠诚度和购买习惯时。

在制定市场营销策略时，企业应充分考虑消费者的购买数量决策及其影响因素，通过优化产品属性、调整价格策略、举办促销活动等方式来激发消费者的购买意愿和增加购买数量。同时，企业也应关注消费者使用量与购买数量之间的关系，以便更好地满足消费者需求并提升市场份额。

5. when：何时买

确定购买时间，即何时买，是购买决策中不可或缺的一环。它深受主导购买动机迫切性的影响，通常，消费者会优先满足那些需求强度较高的购买动机。以晚餐缺少盐为例，一旦发现这种情况，消费者往往会立即前往最近的超市购买。而对于像电饭煲这样虽然款式老旧，但功能正常的产品，消费者可能会等待商家提供较大优惠时再考虑购买。

此外，购买时间的选择还受到多种因素的影响，包括市场供应状况、商场的营业时间、交通情况以及消费者的闲暇时间和购买力等。例如，忙碌的工薪家庭可能会选择在周末或业余时间进行购物，以避开工作日的繁忙时段。同时，商品本身的季节性和时令性也会对购买时间产生影响。

随着网络购物的兴起，消费者的购买时间变得更加灵活和自主。如今，他们可以在全天24小时内的任何时间进行购物，这无疑为消费者提供了更多的选择和便利。

小案例

华为Mate 60 Pro火爆上市：抢购热潮席卷全国，消费者争相体验

2023年9月3日18点08分，华为Mate 60 Pro正式面向全渠道开放销售，瞬间在全国范围内引发了华为门店的排队热潮。众多消费者怀揣着对这款万众瞩目的新机的热切期盼，纷纷涌向门店，渴望能够第一时间亲身体验并购买到这部备受期待的智能手机。

Mate 60 Pro在技术配置上堪称惊艳，它配备了强大的麒麟芯片，并融入了玄武的坚固设计、昆仑的高品质玻璃以及自主研发的鸿蒙操作系统，巧妙地将中华文化元素与现代科技相结合，打造出了一款既外观出众又性能卓越的智能终端。

早在2023年8月29日，华为便宣布Mate系列手机的发货量已成功突破1亿台大关，并在同一天启动了备受瞩目的“Mate 60 Pro先锋计划”，为消费者提供了提前体验新机的宝贵机会，并同步开启了1 000元订金的预售活动。这一举措不仅引发了市场的广泛关注，也为Mate 60 Pro的正式上市奠定了坚实的基础。

随着“先锋计划”中全款预售的同步开启，短时间内便迎来了抢购热潮，线上订单量激增，产品迅速售罄。这一抢购盛况再次证明了Mate 60 Pro的卓越性能和强大的市场号召力。消费者对其蕴含的中国元素设计和出色的功能表现给予了高度评价，进一步巩固了华为在智能手机领域的领先地位。

（根据网络资料整理）

6. where：何处买

在购物决策过程中，消费者需要确定从哪里购买所需产品，这直接关联到消费品营销策略中的渠道策略。满足消费者的核心诉求——可到达性，包括可得性和便利性两个维度。消费者对可到达性的极致期望是“随时随地”，这在移动互联网时代得到了显著满足，但仍受商家营业时间和地点的影响。购买地点的确定受多种因素影响，如路程远近、商品品种和数量、价格以及商家服务态度等。

一站式购物需求下，商家的集聚度和搜索便利性也影响可到达性。尽管移动互联网提升了商家的集聚度和搜索便利性，但在满足即时性需求、高人际接触需求和体验需求方面，线下商业仍具有优势。在选择购物商家时，无论是线上还是线下，消费者都会受到商家形象的影响。线下商家形象主要由装潢、商品陈列、销售人员形象和专业知识构成，而线上商家形象则受网店设计和客服质量的影响。

7. how：如何买

确定购买方式，即“如何买”，是消费者在购买决策过程中的重要环节。消费者可以选择多种购买方式，如直接到商店选购、网购、邮购、预购或托人代购等。随着科技的发展，支付方式也日趋多样化，除了传统的现金和支票，消费者还可以选择分期付款或移动支付等方式。

购买方式的选择受到多种因素的影响，包括消费者的个性、受教育程度、职业、年龄、性别等内在因素，以及卖方是否提供POS机、能否支持信用卡付款、分期付款等外部条件。这些因素共同作用于消费者的购买决策，使得购买方式呈现出多样化的特点。

购买方式的决策不仅影响着企业的产品设计、价格政策、渠道选择和促销策略，同时也为企业创新提供了可能。例如，企业可以通过实施概率销售价格来优化库存管理。概率销售价格是指商品的价格具有不确定性，消费者可以根据自己的需求和风险承受能力选择接受某一概率的价格。这种策略在处理库存积压或销量不佳的产品时尤为有效，通过提供价格折扣来吸引消费者购买，从而实现库存的有效管理。

企业在制定市场营销策略时，应充分考虑消费者的购买方式选择及其影响因素，同时运用创新手段如概率销售价格等，以更好地满足消费者需求，提升市场竞争力。表4-2所示为常见支付方式对比。

表4-2　常见支付方式对比

支付方式	描　述	影响因素
现金	使用纸币和硬币直接支付购买商品的金额	个性、购物场景、支付习惯
支票	消费者通过签发支票的方式完成购物支付	财务状况、商家接受程度
信用卡支付	使用信用卡进行购物支付，可选择分期付款或全额支付	信用记录、信用额度、分期条件
分期付款	消费者选择将购买金额分期支付，减轻短期经济压力	收入水平、购物需求、信用记录
移动支付	使用手机等移动设备完成支付，包括扫码支付、NFC支付等方式	科技适应能力、支付便捷性、手机普及率
网上银行支付	通过银行账户进行在线支付，直接从银行账户划款	银行账户、支付安全性、网上购物习惯
预付卡支付	提前充值一定金额至卡内，通过刷卡进行支付	预算控制、方便快捷、适用场景
无人支付（Face ID、指纹支付等）	利用生物识别技术完成支付，如面部识别或指纹支付	科技适应能力、生物信息安全性
虚拟货币支付	使用加密数字货币进行支付	数字资产持有、接受度、法规环境

三、购买决策的类型

消费者购买决策有很多类型，区分的维度不同，划分的类型也不一样。下面将重点介绍两种常见的消费者购买决策分类方法。

（一）根据消费者购买决策方式不同分类

1. 个人决策

个人决策，通常是指消费者在没有外界专业建议或干预的情况下，完全依赖自己的知识、经验以及所掌握的信息来做出购买决策。这种决策方式在日常生活中极为常见，尤其是在面对日常消费品的购买时。消费者根据自己的日常生活需求、对产品的了解、个人喜好，以及过去的购物经验，直接而迅速地做出购买决策。例如，当消费者在超市购买洗发水时，他们可能会根据自己的发质、以往使用的产品效果，以及产品的价格、包装等因素来做出选择。

个人决策的优势在于其灵活性和便捷性。消费者无须等待他人的建议或咨询专业人士，可以迅速根据自己的需求和判断来做出决策。然而，这种决策方式也可能存在一定的风险，因为消费者可能缺乏全面的信息或专业知识，导致做出的决策并非最优选择。因此，在做出重要或大额购买决策时，消费者可能需要更加谨慎，或考虑寻求专业的建议。

2. 家庭决策

家庭决策是一个需要全家共同参与和商议的过程，每个家庭成员都凭借自己的经验和智慧为家庭的购买决策贡献力量。当家庭计划购买大件商品，如汽车时，这种决策方式显得尤为重要。

购买汽车不仅仅是一个简单的消费行为，更是家庭未来的重要投资。因此，家庭成员需要共同商议，考虑家庭的实际需求、预算、品牌信誉度、燃油效率、安全性等多个因素。例如，家庭成员中的上班族可能需要考虑汽车的燃油效率和通勤便利性，而有孩子的家庭可能更注重汽车的安全性和舒适性。通过共同商议和比较不同品牌和型号的汽车，家庭成员可以最终选择最适合家庭需求的汽车。这种决策方式不仅体现了家庭成员之间的团结和协作，还能确保购买的汽车更加符合家庭的实际需求和期望。

3. 社会协商决策

社会协商决策是指消费者在购买决策过程中，通过社会化的渠道广泛搜集信息，协商讨论，凭借社会群体的经验做出的集体性决策。由于家庭成员对某类产品的了解较少，仅靠家庭内部的信息做出决策是不够的，这时消费者就需要听取亲朋好友的意见、销售人员的介绍和建议、厂商的广告宣传等信息后，再做出购买决策。在这类决策中，厂商传递给消费者的信息及营销人员提供的咨询与建议均会对消费者的购买决策起到较大的作用。

（二）根据消费者在决策过程中介入程度的不同分类

消费决策通常被视为一个解决问题的过程。根据消费者在决策过程中参与的深度和广度，消费决策可以被划分为以下三种主要类型：

1. 扩展性决策

扩展性决策是一种深思熟虑的购买过程，它要求消费者在广泛收集相关信息的基础上，对所获得的信息进行细致的分析和谨慎的评估。这种决策类型通常发生在消费者对商品知识相对缺乏、使用经验不足，或者面临较高的决策风险时。例如，购买汽车或房子等重大决策，通常需要经过扩展性决策的过程。在此过程中，消费者会形成对不同商品的认识，并产生购买某种商品的意向，最终付诸购买行动。这种决策类型是消费者经过深思熟虑和充分准备后的结果，它反映了消费者对购买行为的重视和负责任的态度。

2. 限制性决策

限制性决策通常发生在购买风险相对较小、商品相关度较低的情况下。在这种情况下，消费者往往不会花费太多时间搜集信息，而是基于自己对商品的认识和商品的属性来做出决策。例如，当消费者购买洗衣液时，如果他们的主要目标是寻找价格便宜的洗衣液，他们可能会选择任何符合这一价格特征的洗衣液，而不会过多关注其他细节或品牌差异。这种决策方式相对简单和快速，消费者通常不会投入太多的时间和精力去比较和选择，而是根据自己的需求和商品的属性做出直接的购买决策。

3. 习惯性决策

习惯性决策是消费者在已经具备商品和品牌使用经验的基础上，依据一系列既有的评价标准做出的快速、无意识的决策。在这种情境下，消费者通常会对某一品牌形成固定的购买习惯，如口渴时直接选择日常偏好的品牌饮料。这类决策常见于购买频率高、价格适中且产品同质化较高的商品，如油盐酱醋等日常便利品。

（三）根据消费者是否拥有产品所有权分类

对于消费者而言，拥有产品的所有权意味着他们可以永久地使用该产品，而仅仅拥有使用权则意味着他们只能在特定的时间段内使用该产品，一旦超出这个时间段，他们将无法继续使用。基于消费者是否拥有产品的所有权，可以将消费者的购买决策划分为以下两大类：

1. 流动性消费

流动性消费指的是消费者不拥有产品所有权，而是强调产品使用权的短暂转移。这种消费模式涵盖了数字音乐、电子书籍、租赁经济、共享经济等领域，并不仅限于虚拟产品，还包括共享单车、共享汽车、共享充电宝等。

对于选择流动性消费的消费者来说，他们更看重产品的灵活性、适应性、流动性和轻便性，获取产品的使用权相较于拥有产品所有权更具价值。他们通过短暂租借或共享产品，避免了拥有产品所有权所带来的沉重负担。

流动性消费在很大程度上是信息时代的产物，其灵活性使得消费者能够迅速通过互联网渠道完成交易。例如，购买数字音乐、付费电影，或扫码支付使用共享单车等。在进行购买决策时，消费者会积极在网上搜集信息，尤其是口碑评价，并在使用产品后乐于分享自己的使用体验。

然而，由于流动性消费通常时间较短，消费者很难与产品或品牌建立起深厚的联系，因此也很难形成品牌忠诚度。尽管如此，这种消费模式为消费者提供了更多的选择多样性。

2. 实体性消费

实体性消费侧重于产品所有权的转移，如购置房产、汽车，购买生活耗用品等。在进行实体性消费时，消费者通常会关注产品的大小、质量、稳定性以及安全性等核心属性。尽管传统上，实体性消费更多地选择线下渠道，但随着电商的蓬勃发展，越来越多的消费者选择通过网络进行购买。不过，无论哪种方式，最终的消费结果都是消费者能够永久拥有实体性产品。

相较于流动性消费，实体性消费往往涉及更高的价格。例如，纸质书的价格普遍高于电子书。因此，在做出实体性消费决策时，消费者通常会投入更多的时间和精力来了解产品信息，并更容易对实体性产品形成品牌忠诚。

值得注意的是，流动性消费与实体性消费并非相互排斥，而是相辅相成、相互融合的。在互联网时代，这种融合趋势尤为明显。以购买QQ音乐付费专辑为例，购买之后进行播放需要手机、电脑等实物载体，这既体现了实体性消费的特点，又融入了流动性消费的元素。这种融合为消费者提供了更加多样化的选择，同时也推动了市场的繁荣发展。

四、购买决策的过程

购买决策过程是一个系统性的活动，它要求消费者审慎地评估商品、品牌或服务的各项属性，以便做出选择并购买，从而满足他们特定的需求。在这个过程中，消费者会进行一系列细致的思考和权衡，确保自己的决策既符合个人需求，又能够实现最大的满意度。

消费者在购买产品或服务的过程中，一般要经历以下五个基本环节，如图4-1所示。

图4-1　消费者购买过程的五个环节

（一）确认需要

购买行为始于消费者对某个问题或需要的意识觉醒。当消费者的期望（理想状态）与现实情况（即时状态）之间存在差距时，他们就会产生对某种产品或服务的需要。这种需要的认知或确认，是消费者决策过程的第一步。心理学研究表明，当个体缺乏某种东西时，会感受到紧张不安，进而产生消除这种不安的愿望，从而形成了购买需求。这种需要可能由内部刺激（如身体需求）或外部刺激（如环境变化）引发。

概括来说，引起消费者需要的因素主要可以归纳为以下五种：

（1）消费品耗尽或不足：例如，当洗衣液用完时，消费者会意识到需要再次购买以满足日常清洁的需求。

（2）对现有物品的不满：时尚潮流的变化可能使消费者意识到自己的服饰已过时，从而激发他们对新服饰的消费需求。

（3）新的生活阶段或需求：随着个体的成长，如进入婚龄期，消费者会产生对住房、家具、家用电器等新的消费需求。

（4）新产品的问世：随着科技的发展，如扫地机器人等新产品因其卓越的性能而吸引消费者，进一步激发他们的购买欲望。

（5）营销活动：市场营销人员通过产品宣传、定价策略、销售渠道和广告媒体的推广等手段，向消费者传递信息，激发他们对产品的需求。

确认需要是消费者决策的关键阶段。当消费者意识到现实与期望之间存在差距时，需要就被唤起。这种需要可能由内在刺激（如饥饿感）或外在刺激（如产品广告）引发。需要的强度会随着时间的推移而发生变化，可能会逐步增强，驱使消费者采取行动；也可能会逐步减弱，甚至消失。

确认需要是购买过程的起点，标志着消费者认识到自己有尚未满足的需要。在这个阶段，厂商需要加强广告宣传，积极向消费者提供可选择的产品信息，为其购买决策创造条件。例如，当消费者意识到自己的电视机屏幕有裂缝需要更换时，厂商可以通过广告宣传新款电视机的卓越性能和优惠价格等信息，来激发消费者的购买欲望。同时，营销人员应不失时机地采取适当的措施来唤起或强化消费者的需要。例如，在季节性商品的销售旺季到来之前，厂商可以及时备货并通过广告宣传来吸引消费者的注意力。

（二）收集信息

消费者的购买决策过程始于他们对问题的认识和需要的产生。为了解决问题和满足需要，消费者需要收集信息作为决策依据，这一过程包括信息的获取和处理两个阶段。

1. 信息的获取

消费者可以从内部和外部两个渠道获取信息。内部信息获取主要是消费者利用自己的经验、知识和记忆来寻找现存的解决方案，并对各种方法进行比较。当内部搜寻未能找到合适的方法时，消费者会转向外部信息源，如市场信息（如广告、推销员、包装等提供的信息）、相关群体（如家人、朋友、同事等）和公众媒体（如广播、电视、网络等）。通常，消费者获得的大部分信息来自市场，而其中影响最大的是来自相关群体的意见。

2. 信息的处理

在确认需要后，消费者会开始考虑他们希望购买的商品应具备哪些功能和特点。这些期望构成了消费者的评价标准。每个消费者的要求不同，因此他们的评价标准也会有所不同。符合消费者需要的商品更有可能在他们的评价标准中脱颖而出。

在当今社会，互联网的普及和移动通信工具的使用使得信息收集变得更加便捷。然而，这也带来了信息过多、过滥的问题，使消费者在面对大量信息时难以做出判断。因此，营销人员需要更加精准地传递信息，以帮助消费者更好地理解和评估产品，从而做出明智的购买决策。

（三）评估方案

在消费者的购买决策过程中，信息收集是关键一步，但所得信息可能重复或矛盾，因此需要整理和分析以形成可行的选择方案。在评估方案时，消费者会建立评估标准，对考虑集内的品牌进行比较。评估标准主要受以下因素影响：

（1）产品属性，即产品满足消费者需求的特性，如果汁的甜度、包装颜色和样式等。

（2）属性权重，即消费者对不同产品属性的重视程度，这会受消费者知识和特殊事件影响而变化。企业可通过开发新属性并提升其在消费者心中的重要性来建立优势。但需注意，过多属性可能导致消费者降低对产品可用性的评价。

（3）品牌可信度，即消费者对品牌定位信息的信任程度，包括诚信和专业技能两个维度。提升品牌可信度有助于减少消费者决策过程中的不确定性，增强忠诚度。

知识拓展

消费者评估方案的原则

在评估备选方案时，消费者通常遵循以下原则：

（1）理想商品原则：将实际商品与心中的理想商品进行比较，越接近越易被接受。

（2）最低标准原则：为商品属性设定最低可接受水平，所有属性达标才被接受。

（3）单因素评价原则：依据单一最重要属性选择性价比最高的商品。

（4）补偿性原则：在优异和较差属性间寻求平衡，选择总体表现最好的品牌。

（5）排序原则：按重要性从高到低排序商品属性，依次选出最优品牌。

（6）频次原则：简单计算某商品超过其他品牌的属性数量，不考虑属性重要性。

通过这些原则的解析，消费者能够更系统地整理和分析信息，从而做出明智的购买决策。

（四）做出决策

在消费者购买决策的过程中，即便已经形成了对某品牌的偏好和购买意向，也不一定会立即付诸行动。这个过程受到多重因素的影响，主要可以归结为以下三类：

1. 他人态度

消费者的购买决策往往不是孤立形成的，而是会受到家人、亲戚、朋友、同事等人的态度影响。这些关系密切的人对所选品牌的否定态度越强烈，消费者就越有可能改变自己的购买意向。

2. 意外情况

生活中不可预见的突发事件，如失业、重大疾病等，都可能导致消费者改变原有的购买计划。这些意外情况会直接影响消费者的经济状况和购买能力。

3. 可认知风险

消费者在购买产品时，除了预期的满足感外，还会考虑到潜在的危害或损失。这种可认知风险的大小与购买费用、产品属性的不确定性以及消费者的自信程度密切相关。当消费者对风险的认识达到一定程度时，就可能会改变购买意向。

消费者的购买行为可以分为试购、重复购买和连带购买三种类型。试购是为了减少风险而进行的少量购买；重复购买是基于对品牌的偏好和以往的满意经验；连带购买则是由于产品之间的互补关系而引发的购买行为。

购买决策是消费者购买过程中最关键的阶段，涉及买与不买、买哪种、买多少、在哪儿买、何时买以及如何支付等问题的最终决断。在这个阶段，商品行情、购物环境以及营销人员的态度等细微变化都可能影响消费者的最终决策。

知识拓展

网络消费者的购买决策过程

在当今社会，网络消费已成为人们日常生活中不可或缺的一部分，且国内的网络消费水平正在持续攀升。网络消费不仅打破了传统消费模式的地域和时间限制，为消费者提供了更为便捷、高效的购物体验，同时也促使消费群体的特点和消费习惯发生了显著的变化。

无论是互联网时代的线上消费，还是传统的线下消费，消费者的购买决策过程都包含图4-1所示的五个基本环节。然而，由于网络消费利用了互联网工具，这些环节中的具体细节却存在显著的差异。

1. 确认需要

在传统消费模式中，消费者的购买欲望往往受到身边熟人的影响。然而，在互联网时代，信息传播的速度极为迅速，局部的潮流能够迅速扩散至社会的各个角落。这种变化不仅极大地丰富了消费者的需要，还使他们的购买欲望变得更为强烈，进一步刺激了消费行为的增长。

2. 收集信息

在传统消费过程中，消费者通常依赖于亲朋好友的推荐或从广告中获取产品信息，这导致信息收集的范围相对狭窄，具有一定的局限性和被动性。然而，在网络消费环境下，消费者可以通过多种渠道更为主动、有针对性地收集信息，且信息收集的成本大大降低，为消费者提供了更为广阔的选择空间。

3. 评估方案

在传统消费过程中，消费者往往依赖于实际试用产品来评估其使用价值等关键信息。然而，在网络消费时代，消费者的需要变得更为多元化和个性化，他们更注重产品的独特性和与自身需要的契合度，而不仅仅是产品的实用价值。

4. 做出决策

在传统消费过程中，消费者的购买决策往往受到商家宣传的较大影响。然而，随着网络消费的兴起，消费者在做购买决策时越来越依赖他人的观点。例如，许多人在下单前会仔细查看他人对产品的评价，如果负面评价过多，他们很可能会放弃购买。此外，消费者还会主动浏览社交媒体上关于某种产品的讨论，以获取更多有利的信息，从而帮助他们做出更加明智的购买决策。这种变化表明，在现代消费环境中，口碑和社交媒体的影响力不容忽视。

5. 购后行为

在传统消费过程中，消费者在购买并使用产品后，往往较少主动做出正面评价，即便产品口碑良好，其传播速度也相对缓慢。而一旦消费者对产品产生不满，他们更倾向于通过电话进行投诉。然而，在网络消费时代，消费者能够更迅速、便捷地表达自己的意见和感受，这种即时性和分享性特点尤为突出。当消费者的权益受到侵害时，他们也能够通过网络找到更多的维权途径和方法。这种变化不仅反映了消费者行为模式的转变，也为企业提供了更多的市场反馈和互动机会。

（五）购后行为

购后行为对企业而言意义重大，购后评价是消费者根据使用和处置经验对产品和服务的深入认识，这种评价不仅基于产品质量和性能，还受到消费者心理因素的影响，主要体现为满意度。

满意度是消费者将产品的可感知效果与期望值相比较后形成的愉悦感。首先，它直接影响消费者的重复购买决策。若消费者对产品满意，重复购买的可能性便大大增加；反之，则可能停止购买。其次，购后行为还会对其他消费者的购买行为产生影响。满意的消费者会成为品牌的口碑传播者，提升品牌美誉度；而不满意的消费者则可能向他人表达不满，损害企业或品牌的信誉。

购买决策过程中的每个阶段都至关重要。营销人员需针对每个阶段的特点采取适当的营销策略，积极引导消费者行为，更好地满足消费者需求。而消费者购后的满意度不仅关乎其个人的重复购买决策，更对企业形象和信誉产生深远影响。

结尾案例

坦克300创下30万辆产销新纪录，开启中国越野新篇章

截至2024年1月，重庆永川的智慧工厂已顺利完成了坦克300第30万辆的下线仪式，此举不仅象征着坦克300在硬派越野领域的非凡成就，也彰显了坦克品牌在国内市场的迅猛崛起。坦克300凭借“既能城市巡航又能野外探险”的独特产品定位，以及“可个性化改装、富有玩乐性、值得分享”的社交属性，在越野爱好者中掀起了一股热潮，稳居销量榜首。

自坦克品牌独立运营，秉持“打造全球潮流越野品牌”的愿景，提出了“刚中带柔”的品牌理念。坦克300及其后续推出的坦克400、坦克500车型，覆盖了20万元至40万元的价格区间，从紧凑智能的豪华越野SUV到商务型中大型豪华越野SUV，全面覆盖了燃油与新能源市场。

至2024年底，坦克品牌累计销量达23.1万辆，同比增长42%。其中，坦克300的市场占有率超过半数，实现了中国市场每售出两台越野车就有一台是坦克的佳绩。

回顾坦克300的发展历程，自2020年12月17日上市仅20天，便收获了20万辆的订单佳绩，市场需求一度高涨。至2022年，中国硬派越野车市场需求量翻番，达到21万辆。截至2024年底，坦克300全球累计销量破30万辆，连续36个月领跑中国越野SUV销量榜。在非承载式细分市场中，其3年累计市占率约54%，保值率高达77.58%，在紧凑型SUV中排名第一，超越了丰田RAV4、本田CR-V等众多老牌合资车型。

坦克300的热销不仅提升了硬派越野车市场的整体势能，更改变了以进口、合资品牌为主的中国越野车市场格局。其"铁汉柔情"的品牌主张不仅体现在外观的方正刚硬和配置的人性化、舒适性上，更体现在其勇于打破合资、外资品牌垄断，为中国消费者提供属于自己的豪华越野SUV的决心上。

坦克品牌的"铁拳"是对外打破品牌天花板，其"柔情"则是对内给予用户理解与共情。坦克300的成功不仅是中国品牌硬派越野车与全球顶流越野车的竞争体现，更是中国越野市场由合资到自主领衔的大变局，证明了民族品牌在全球越野市场中的崛起。

目前，坦克300已出口至沙特、科威特、澳大利亚等多个国家和地区，并在沙特市场紧凑型硬派越野销量中荣获第一。未来，坦克300还计划进军北美、东盟等市场，持续引领中国汽车从大国向强国的转型。

坦克300不仅是一款车，更是中国越野精神的代表，开启了中国越野的新篇章。

（根据网络资料整理）

项目实训

消费者需要、动机与购买行为分析

[实训目标]

（1）深化学生对消费者需要与动机的理解，分析其对购买行为的影响。

（2）培养学生识别并应用影响消费者积极情感的因素于营销策略中的能力。

[实训内容]

（1）选择你最近一次较大（金额超过2 000元）的消费活动，详细分析你在购买过程中的心理需要、动机以及实际的购买行为。

（2）探究这种需要、动机与购买行为之间的关系，及其对市场营销人员的意义。

（3）反思在这次购买过程中营销人员是否利用了某些策略或因素来激发你的积极情感，从而促进购买决策。

[实训操作]

（1）教师明确实训目的、内容及预期成果。

（2）学生根据指导，回顾自己的消费经历，并撰写分析报告。

（3）在班级内组织分享会，每位学生分享自己的分析报告，并进行讨论。

[成果要求]

（1）每位学生提交一份详细的消费体验与分析报告，内容需涵盖需要、动机、购买行为及其与营销策略的关系。

（2）班级内组织分享会，鼓励深入讨论与交流。

（3）教师根据学生的报告质量和交流表现进行评价与考核。

[附加建议]

（1）在撰写报告时，可以运用心理学、营销学等相关理论进行分析。

（2）在分享会上，鼓励提出问题和不同观点，以促进更深入的讨论。

（3）教师可以提供案例分析和策略建议，帮助学生更好地理解和应用所学知识。

课后练习

一、单选题

1. 人本主义心理学家马斯洛提出的需要层次理论中，按照对个体的重要程度由低到高排列，（　　）是第三个层次的需要？

A. 生理需要　　B. 安全需要

C. 尊重需要　　D. 爱与归属的需要

E. 自我实现需要

2. 消费者的购买动机中，（　　）是基于对产品的客观认识，并通过分析与比较后形成的。

A. 生存购买动机　　B. 享受消费动机

C. 理智动机　　D. 情感动机

3. 消费者在购买商品或服务时，表现出一种自觉且积极的态度，这种态度通常源于消费者的个人需求、兴趣或消费习惯，指的是购买动机的（　　）特征。

A. 目的性　　B. 主动性　　C. 组合性　　D. 转移性

4. 消费者在购买决策中，通常会遵循的原则不包括（　　）。

A. 最大满意原则　　B. 相对满意原则

C. 遗憾最大原则　　D. 预期-满意原则

二、多选题

1. 以下哪些选项正确描述了消费者需要的特征？（　　）

A. 差异性与多样性　　B. 稳定性与不变性

C. 发展性与层次性　　D. 可诱导性与可变性

E. 伸缩性与周期性

2. 购买动机在消费者行为中具有哪些功能？（　　）

A. 激活和终止功能　　B. 指向功能

C. 维持和强化功能　　D. 调节功能

E. 预测功能

3. 消费者购买决策的类型根据购买决策方式的不同，可以划分为以下哪些类型？（　　）

A. 个人决策　　B. 家庭决策

C. 企业决策　　D. 政府决策

E. 社会协商决策

4. 以下关于流动性消费的说法中，哪些是正确的？（　　）

A. 流动性消费强调产品使用权的短暂转移，而不是产品所有权的拥有

B. 流动性消费仅限于虚拟产品，如数字音乐和电子书籍

C. 流动性消费允许消费者避免拥有产品所有权所带来的沉重负担

D. 流动性消费是信息时代的产物，消费者可以迅速通过互联网完成交易

E. 在流动性消费中，消费者更容易与产品或品牌建立深厚的联系并形成品牌忠诚度

三、案例分析讨论题

仔细阅读本项目的导引案例，然后回答以下问题：

1. ×泰汽车在发展过程中，消费者对其产品的需求发生了哪些变化？这些变化如何影响了众泰汽车的市场策略和产品定位？

2. ×泰汽车在面临产品质量问题和销售下滑等挑战时，消费者的购买决策可能受到了哪些因素的影响？×泰汽车应该如何调整其市场策略和产品改进方向来重新赢得消费者的信任？

项目五

消费群体与消费心理

知识目标

（1）理解和掌握消费群体的概念和特征。

（2）了解不同消费群体的分类指标，认识不同的消费群体。

（3）理解并记忆不同消费群体的消费心理特征是如何表现的。

能力目标

（1）能够识别不同消费群体之间的特征是如何相互影响并组成一个有机体。

（2）能够根据不同的分类指标识别出不同的消费群体。

（3）能根据不同年龄消费者在消费心理上的差异性，施以不同的临场接触技巧。

（4）能根据男女消费者不同的消费心理施以不同的沟通策略。

（5）能根据消费者追求健康的心理，设计一种新产品，使其能较好地满足消费者需求。

群体对消费者心理和行为的影响非常广泛。几乎所有的消费行为都是在群体背景下发生的。同时，群体也是消费者社会化和学习的基本媒介。所以，研究消费群体背景下的消费心理，对于企业开展营销活动具有重要价值。本项目将重点阐述不同的消费群体的消费心理是如何对消费群体产生影响的。

导引案例

“国潮+健康”糕点成为市场新宠

在2024年国庆黄金周期间，源自苏州的中华老字号稻香村在全国范围内掀起了一股销售热潮，其各门店顾客盈门。尤为值得一提的是，坐落于苏州观前街的国潮体验店表现异常突出。据该店负责人介绍，与去年国庆假期相比，今年门店销售额实现了约30%的增长，且年轻消费者成为了此次消费热潮的主力军。其中，碧螺春茶酥、手打茉莉饼等新国潮风格的苏式糕点深受年轻消费者的青睐。

在苏州稻香村观前街国潮体验店内，年轻顾客占比接近六成。清水玫瑰、碧螺春茶酥、手打茉莉、芝士芋头酥、草莓酸奶等经典与新潮并蓄的糕点持续走俏市场。此外，乾隆探店、苏州园林、大师作糕点等设计精美、富含文化底蕴的国潮礼盒，成为了来苏游客的必购之选。门店还紧贴传统节日氛围，推出了梅花酥、胭脂酥、幸运酥、大福饼、大喜饼等多款主题糕点礼盒，为消费者提供了多样化的选择。与此同时，位于苏州平江路历史文化街区的稻香村状元文化主题门店同样吸引了大量年轻顾客，他们不仅选购心仪的糕点作为伴手礼，还纷纷拍照打卡，分享至社交媒体。

在北京，位于朝阳区常营华联购物中心的“稻香村工坊”现烤直营店同样热闹非凡。店内年轻时尚的装饰设计与精致的新国潮糕点相得益彰，吸引了众多亲子家庭前来选购。店长透露，该店在传统产品的基础上进行了创新升级，主打现烤与健康理念。例如，在传统牛舌饼和枣花酥的基础上改良制作的香椰玫瑰花酥和北海咸蛋黄花酥，就受到了广大消费者的热烈欢迎。

在国庆佳节当天，位于成都昭觉寺动漫城内的稻香村主题新店盛大开幕，迅速吸引了众多年轻消费者的目光。这家新店坐落于天府国际动漫城，一个汇聚多元动漫IP、专为年轻人打造的新地标。门店设计洋溢着青春活力，巧妙融入了成都标志性的熊猫元素，并新增各式时尚饮品，为老字号稻香村注入了全新的品牌活力。众多顾客纷纷表示，这家门店的全新形象令人眼前一亮，彻底颠覆了他们对中式糕点传统门店的固有印象。据店内工作人员介绍，国庆期间店内人流如织，除了提供数十种经典中式糕点外，还特别推出了以成都和熊猫为主题的特色城市伴手礼盒，这些礼盒在假期内成为了热销商品。许多年轻人在朋友圈、抖音、小红书等社交平台上看到新店开业的消息后，纷纷前来打卡体验。随着消费者饮食结构的转变，“美味、营养、健康”已成为市场的主流需求。提升食品品质，满足人们对高品质、绿色营养、安全饮食的追求，已成为食品企业的重要任务。

稻香村凭借15年的电商消费大数据积累，精准捕捉市场需求，近十年来不断降低糕点含糖量，并在创新工艺的基础上，持续推出集“高颜值、美味、健康”于一体的“国潮+健康”糕点，深受年轻人喜爱。同时，稻香村加速推进新型烘焙门店布局，推动线下传统门店转型升级。2020年，稻香村苏州观前街店升级为国潮体验店；2023年，苏州平江路状元文化店开业，与姑苏城深厚的历史文化底蕴相融合；同年，沈阳中街现烤旗舰店开业，标志着稻香村在东北地区新型门店布局的开始；2024年，全国首家“稻香村工坊”现烤直营店落户北京，探索新型烘焙直营门店的商业模式。

自1773年在苏州创立以来，稻香村已传承发展两个半世纪，始终走在市场消费的前沿。作为中国糕点行业历史最为悠久的企业之一，稻香村拒绝故步自封，在快速变化的市场环境中，不断推动产品和门店向年轻化、健康化、特色化、定制化转型，让稻香村逐渐摆脱了传统糕点的形象，持续焕发出品牌的年轻活力。

（根据网络资料整理）

导引案例分析

在稻香村的案例中，我们可以看到其作为中国百年老字号品牌的成功绝对不是偶然，之所以能做到历经百年，仍旧魅力不减，正是因为其紧紧抓住了目标消费者群体的消费心理，且持续创新。

任务一　了解消费群体

任务目标

引导学生通过理解社会群体的含义进而引申到营销学中的消费群体概念，能够根据消费群体的特征识别市场活动中存在的不同消费群体。帮助学生熟悉传统分类指标、统计指标和心理指标的基础上，引导关注当下电子商务活动中新出现的各类分类指标。

知识精讲

在经济学中，企业追求规模经济效益，只有当消费者以群体的形式出现，市场才可能出现规模化，企业的经营效益才可能最大化。也就是说，企业只有面对一个消费群体时，其生产和经营才可能形成规模经济效益，不论这个消费群体是现实的还是潜在的。单个消费者难以支持企业的规模化经营，故研究消费群体可以为企业生产经营追求效益最大化提供依据。

消费群体由具体的消费个体构成，而消费个体的需要千差万别，决定了企业必须具备研发和生产不同花色规格和不同风格的产品能力，才能满足大部分消费个体的不同消费需要。电子商务为满足消费个体的需要提供了强大的技术支持，使得过去难以实现的个性化需要得到满足。从经营者的角度讲，只有满足一个消费群体的需要才能支撑一个企业的运营新思路和发展空间，正是千千万万个具有个性化需要的消费个体在网络平台上向生产厂商提出要求，这些消费个体构成了一个存在诸多不同需要的差异型群体。因此，相对过去的消费群体而言，在电子商务条件下的消费群体分类指标、方法已经有了新的内容。

一、消费群体的概念和特征

（一）消费群体的概念

消费群体的概念是从社会群体的概念中引申而来的。社会群体是指通过一定的社会关系结合起来进行共同活动而产生相互作用的集体。处于这个组织或团体中的成员一般具有共同的特征或目的，或者从事共同的活动，或者具有共同的需要，每个成员在这个群体中充当一定的角色，一般该群体具有成文或不成文的规范来约束群体中的成员。

消费群体指的是具有某些共同或相近消费特征的消费者所组成的群体。消费群体的共同特征包括年龄、性别、职业、居住分布、收入水平、消费喜好、品牌忠诚等因素。同属一个消费群体的消费者在消费行为、消费心理、消费习惯等方面具有相似或共同之处。一般来说，消费个体都具有一定的群体意识和归属感，承担角色责任，遵守群体的规范和行为准则。

（二）消费群体的特征

消费群体作为一种由消费个体组成的团体，它时时刻刻都对消费个体和组织本身发生着影响，同时由此体现出自身的特征。

1. 消费群体的目标共同性

一个消费群体之所以能够形成，正是因为以若干消费个体共同的消费目标为基础，正是有了共同的消费目标，才把千千万万个不同的消费个体组合到了一起，爆发出超出单个消费个体的消费能量。这一特性，也是消费群体建立和维系的基本条件。

2. 消费个体的相对独立性

消费群体是由一个个消费个体所构成的，每个消费个体又有自己相对独立的一面。它有着自身的行动理念、行动计划，而这些理念和计划不会因为个别消费者的去留而改变。

3. 消费群体成员的群体意识性

作为一个消费群体，它之所以能对消费个体产生影响，并能产生出巨大的动力，就是因为该消费群体中的每个消费者都意识到自己是生活在这个群体里，在这个消费群体中，消费者之间在行为上相互影响，相互依存，相互制约。在心理上，彼此之间也都意识到对方的存在，也意识到自己是该群体中的成员。

4. 消费群体的有机组合性

消费群体不是一个个消费个体的简单组合，而是一个有机的整体，每个成员都在这个消费群体中扮演一定的角色，负一定的责任。在消费过程中愿意配合他人的消费活动做一些活动，使消费群体成为一个聚集着强大动力的活动体。

典型案例

城市新消费群体画像

经过多年的网购渠道拓展与消费品牌的深度影响，消费活动已不再局限于特定群体，而是跨越了年龄、性别的界限，中国已全面步入“全民消费”的新时代。

1. 时尚潮男

中国男性消费群体的崛起，得益于社会财富的累积以及社会进步带来的个人身份多元化。更加丰富多彩的社会生活激发了男性对非必需品前所未有的强烈需求。无论是线上还是线下，男性消费者的数量都在大幅增长，消费种类也更加丰富多样，其消费金额正逐渐接近女性水平。特别是在网络购物领域，中国男性消费者无论是为自己购物还是为女性购物，其年度开支都在迅速接近女性。

以护肤品市场为例，中国护肤品市场整体增幅为11%，而男性消费品市场的增幅则达到了24%。如今，生活在城市中的年轻男性消费者，特别是那些出生于20世纪90年代的男性，已与他们的父辈截然不同。他们阅读男性时尚杂志，关注个人形象，享受生活，并愿意在衣着、发型等方面投入资金，平均每天花费24分钟整理仪表。他们还注重健康，频繁出入健身会所和各类俱乐部。

波士顿咨询公司（BCG）的调查显示，73%的一线城市男性消费者认为个人仪表对求职和约会至关重要；88%的一线城市男性消费者会上网查阅美容和时尚信息；而83%的一线城市18至35岁男性认为使用护肤品非常必要。一些品牌已经敏锐地捕捉到了这一趋势，未来，潮男市场的巨大潜力将吸引更多品牌采取相应策略。

除了传统的广告营销手段，网络对男性消费者的影响力也不容小觑。面对日益增长的个性化需求，不少品牌开始更加注重在网络上的曝光度。为了迎合中国男性消费市场的这一变化，不同的时尚品牌或将做出更多差异化的选择。

2. 单身人士

众多数据来源均显示，中国社会正经历前所未有的“单身潮”。当前，中国单身人口已超过2亿，独居人口比例从十年前的6%攀升至16%，而35岁以上仍单身的人群比例更是激增四倍多，达到21%。值得注意的是，36%的单身女性表示，不结婚同样能享受幸福；更有高达80%的人倾向于保持单身，而非草率步入婚姻。在社会中上层，拥有稳定收入和良好教育背景的“单身人士”现象愈发显著。

单身的原因多种多样：有人追求自由，不愿改变现有生活模式；有人坚持高标准择偶；还有人认为婚姻成本高昂，更倾向于投资自我，追求个人成长。

都市女性中，主动选择单身的比例尤为突出。她们经济独立，对传统婚姻中的女性角色进行反思，不再依赖男性，视婚姻为自主选择而非必选项。如今，这类单身人群数量持续增长，媒体与公众舆论也逐渐摒弃“剩男剩女”等标签，单身已成为一种被广泛接受的社会现象。

随着主动单身群体的扩大，“单身经济”蔚然成风。其中，“单身女性经济”与“一人经济”尤为突出，为市场带来了诸多新机遇。企业开始针对单身群体推出定制化产品和服务，这将成为未来营销的重要趋势。例如，单人KTV、餐厅单人座、小型冰箱、进口商品丰富的小型高端零售店，以及房地产商推出的小户型和个性化设计住宅等，均满足了单身人群的独特需求。

独身主义、自我提升、强大的社交网络让单身生活变得更加容易，社会对单身的接受度也不断提升，单身人士已经成为消费市场不可忽视的一大主力群体。无论是身份上还是心态上的单身，单身族这一群体都推崇方便至上、轻量消费、追求高品质生活的消费方式。

（根据网络资料整理）

思考：

（1）结合案例列举你身边观察到的新消费群体还有哪些？

（2）举例说明该消费群体具有哪些消费特征？

二、消费群体的分类指标

第一类是通常意义的统计指标，主要通过国家政府等有关部门对这些指标进行统计，如消费者的人口与社会特征指标、消费者生活环境指标等。具体的指标包括消费者的性别、年龄、家庭人口数、职业、收入水平，消费者所在地区的经济特征等。这些指标中，有的指标稳定性很强，如性别等，有的指标则变动性较大，如收入水平等。

第二类是消费者的心理活动指标，如消费者的兴趣爱好、价值观、消费需要、消费习惯、消费体验、品牌忠诚度等。这些指标中，消费习惯、品牌忠诚度等具有相对的稳定性，而消费体验、消费需要等则具有较大的变动性。

（一）统计指标

国家政府部门发布的消费者统计数据，直接反映了消费群体的规模、状态以及消费者对商品的需求，这些指标数据是细分消费群体的基本依据。例如，我国每次人口普查之后会公布人口的总体规模、年龄结构、婚姻状况等资料信息。

一方面，国家政府部门的统计数据具有不可替代的权威性和特定时间段的准确性等优势，具有普通商业调查难以达到的数据精度。因为政府部门的统计指标是在法律的保障之下，要求相关部门或责任人提供准确的数据信息，不得以任何理由伪造数据。例如，全国性或地方的GDP，汽车、房产等大件商品的消费总量等，任何商业性调查都难以达到政府部门统计的准确度。

另一方面，政府部门的统计数据也具有滞后性、可用数据不完全等缺陷。一般情况下，当年公布的统计数据都是上一年度的，对于商机如战机的企业来说，使用上一年度的数据作为本年度制定下一年度工作计划的决策依据，有较大的局限性，一定程度上降低了其参考价值。同时，政府收集的数据有相当一部分选择不公布，使得商业研究难以直接使用。因此，需要通过商业性研究机构提供的现时数据作为补充共同使用。

（二）心理活动指标

从消费者心理活动来划分的指标，主要包括品牌认知、品牌使用频率、消费体验、品牌忠诚度等。

随着电子商务技术的日益成熟，当前对网络用户进行划分，已经超越了传统意义上的划分范围。指标体系除了包括消费者的统计指标外，还要包括网络用户参与网络社区的指标。目前这方面的研究仍然处于探索性研究阶段。

知识拓展

网络团购消费者类型及策略建议的研究

国内学者邓之宏研究了消费者在网络团购中的六个动机维度，分别是愉悦、便利、安全、服务、价格、社交，并通过层次聚类和K-means聚类相结合的方法，将消费者网络团购分为四类，包括热衷型、社交型、实用型和稳健型，同时对网络团购运营商提出了相应的策略建议，见表5-1。

表5-1　网络团购消费者类型与策略建议

类型	行为表现	策略建议
热衷型	• 女性居多； • 追求购物的效率及乐趣； • 收入较高； • 固定团购次数和团购金额较大	• 注重提高购物的经济性和便利性； • 注重购物中的情感因素，做好网站的美学设计； • 提升消费者的购物体验和愉悦感
社交型	• 年轻富有朝气； • 教育背景良好； • 热爱社交； • 容易接受亲朋好友的影响参与网络团购； • 喜欢通过团购为亲朋好友购物	• 通过微信等渠道构建消费者虚拟社群； • 增进消费者的社交体验，加强沟通交流； • 网络零售商应注重各种节假日期间礼品的宣传和促销
实用型	• 年轻人居多； • 收入一般； • 每次团购金额不高； • 注重价格、便利和服务等多重因素； • 不太注重享乐因素	• 提供性价比高的产品； • 开展促销活动； • 提高网站服务质量等手段提供便利措施，吸引该类型消费者
稳健型	• 男性居多； • 性格成熟稳重； • 每年团购次数及团购金额不高； • 非常注重购物安全和商品价格； • 不太看重享乐因素	• 完善在线安全认证机制，采用第三方服务等安全保障措施； • 保障消费者的隐私不被泄露，增进消费者对团购网站的信任； • 通过有效的价格促销来吸引这类消费者

任务二　掌握不同消费群体的消费心理特征

任务目标

通过对不同年龄阶段和不同性别的消费群体进行具体的消费心理特征分析，帮助学生认知并理解不同消费群体的消费心理特征是如何产生并在营销中发挥作用的，使学生能够具备针对不同产品和不同消费群体设计出与其消费心理特征相吻合的营销方案。

知识精讲

生理学与解剖学的研究表明，人的生理构造与机能是行为产生的物质基础。消费者的每一种行为都是以生理活动为基础，并通过生理机能的整体协调运动产生和实现的。消费者年龄、性别、健康状况以及机能构造方面的特点与差异会导致消费行为的不同表现类型，这些是企业在营销活动中必须关注的问题。

如果按照市场营销的目的进行市场细分，可能形成几十个甚至成百上千个不同的消费群体，这里仅分析基于消费者性别、年龄而细分的消费群体，为经营管理者提供基本的参考思路。

一、不同性别消费群体

男性和女性由于在生理和心理上存在差异，以及各自在社会中的责任和义务的不同，形成了各自不同的消费心理与行为模式，这种差异直接表现在男性和女性在需求结构、购买动机和购买决策过程中。

（一）男性消费群体

男性在消费心理行为方面，表现出下列基本特征：

1. 从整体上收集商品信息、考虑比较周到

男性消费能够比较全面地从总体上评价商品的优缺点，注重商品的质量、性价比、产地等方面的特征，实用型消费动机要比女性消费者突出。在挑选大件耐用消费品、家用电器之类的商品时，决策考虑更为周到，是大件商品、高科技产品等商品类型的主要购买者。

2. 决策、购买速度快

大多数男性消费者购物时通常缺乏足够的耐心去挑选、比较，也没有女性消费者那样细心，一旦有了购买意向，购买决策速度快。男性消费者这种快速决策与购买的现象，有时容易导致商家隐瞒实情、乘机欺诈。

3. 中年男性保守、节俭的消费心理比较突出

中年男性消费者独立自主性很强，购买决策较少受到广告宣传、商业环境气氛的影响，具有较强的求廉、节俭心理。

（二）女性消费者

女性的心理特征表现为情感丰富，情绪变化大且观察比较细腻。她们的语言能力较强，联想丰富，重视家庭和睦与稳定，重视外表与形体的美感。

1. 女性是家庭消费品的主要购买者

女性一般负责家庭收入的管理，这种现象在城市居民中更为普遍。多次调查表明，全部消费品的销售额中，由女性购买的家庭消费品占55%左右，由男性购买的占30%左右，由男女共同购买的占11%左右，由孩子购买的占4%左右，因此女性是家庭消费品的主要购买者。日用品营销策略所针对的目标群体主要是女性。她们希望通过女性特有的方式安排家庭生活，将家庭布置得更舒适、雅致，富有生活情趣。

小案例

女性在家庭消费决策中的关键作用

近期，《中国妇女》杂志的一项调查揭示，有四分之三的女性掌握着家庭的财政大权，预示着女性正逐步成为购物领域的核心力量，并享有更大的消费决策权。

当前，女性在服饰、珠宝、化妆品等传统消费领域的主导地位已毋庸置疑，同时，她们在家居、食品、日用品等领域的消费影响力也在迅速攀升。据统计，我国20至50岁的女性人口已超过2.5亿，在服装、珠宝、化妆品等生活消费品市场上，女性的年消费增长率高达男性的7倍，显示出其强大的消费驱动力。

过去三十年间，女性的平均收入增长了63%，且超过八成的家庭消费决策由女性主导。这股力量的崛起意味着女性在家庭开支的使用上拥有极大的话语权，无论是购买服饰、化妆品，还是家居用品，乃至休闲旅游和母婴产品，女性都展现出了远超男性的消费市场潜力。

此外，在移动互联网时代，时间成为了一种稀缺资源，各大新零售平台都在竞相争夺消费者的注意力。女性因其擅长利用碎片化时间的特点，不仅触发了更强的购物欲望，还促进了更多交易的发生，进一步凸显了女性在移动互联网时代的重要地位，她们的消费行为和习惯已成为不可忽视的市场风向标。

（根据网络资料整理）

2. 决策带有较强的情绪性

因女性的情感丰富细腻，遇到感兴趣的商品时容易产生购买欲望，也容易受到周围环境的影响，迅速形成购买决定，美观的商品包装、鲜明的橱窗陈列等都能激起女性消费者的情绪并使其产生购买欲望。

3. 自我意识较强、联想丰富

女性消费者在购买决策中经常联想商品的消费效果。很多女性逛商店的目的并不是购物，而是通过逛商店产生的联想满足一种心理愿望。有些女性仔细地询问了价格及质地之后，却并不付钱购买。女性消费者经常通过同伴的评价、宣传媒体上的比照等方法来反馈商品对自我形象的影响。对于自己满意的商品，具有强烈的推荐愿望；对于自己不满意的商品，传话效应比较突出。一旦市场上相同的消费风格掩盖了自我形象的效果，又会产生厌弃的心理。

4. 对商品的价格敏感

中年女性一般需要安排全家的日常生活，对日用消费品考虑得比较周到。因消费经验丰富，观察商品较为仔细，经济上精打细算，对商品的价格较为敏感，求廉的动机比较突出。

知识拓展

基于不同性别特征消费者的心理策略

1. 强化性别差异策略

强化性别差异策略是指根据消费者性别细分市场，并选择男性或女性消费者作为目标市场，向目标市场提供性别特征明显的产品，同时在配合使用与之相适应的营销策略时强调性别差异的营销方式。

在传统市场领域，服装、化妆品、卫生用品等向来是考虑性别差异的，因此，性别特征在这些性别取向明显的传统市场领域往往因为被视作理所当然而遭到无形中的忽视，价值大大失落。但伴随着20世纪较早时期国外市场上女性酒及男性化妆品的出现，让人们意识到原来看似无性的商品其实也存在男女之别。

强化性别差异策略的方法：

一旦商家选择了强化性别差异策略，其所遵循的营销思路就应该是：清晰、明确的产品性别定位，依据产品购买决策各阶段消费者参与的主要性别身份，考虑性别心理及行为特征而制定价格策略、分销策略及促销策略。

利用强化性别差异策略开拓市场，首先要有清晰、明确的产品性别定位，包括产品基本功能效用的性别特征和产品质量、名称、包装等的性别体现，即向市场推出的产品应充分考虑男性专属或女性专属的特性，彼此界限不容模糊。

消费者购买决策过程经历了问题发现、信息收集、标准拟定、购买选择到最后的购后行为反应五个阶段。消费者角色的性别身份需要在各个购买阶段都受到重视并加以强调，并且，随之要求相应的价格策略、分销策略及促销策略也主要依性别差异而定。其核心在于，整个营销设计中重视并强调性别差异，向消费者传递清晰明确的产品性别差异信息，从而在切合目标消费者群的生理及心理特征需求的前提下，实现手段可以多样化。

2. 弱化性别差异策略

所谓弱化性别差异策略，实际上是模糊两性事实上存在的差别，强调两性之间的共性特征，以此来开发产品和拓展市场。具体来说，就是应用非性别要素进行市场细分，利用非性别差异进行产品定位，针对非性别差异进行营销策略选择。

诸如化妆品、服饰、保健品等原本被认为有性别属性的产品，其营销策略则需要反其道而行之，故意模糊传统已有的对产品的性别属性的认识，强调男女共用。由于职业女性越来越多，职场中的穿衣打扮弱化性别差异。无论是正式的要求还是主观感受无形中的约束（压力），职业女性较普遍地意识到工作场合没有性别之分，因此，趋于中性的服装在职场中更受女性欢迎，男女共穿的服装品牌越来越多。

弱化性别差异策略的方法：

对于原本无性别差异的市场选择来说，弱化性别差异更多是一种商业惯性的沿袭，其关键在于模糊产品的性别差异，即使是产品出现了性别倾向，也要用其他诉求点强势地吸引消费者的目光，使性别淡化成为背景。对于原本有性别差异的市场选择来说，此策略则是一种突破，关键在于寻找到两性共同的追求，以男女两性共同的心理需求特征为主要诉求点，也可以配合“中性产品”的概念进行市场推广。

二、不同年龄消费群体

不同年龄阶段的消费者，由于生理、心理状况和生活阅历的不同，会形成各自特有的消费心理与消费行为。同一年龄段的消费者在相互接触过程中，通过相互学习和影响，会形成一些相似的消费观念、态度和行为。因此，对不同年龄段的消费者进行细分和研究，对企业开展营销活动具有非常重要的意义。按照一般的分类方法，消费者在年龄上可以分为儿童、少年、青年、中年和老年五个阶段。

（一）儿童期的消费心理与行为

儿童时期是人的心理发展的重要阶段。我们传统上将儿童的年龄段界定为0~14岁。如果将儿童期进一步细分，可分为婴儿期（0~3岁）、幼儿期（4~7岁）和童年期（8~14岁）。

在人的一生中，儿童时期无论在生理上还是心理上，正处于一个迅速发展的时期。在生理上，儿童从完全依赖大人逐渐学会自己照顾自己；在心理上，他们开始具备一定的分析和解决问题的能力，并形成最初的个性倾向，行为上逐渐由被动变为主动。儿童期的消费心理呈现以下几个特征：

1. 需求内容从纯生理性需求逐渐发展为带有社会性的需求

儿童在婴幼儿时期的需要主要以生理性需要为主，随着年龄的增长，不断接触到外界环境的各种刺激，其消费需求开始逐渐向带有社会性的需要发展。虽然儿童主要是商品的使用者而非购买者，但其常常能对父母的购买决定产生重要影响。

典型案例

儿童期的社交消费需求

在儿童消费市场中，存在一个饶有趣味的“鱼群效应”：一个儿童仿佛一条游弋的鱼，能够带动并影响周围数十个同龄伙伴，瞬间便能汇聚成数以百万计的儿童群体，共同追随某一潮流。

儿童IP正成为视频平台和动画内容制作者眼中的香饽饽，其背后隐藏着巨大的消费场景和变现潜力。以风靡一时的动画IP“小猪佩奇”为例，其幕后公司Entertainment One凭借这一超高人气IP，实现了超过80亿元的零售收入。

进入21世纪以来，国产动画IP中，“熊出没”与“喜羊羊与灰太狼”两大系列脱颖而出，广为人知。“熊出没”系列电影均跻身“国产动画片历史票房排行榜”前十名。

值得注意的是，由于儿童易受外界影响，儿童视频内容的监管更为严格，必须避免少儿不宜的画面或台词。

（根据网络资料整理）

思考：本案例体现了儿童消费心理的哪些特征？

2. 消费行为从模仿性消费为主逐步向个性化消费发展

模仿是儿童的天性，特别是学龄前儿童，在言谈举止、穿着打扮等方面都爱模仿成人或其他同龄小朋友。但随着年龄的增长和自我意识的增强，儿童的模仿性消费行为会逐渐被个性化消费行为所取代。

知识拓展

儿童产业呈现多元化趋势，儿童经济已成为服务性消费新领域

儿童经济已成为服务性消费的新兴领域，其中，80后和90后家长在满足儿童需求方面扮演着至关重要的角色。

1. 儿童经济：亲子消费的新趋势

随着95后逐步加入生育大军，新手父母在育儿消费上的投入持续增长。2021—2023年，95后新手爸妈在天猫上的人均消费年复合增长率高达61%，母婴快消品在线上市场的增速达到了24%，远超整体市场。

“儿童经济”这一概念，通常指的是以3~14岁儿童为主要消费群体，涵盖儿童用品、儿童玩具、亲子娱乐、亲子服务、亲子教育、亲子医疗等多个领域的整体消费需求。这一经济现象不

仅反映了儿童消费市场的繁荣，也体现了家长们对子女成长和教育的高度重视。

相关数据显示，中国0~14岁人口将达到2.6亿，而儿童消费市场规模达到4.5万亿元。已然成为无可限量的朝阳产业。儿童需求的多元化也催生了更多新兴业态与品牌；80、90后父母群体作为儿童消费的真正决策者，其消费习惯让儿童需求趋于多元化、个性化，家长体验需求的满足开始体现在品牌附加价值中。优质的亲子旅游业态无疑面临着巨大的商机。“全民溜娃”时代，儿童业态成为文旅业、实体商业等不可忽视的业态。

2. 儿童业态的形式

（1）综合型游乐体验的“儿童乐园+”。越来越多的儿童游乐园逐渐向综合型体验游乐模式发展，引入了零售、餐饮、体验等业态，并不再局限于家长观看、儿童玩耍的传统模式，引导家长共同参与儿童娱乐中，延长消费者停驻时间，将客群延展到成人。业态参考：可以涵盖游乐、科技体验、教育、表演、零售。如科技馆、实验剧场、小吃街、DIY、亲子餐厅、剧场、超市、书店、饮料吧、美甲屋、海淘体验店等各类服务项目，将服务对象直接延展到家长甚至没有孩子的年轻人。

（2）简约框线标题联姻“动漫IP”的主题乐园。近年来持续火爆的儿童乐园也将目光转向了动漫IP，将家喻户晓的动漫形象嵌入到儿童乐园中，让动漫作品更具形象性、延展性、衍生性、多元性，用形象逼真的手法还原动漫场景。因此，诞生了一批结合IP、动漫、漫画、童话等元素的品牌，通过各种体验情景、各种挑战项目来吸引儿童好奇心和探险兴趣。以动漫IP为主线，融合娱乐、体验、教育于一体，为儿童及家长提供主题游乐、互动亲子、主题商品等一站式服务的儿童动漫主题乐园。

（3）儿童零售店。随着消费者个性化需求进一步升级，儿童玩具、儿童家居在儿童零售中渐作为一个独立的系列显现出来，它们不再是单一的玩具或家居卖场，融入了场景体验、社交互动等创意元素，成为一个零售体验店。

（4）儿童创意DIY。新奇的体验业态一直是购物中心的突破口，而儿童DIY业态因其不可代替的创意体验而渐受欢迎，如大悦城等知名购物中心也专门开辟了DIY体验区。DIY产品有拼组、涂鸦、手工泥、串珠、电子科学、线艺、儿童礼品等。所有亲手制作的DIY作品都可以带回家，还会定期举办活动，促进顾客交流和亲子互动。

（5）儿童体验馆。越来越多的家长希望孩子更加自信、更加乐于尝试新事物和接受挑战，让孩子参加一些运动和探索类项目。引进儿童拓展、探索类体验馆一方面是为满足客群需求，吸引客流，另一方面也是为儿童提供一个多元化的娱乐场所。

3. 儿童业态多元化趋势

儿童产业当前正处于一个至关重要的整合、扩张与升级阶段，消费者的需求日益多样化，不仅对产品，也对服务提出了更高要求。跨行业的融合与拓展趋势愈发明显。

当前，儿童产业展现出日益多元化的面貌，而在互联网、人工智能等新模式、新概念、新技术的推动下，儿童产业在运营模式上不断实现创新与突破，为行业带来了全新的发展机遇。

3. 消费心理从不稳定发展到比较稳定

儿童时期早期阶段，在模仿心理的作用下，特别是在广告的引导下，儿童的消费心理很不稳定，表现为一会儿喜欢这个，一会儿又喜欢那个。但随着年龄的增长和情绪控制能力的增强，儿童的消费偏好逐渐形成，其消费心理也逐步趋于相对稳定。

小案例

家有乐高迷

涵涵自小就是乐高积木的忠实粉丝，自从他在小学时初次接触到那套乐高警察局后，便对乐高积木中那些小巧的零件产生了浓厚的兴趣，享受着拼拆的乐趣。因此，每当生日或新年，亲戚朋友都会送他乐高作为礼物。几年间，涵涵家中的乐高积木已经累积到了十几套之多。

然而，涵涵对乐高的热爱远非普通孩子可比。在他的房间里，你看不到任何一套完整的乐高模型，只有几大箱散乱的零件。每当涵涵收到新的乐高玩具，他总是迫不及待地按照说明书迅速拼好，但紧接着，他就会毫不犹豫地将其拆解，然后抛开说明书，开始自己天马行空地创作。他尤其喜欢拼搭飞机、汽车、飞船以及他自己设计的各种交通工具，这些交通工具还分有坏人驾驶的和好人乘坐的，经过多次打磨和升级，最终成型。每当完成一件作品，他都会兴高采烈地展示给家里的每一个人看。

起初，涵涵的作品还比较具象，妈妈一眼就能认出是什么。但随着时间的推移，他开始追求变形和抽象，他的作品变得越来越难以辨认。尽管别人可能看不出他的作品是什么，但涵涵总能讲得头头是道，仿佛每一个细节都有理有据。

看着涵涵对乐高积木如此痴迷，妈妈不禁感叹：家里的乐高玩具究竟要买到什么时候才能是个头啊！

（根据网络资料整理）

思考：该案例体现了儿童消费心理的什么特点？

（二）少年的消费心理特征

少年时期是由儿童向青年过渡的时期，从年龄上来讲，一般在15~17岁。从学龄来看，少年主要处于初中后期和高中阶段。虽然高中后期可看作是青年前期，但由于这一时期的孩子在经济上还没有独立，在心理上还没有完全成熟，所以我们可以将高中后期的孩子也算成少年。

少年期不仅在生理上发育比较快，生理特征变化明显，其在心理上也是变化非常大的时期。少年期是处于独立与依赖、成熟与幼稚、自觉性与被动性交织在一起的比较特殊的时期。少年的消费心理特征与行为表现在以下几个方面：

1. 喜欢与成年人比拟

少年期是自我意识发展最快、变化最大的时期，突出的表现就是少年主观上认为自己已经长大成人，应该有像成人一样的地位和权利，渴望像成年人那样独立地处理自己的事情，不希望家长过多干涉。因此，少年消费者在消费品的选择上存在着同成年人比拟的心理，希望按照自己的个性和爱好来选购商品。

2. 消费行为从受家庭影响为主逐步转向受社会群体影响为主

儿童的消费心理主要受家庭的影响，尤其是父母的消费观念和消费行为对他们的影响很大。但到了少年时期以后，由于自我意识和自理能力的增强，他们有了一定的独立性，特别是在集体学习和集体活动中，通过与其他人的接触，使得他们的消费观念和消费行为不断由受家庭影响逐渐转向受集体或群体的影响。

典型案例

中学生的消费更注重实用性

深入观察中学生的消费行为，仿佛是在见证一场从“新手小白”到“资深玩家”的成长历程。那么，这场成长是否伴随着高昂的花费呢？

起初，确实需要付出一些“试错成本”。例如，高一新生小文曾因追求外观和知名度而购买了一双名牌气垫运动鞋，却在越野跑中因鞋底被硬物刺破而报废。这次经历虽然让他感到“后悔”，但也激发了他对运动鞋研究的热情。如今，小文在购鞋时更加理性，会综合考虑价格、实用性以及父母的意见，甚至反思是否值得花费上千元购买鞋子。

理性研究不仅能帮助避免“弯路”，还能让消费行为更加明智。高二女生昕涵就是一个例子。她对制作手账产生了浓厚兴趣，但在购买手账胶带时，并没有盲目跟风。通过加入手账制作高手的社群，她学会了如何巧妙地使用胶带、写出漂亮的字体，并参与了“拼米”活动，即与他人合作购买不同种类的胶带，然后交换使用，从而降低了成本。

据调查，“00后”普遍拥有比前辈更富裕的物质生活，因此他们更有条件追求自己的兴趣爱好。然而，这并不意味着他们会盲目消费。《“00后”研究报告》指出，77%的“00后”更愿意为熟悉或喜欢的产品付费。但付费并不意味着高消费，昕涵就通过翻找旧物，将失去黏性的小贴纸变废为宝，作为手账制作素材，既环保又省钱。

此外，“00后”的消费观念也呈现出注重功能性的理性特点。与父辈相比，他们对品牌并不那么执着，甚至更喜欢具有中国元素的产品。例如，昕涵虽然会接受父亲送的德国品牌文具作为礼物，但自己购买时更倾向于选择晨光等国产文具，因为国产品牌不仅品种多、样式好看，还能满足她对细笔芯的需求。

综上所述，中学生的消费行为虽然伴随着一定的“试错成本”，但随着时间的推移和经验的积累，他们逐渐形成了理性、注重功能性的消费观念。（文中未成年人皆为化名）

（根据网络资料整理）

3. 购买的倾向性开始确立、购买行为趋向稳定

处于少年期的消费者，知识不断丰富，对社会环境的认识不断加深，兴趣趋向稳定，有意识的思维与行为增多。随着购买活动次数的增加，感知经验越来越丰富，对消费品具备了初步的判断、分析、概括能力，购买行为趋于习惯化、稳定化，购买的倾向性也开始确立，购买动机与现实条件的吻合度有所提高。

（三）青年的消费心理特征

从生理学的角度讲，青年时期通常是指18~35岁这一年龄段。由于青年消费者人口众多，消费能力和潜在购买潜力都很大，使得青年消费者在整个消费活动中处于重要的地位。因此，了解青年人的消费心理与行为特点，对我们从事市场营销工作来说是非常重要的。一般来讲，青年消费者在消费心理与行为方面具有以下特点：

1. 追求新颖与时尚

青年大多思想解放，富于幻想，容易接受新事物，喜欢猎奇。他们购买商品首先要求是“新、奇、美”的，然后才是实用功能，他们往往是某些新产品的首批购买者和消费带头人。为了追求时新，他们也会去模仿所崇拜的明星，他们之间也会相互观察、议论、模仿，使得在消

费流行中能尽量赶在前头。

2. 追求个性化

青年的自我意识加强了，有他们自己的性格、志向、兴趣等，他们在各类活动中都会有意无意地表现他们的特殊性。因此，青年不仅仅是追逐新异，而且要求在消费中反映他们的个性，喜欢购买能反映其个性的商品。当然，单个商品是很难反映各类青年的不同个性的，因此青年是在他们全部消费活动中来表现其个性的。为了在消费活动中反映自己的个性，他们就不只是对名人、明星进行模仿或简单地猎奇，还必须有独创性，因此他们在消费上的学习方式是多样化的。

3. 注重感情和直觉、冲动性购买色彩浓烈

青年虽然已有较强的思维能力、决策能力，但仍然容易感情用事。他们特别看重商品的外形、款式、颜色、商标，当直觉告诉他们商品是好的，他们就会产生积极的感情，从而迅速作出购买决策，非买到不可。至于商品的内在质量、价格、是否会很快过时等问题就较少考虑了。

典型案例

大学生消费乱象

2023年中国在校大学生的月均花销（不包括学费及往返家校交通费）为2 000~3 000元。其中，形象消费占据了最大比例，高达62%，紧随其后的是社交娱乐和学习等方面的消费。大学生的生活费主要来源于家庭，部分则来自兼职所得。

随着互联网技术的飞速发展，网络借贷平台应运而生。部分针对大学生的网络平台，通过不法手段诱导大学生借款，利用虚假宣传、降低借款门槛、隐瞒真实利息以及采用暴力催收等手段运营，导致“校园贷”恶性事件频发，引起了社会的广泛关注。

尽管在政府、高校及监管部门的联合治理下，“校园贷”问题得到了遏制，但许多平台又在重压之下变形为“整形贷”“培训贷”“商品贷”等“套路贷”，继续对大学生及其家庭构成威胁。这背后，大学生在消费行为上的失控是根本原因，而这种失控则源于消费心理上的问题。

在新媒体时代，大学生面临着海量信息的冲击，消费行为往往容易偏离正常轨道。而“校园贷”的出现更是加剧了这一现象。究其根本，造成这些社会乱象的深层次原因在于大学生自身的不理性、不健康的消费心理。

1. 从众模仿消费心理

大学生生活在一个群体环境中，其消费习惯尚未完全成熟和稳定，因此容易受到周围同学的影响。从众心理，即个体在缺乏独立判断时倾向于模仿多数人的行为，这种心理在消费行为上表现为追求与大多数大学生相同的生活方式、行为模式和消费方式，以此获得群体认同和安全感。

与此同时，随着经济的发展，大学生群体中出现了显著的贫富差距。一些经济条件较好的学生以及社会上拥有优越物质生活的人群，他们的生活方式对刚步入独立生活的大学生具有很强的吸引力。大学生们往往模仿这些人群，穿戴名牌服饰，尝试高档消费，以融入这种生活方式。

这种从众和模仿心理在大学生群体中产生了示范效应和趋同效应，导致许多学生超出了自身的消费承受能力。当前，众多知名电商平台推出了网贷产品，一些学生对这些品牌电商产生

信任，开始接受网络贷款。然而，当自身的消费能力受到限制时，部分学生开始转向其他网络贷款平台，从而可能陷入非正规网贷的陷阱。

2. 超前享乐消费心理

大学生在浩如烟海的网络信息中，往往容易受到不良消费观念的误导。在网络社交平台和自媒体上，众多备受大学生追捧的网络“大V”“网红”等频繁鼓吹年轻人贷款消费。这种扭曲的消费观念极易对大学生的消费心理产生负面影响。

在全球化日益加深的今天，许多大学生受到非主流文化的影响，将享乐主义的消费思想奉为人生信条，不顾自身经济条件，追求与收入不相符的物质享受。一些家庭经济困难的学生，在提前消费、追求物质享受的同时，内心饱受嫉妒和焦虑的煎熬。他们既对富裕者怀有仇视心理，又极度渴望高水平的物质生活，这种矛盾心理极易导致心理问题。

更为严重的是，那些看似传递精致生活理念的社交平台，实则暗藏消费品营销推文和视频，甚至包含“校园贷”的宣传信息。这种双重诱导使得大学生更容易陷入“校园贷”的陷阱之中。

3. 炫耀攀比消费心理

炫耀性消费心理在当代大学生的消费观念中占据重要位置。大学生身处群体环境，室友、同班同学乃至整个年级同学的消费行为都会对他们的消费心理产生显著影响。经济条件较好的学生往往会在吃穿用等方面展示自己的高物质水平。同时，由于当代大学生中独生子女较多，即便家庭经济不宽裕，许多家长也愿意尽力为孩子提供更好的物质条件。

在攀比心理的推动下，大学生更加关注群体中其他成员的消费行为，并倾向于做出与大多数人一致的消费选择。

部分经济条件不佳的学生因虚荣心驱使，会想尽办法筹集资金购买满足虚荣心的产品。“校园贷”的出现看似为他们解决了经济问题，但这些学生往往因资金短缺、逾期还贷等原因陷入困境，甚至引发恶性事件。

4. 自我满足消费心理

消费已成为彰显身份、品味、价值和地位的符号化行为。大学生的网络消费已超出生活、学习所需，更多追求品牌价值和符号价值。他们在挑选商品时，更关注能否带来愉悦感受，而非生存层面的需求。大学生在购买商品时，更看重商品能否体现自己的“个性”、“身份”和“地位”，这种消费行为附加了符号化的消费主义。家庭经济条件的差异导致部分大学生产生强烈的消费欲望，品牌、流行度、热门趋势成为比需求、实用性、产品质量更重要的选择因素。

5. 情感补偿消费心理

大学生的心理建设尚未成熟，因此抗压力、抗挫折能力都较差。当学业、生活、人际、恋爱等方面遭遇挫折时，大学生可能通过冲动消费来发泄不满情绪，以达到排忧解难的效果。这种心理催生的冲动性消费常打破原有的消费计划，给大学生带来经济压力，同时可能导致购买不必要的产品，既造成浪费，又增加陷入网贷陷阱的风险。

（根据网络资料整理）

思考：结合大学生的消费心理特征，应如何正确引导当代大学生的消费观？

（四）中年消费者的消费心理特征

中年一般是指36~60岁的年龄段。中年人是社会的中坚力量，他们阅历广，生活经验丰富，老练而稳重，但中年人的社会负担和家庭负担都比较重，比如工作上要出成果，要做好青年的表率；在家里是上有老下有小，家庭消费支出比较大。中年人在消费心理与行为方面主要有以下特点：

1. 理智性购买多于冲动性购买

中年人经验丰富，比较理智，善于控制自己的情绪，很少感情用事。表现在购买活动中，从购买欲望的形成到购买行为的实施，都是深思熟虑的，很少出现像年轻人那样冲动地买回家后又后悔的情况。

2. 计划性购买多于盲目性购买

大多数中年人既要赡养老人，又要负担子女的生活和教育费用，因此家庭经济负担比较重。特别是近几年来我国家庭用于子女教育的费用不断提高，教育子女的费用已经成为很多家庭一笔不小的开支。因此，很多中年人不得不精打细算，量力而行，在实施购买行为前就要计划好所购买商品的价格、数量、质量、用途等。计划外购买和即兴购买的现象要比青年人少得多。

3. 注重商品的实用性与便利性

由于经济条件的限制以及繁重的工作压力，中年消费者在购买商品时更注重商品的实用性与便利性。他们对华而不实的商品不感兴趣，因此他们选择商品时着重考虑其内在质量（特别是功能、使用寿命以及操作的方便性等）和价格，然后才是款式和颜色等。就拿服装来说，中年人不会像年轻人那样追求时尚和个性，但对服装的质量、质地等比较挑剔，希望穿得体面，穿出尊严。

（五）老年消费者的消费心理特征

老年消费者一般指年龄在60岁以上的人。随着社会生活环境的改善和卫生、保健事业的发展，世界人口出现老龄化的趋势，老年人在社会总人口中所占的比例不断增加。老年人是一个特殊的消费群体，老年消费市场是一个全世界都在关注的市场。老年消费者在生理和心理上同青年消费者、中年消费者相比发生了明显的变化。

1. 对消费品的种类和结构有特殊的需求

老年人对消费品的种类有特殊的需求，具体表现在：在吃的方面，要求食品松软易消化，并富有营养价值；在穿的方面，要求穿着舒适、保暖、透气以及穿脱方便的服装；在需求结构方面，老年人的大部分支出用于食品和医疗以及保健用品上，而穿和用的支出相对减少。

2. 有比较稳定的消费习惯和品牌忠诚

老年消费者在几十年的生活实践中已经形成一定的生活习惯，而且不容易改变，比较留恋过去的生活方式，对消费有一定的怀旧心理和保守心理。因此，老年消费者的消费兴趣和爱好比较稳定，对老牌子产品有特殊感情，而培养新的习惯和嗜好相对较难。

3. 购买商品讲求方便

一般老年人的体力和精力都有不同程度的减弱，行动也变得不方便，因此老年消费者希望能提供方便、良好的购物环境。比如，购物场所交通便利、店内有供消费者休息的设施、商品陈列便于挑选、购买程序比较简单等。

4. 部分老年消费者具有补偿性的消费行为

当老年人从繁忙的工作和家庭负担中解脱出来后，就会产生强烈的补偿要求，希望自己的老年生活能过得幸福、洒脱。这部分消费者大多同意这样的提法："退休才是新生活的开始"，解脱了工作负担并完成了生儿育女的任务以后，他们更愿意"换一种活法"，以享受生命、享受生活。因此，这部分老年人是很有潜力的消费者，尤其在旅游、健身、购买保健品和营养品方面是企业不可忽视的一个日益重要的消费者群体。

典型案例

银发经济：老年人消费群体崛起

近年来，老年人的"数字生活"备受瞩目。随着中国社会老龄化程度的不断加深，60岁及以上的老年人口已超过2.5亿，形成了一个规模庞大且潜力无限的消费群体。

1. 银发消费：从生存型向舒适型转变

与许多背负房贷、车贷压力的年轻人相比，绝大多数老年人拥有一套或多套房产。数据显示，2023年家庭月收入超过4 000元的老年人已超过1.1亿，其中2 000万老年人的家庭月收入更是超过了1万元。

这种较为理想的收入和财产状况，使得老年人在满足基本生活需求之余，更加注重健康和休闲娱乐等方面的消费。他们不仅愿意为保健、养生服务买单，还热衷于旅游、兴趣培养等舒适性的消费。这种消费趋势为银发经济市场规模的扩大奠定了坚实基础。

随着中国新一代家长的成长，他们越来越倾向于亲自教育子女，而非依赖隔代教育。这一变化为老年人提供了更多的闲暇时间，也为他们提供了通过消费来展示自我、享受生活的机会。因此，"银发经济"已成为一股不可忽视的消费新势力，正在深刻影响着中国市场的格局。

2. 线上化催生全新网购消费新群体

如果说以往网购市场的增长主要依赖于年轻用户，那么随着互联网的普及，特别是像微信这样的超级App的广泛应用，老年人消费市场的渗透率正在逐步提升，成为网购人群新的增长点。与下沉市场相比，更精准的说法可能是下沉的老年人市场。

老年人在消费时更加看重优惠、权威和广告，这些在传统消费中已经逐渐失效的手段，在老年人市场中依然有效。他们注重产品的品质，性价比依然是决定老年人消费决策的关键因素。

老年人的日常消费主要集中在娱乐社交、疾病管理、养生健康和日常生活四个方面。其中，以食品餐饮和日用品为主的日常生活品消费仍然是老年人的主要消费领域，食品、日用品和医疗是老年人消费需求的三大支柱。同时，服装、餐饮、旅游、营养保健和娱乐等新兴消费领域也逐渐受到老年人的关注，成为他们新的消费热点。

（根据网络资料整理）

思考：老年人消费群体与年轻消费群体的消费行为和心理有哪些不同？

5. 重健康依然是老年人消费群体的主要特征

老年人对营养品、保健品和家用理疗器械的需求仍然存在但日趋理性，明确其辅助治疗而不能作为主要治疗手段的功能定位。老年人健康保健意识增强，愿意为"治未病"进行健康投资，同时愿意为以按摩类产品为主的舒适性需求埋单。在此背景下，营养品、保健品和家用理疗器械市场将保持较快增速，并逐渐回归理性增长。

结尾案例

远销海外近50国，稻香村成中华优秀传统文化的重要符号

稻香村，这个自1773年在苏州创立的品牌，已被商务部认定为中华老字号，并被誉为茶食糖果行业中“稻香村”的正宗起源，其声誉历经两个半世纪而不衰。如今，稻香村已发展成为一家闻名中外的大型现代化食品企业集团。在全国范围内，稻香村拥有十大现代化加工园区、七大原料供应基地、三大研发中心以及超过一百条的现代化生产线，同时还配备了馅料厂和印务厂等配套设施。通过全面整合上下游产业链资源，稻香村构建了一个完整的供应链生态系统，成为中国糕点行业中规模最大的企业之一。

稻香村的使命不仅在于将传统中式糕点推向全球市场，更在于将中华老字号的匠心文化传播到海外，让世界各地的人们都能领略到中国传统文化的独特魅力。目前，稻香村的近百款产品，包括中秋月饼、端午粽子、鲜花饼、松子枣泥麻饼、云片糕、酥饼和桃酥等，已经远销至六大洲近50个国家和地区，如美国、加拿大、德国、意大利、澳大利亚、日本、韩国、新加坡等。

在海外市场，中式糕点面临着巨大的饮食习惯和口味差异挑战，但稻香村通过不懈努力，成功在海外市场中打开了一片天地。早在2006年，稻香村就开始了海外市场调研，并迈出了“出海”的第一步，同年开始在海外注册商标。迄今为止，稻香村已在60多个国家和地区注册了包括“稻香村”在内的100多个商标，为其全球化发展奠定了坚实基础。2013年，稻香村积极响应国家提出的“一带一路”倡议，正式成立海外业务部，组建专业团队，积极开拓国际营销渠道，为推动中式糕点“走出去”做出了重要贡献。

值得一提的是，稻香村对于国内外的产品坚持“三同标准”，即在同一生产线、按相同的标准、达到相同的质量水平，尽量保持中式糕点应有的传统味道。这一标准的达成，不仅提升了稻香村在国内市场的竞争力，也是其进军海外市场的核心优势。

另一方面，稻香村深入了解海外市场的生活方式与消费者需求，在尊重各国居民文化背景和生活习惯的基础上，对产品口味因地制宜做了改良。比如在澳大利亚市场，当地人对果酱甜蜜丝滑的口感非常喜欢，对此，稻香村将在国内畅销的“玫瑰鲜花饼”进行改良，用黄油饼皮配上果酱口感的玫瑰鲜花馅料，取得了非常好的效果，这款产品进入COLES等超市后甚至出现上架便被抢购一空的现象。

此外，稻香村还会根据中国传统节日推出相应的季节产品，如正月十五的汤圆、端午粽子、中秋月饼、春节的年品礼盒等。这些成为海外华人、华侨以及中国文化机构等在传统中国节日时不可或缺的伴手礼，越来越多的外国友人也通过稻香村糕点深入感受到中国传统节日文化的魅力。

此外，稻香村还积极利用全球优质资源开展了一系列的国际合作，让中式糕点文化得到更广泛的传播。如与hello Kitty、功夫熊猫等国际知名IP品牌推出联名产品；与国际知名品牌设计师合作，创新产品包装，融入国际设计元素；与多家海外华企推出具有中国

文化特色的节庆糕点联名款产品礼盒等。

依托品牌的历史文化优势积极探索海外市场，稻香村为世界推开一扇了解中国文化的窗，不仅让中式糕点“走出去”，更推动中华优秀传统文化“走出国门”，而这一系列成功经验，无疑为其他民族品牌提供了宝贵的借鉴和启示。

（根据网络资料整理）

案例讨论：

（1）结合开篇案例引导和结尾典型案例，分析稻香村是如何抓住其消费者群体的消费心理特征开拓海外市场的？

（2）你还能举出类似的成功案例吗？

项目实训

营销方案策划

[实训目标]

（1）培养学生分析不同消费者群体产生不同消费心理特征的能力。

（2）培养学生运用不同消费群体的消费心理特征来开展营销活动的能力。

[实训内容]

（1）以某一电子产品为例，策划一系列促销方案，使其能更好地满足目标消费群体的心理特征。

（2）分析研究该电子产品的目标消费群体有哪些。

（3）思考在该营销方案中如何满足不同消费群体的消费心理特征，举例说明。

[实训操作]

（1）教师说明训练内容及成果要求。

（2）分组讨论后每个小组写出一份营销活动策划报告。

（3）每组派出代表进行交流PK。

[成果要求]

（1）每个小组写出营销方案与报告。

（2）在全班组织交流PK赛。

（3）根据每组的报告方案和小组在交流中的表现进行考核。

课后练习

一、单选题

1. 消费心理从不稳定发展到比较稳定描述的是（　　）消费群体的消费心理特征。

A. 儿童　　B. 少年　　C. 青年　　D. 中年

E. 老年

2. 消费行为从受家庭影响为主逐步转向受社会群体影响为主描述的是（　　）消费群体的消费心理特征？

A. 儿童　　B. 少年　　C. 青年　　D. 中年

E. 老年

3.（　　）不属于女性消费群体的消费心理特征。

A. 认知细腻，决策带有较强的情绪性，容易受到环境的影响

B. 观察仔细，对商品的价格敏感

C. 重视从整体上收集商品信息，考虑比较周到

D. 自我意识较强，联想丰富

4.（　　）不属于老年消费群体的消费心理特征。

A. 注重感情和直觉，冲动性购买色彩浓烈

B. 对消费品的种类和结构有特殊的需求

C. 购买商品讲求方便

D. 有比较稳定的消费习惯和品牌忠诚

二、多选题

1. 消费群体的特征可表现为哪些方面？（　　）

A. 消费群体的目标共同性　　B. 消费群体的有机组合性

C. 消费个体的相对独立型　　D. 消费群体成员的群体意识性

2. 下列哪些指标属于统计指标？（　　）

A. 城市规模　　B. 家庭类型　　C. 性格个性　　D. 受教育程度

3. 网络团购消费者可划分为哪些类型？（　　）

A. 社交型　　B. 实用型　　C. 热衷型　　D. 稳健型

4. 以下哪些特征描述的是青年的消费心理特征？（　　）

A. 喜欢与成年人比拟　　B. 追求新颖与时尚

C. 追求个性化　　D. 注重感情和直觉，冲动性购买色彩浓烈

三、案例分析讨论题

仔细阅读本项目的导引案例，然后回答以下问题：

1. 消费群体具有哪些特征？请结合案例回答。

2. 请列举出一个你熟悉的知名产品（或服务），就它们针对不同消费群体开展的营销方案的成功经验与不足之处总结一下，说出你的观点。

项目六

消费心理与营销策略

知识目标

（1）掌握影响消费者购买新商品的心理因素，熟悉商品设计的心理策略。

（2）了解商品命名的心理要求，熟悉商品命名的心理策略。

（3）掌握商标与包装的心理功能，熟悉商标与包装设计的心理策略。

（4）掌握商品价格对消费者的心理作用机制，了解消费者对价格的心理表现，熟悉消费者的价格判断途径以及影响价格判断的因素，了解商品价格调整的心理策略与技巧。

（5）熟悉促销的心理影响作用，掌握运用心理学原理增强促销效果的策略。

（6）掌握广告传播的心理策略，学会分析它们在营销活动中的应用。

能力目标

（1）能够熟练掌握及运用新产品设计、商标设计和商品定价心理策略在实际营销活动中的应用技巧。

（2）运用所学的理论知识，能从商品功能、名称、商标、包装等方面设计出某个产品或服务，使其能够满足某一特定消费群体的心理。

（3）能明确价格策略在营销中的重要作用；针对消费者的心理，掌握定价和调价的技巧。

（4）能明确广告策略在营销中的作用，并针对消费者的心理实施合理的广告策略。

消费者的心理活动是消费行为的基础，消费者在寻找、购买和使用商品的过程中，随时随地受到各种心理机能或心理要素的支配。其中，某些带有共性的心理机能或要素彼此联系、相互依存，共同作用于消费者行为的始终，由此构成一个统一的心理活动过程。

导引案例

李宁品牌内涵与标志演变

李宁（中国）体育用品有限公司于1990年成立，历经三十多年的不懈探索，逐步成长为具有国际影响力、能够代表中国的运动品牌领军企业。

李宁品牌凭借卓越的产品品质和创新的设计理念，在运动市场中占据重要地位。其产品涵盖运动鞋、服装、配饰等多个领域，始终致力于为消费者提供高品质、高性能的产品。通过持续的技术创新和设计创新，李宁不断满足消费者日益变化的需求。

多年来，李宁品牌积极参与体育赛事的赞助和推广活动，成为众多体育明星和健身爱好者的首选品牌。同时，李宁与众多国际体育组织建立合作关系，致力于推广中国体育和品牌形象，使其成为一个集运动、时尚与中国元素于一体的知名品牌。

近年来，随着国家体育行业的蓬勃发展，运动品牌在国人心中的地位日益提升，爱国情怀促使国潮文化愈发兴盛。尽管许多人认为“中国李宁”变得时尚、潮流，但这只是外界赋予其“时尚年轻”的标签。实际上，“中国李宁”的崛起，是顺应当今时代消费结构变化的必然结果。

随着品牌的发展，2008年，李宁便开始了品牌重塑战略，经过几年时间，在2010年彻底更换了标志，并采用了新的品牌口号“Make The Change”（中文为“让改变发生”）替代了以前的“一切皆有可能”。

在不同产品系列和市场需求下，李宁还推出了多个标志变体。这些变体采用不同的颜色和字体，以突出特定产品系列的特点。然而，无论标志如何变化，都能清晰地展示出李宁品牌的核心价值和理念。

（1）标志设计：李宁品牌的标志设计巧妙融合了汉语拼音“LI”和“NING”的首个大写字母“L”和“N”的变形。同时，它还巧妙地呈现出红旗的形态，象征着胜利的荣耀。

（2）主色调选择：红色作为标志的主色调，不仅使造型更加生动、细腻、美观，更赋予了它丰富的动感和鲜明的现代气息，充分展现了体育品牌的活力与进取精神。

（3）造型寓意：标志的整体造型抽象自李宁原创的“李宁交叉”动作，通过“人”字形的巧妙诠释，彰显了运动对于自我表达与实现的重要性。标志的线条利落、轮廓硬朗，既富有动感又充满力量感，与李宁品牌的精神内涵高度契合。

李宁品牌的标志设计不仅体现了品牌的创新精神和运动理念，更蕴含了深厚的文化内涵和象征意义，成为品牌传播和推广的重要载体。

（根据网络资料整理）

导引案例分析

李宁体育品牌的成功转型与品牌塑造之路，为其他品牌提供了宝贵的经验和启示。在时代快速发展的今天，品牌必须紧跟市场变化和消费者需求，不断进行创新和变革。要坚守品质底线，以创新为驱动，打造具有核心竞争力的产品。此外，品牌标志作为品牌的重要视觉符号，应注重其演变和内涵诠释，使其成为品牌文化和价值观的有效载体。通过这些措施，品牌才能在激烈的市场竞争中立于不败之地，实现可持续发展。

任务一　认知消费心理与产品策略

任务目标

通过分析商品的名称、商标、包装及商品价格的基本概念，使学生能理解商品因素构成中的特点及影响因素，达到培养学生具备熟练运用新产品设计、商标设计和商品定价心理策略在实际营销活动中的应用技巧的目的。

知识精讲

一、商品命名、包装及商标与消费心理

（一）商品名称与消费心理

商品名称就是企业为产品取的名字，是运用语言文字对商品的主要特性概括反映的称号，是商品的有机组成部分。因此，商品命名要能引起人们的注意并容易让人记住，同时还能激起人们的联想。

在生产商品的同时，必须考虑到借助语言文字为不同品质的商品起一个能吸引消费者的名称。商品命名是市场策略的一部分，一个合适的名称会在长期的竞争中树立一个牢固的地位，带来长期的利益。

1. 商品命名的基本效能

商品的命名方法虽多种多样，但基本效能主要有以下四个方面：

（1）认知商品。通过高度概括，用简洁凝练的文字，告知消费者商品的称谓、用途和特点，消费者即使没有看到商品实体，也能顾名思义，初步感知商品。

（2）便于记忆。通过音、形、意的有机结合，创造言简意赅、易读易懂的商品名称，消费者听过、看过，会在头脑中留下较深刻的印象。

（3）引发情感。商品名称如能反映不同购买者和使用者的个性心理特征，具有某种情绪色彩和特殊意义，符合消费者某方面的心理需要，就会得到消费者的信任和偏爱。另一方面，由于消费者的文化背景多种多样，商品命名若有不慎，可能引起消极情感或不被消费者理解。

（4）启发联想。商品名称新鲜脱俗，寓意深远，风趣幽默，内容丰富，情调动人，能够启发消费者对美好事物的回忆和想象，加深对商品性能的理解。

2. 商品命名的方法

在当今日益丰富的市场上，商品种类繁多，名称纷繁复杂，消费者对不同商品名称的心理反应是截然不同的。在接触商品之前，消费者通常会以自己对特定名称的理解来判断商品的性质、用途和品质。商品名称具有先声夺人的心理效果。因此，有必要了解和分析商品命名的心理特点，给商品起一个恰如其分的名字。消费者可以借商品名称识别商品和记忆商品。符合消费者购买心理的商品名称，不仅可以使消费者了解商品的基本情况，还会刺激消费者的购买欲望。商品命名牵涉美学、语言学、心理学、民俗学等诸多因素。商品命名的心理方法主要有以下九种：

（1）以商品的主要效用命名。用商品的主要功效命名是用直接反映商品的主要性能和用途的文字作为商品名称，帮助消费者迅速了解商品的功效。

（2）以商品的主要成分命名。用商品的主要成分命名，这种方法直接反映商品所含的原料成分，不加修饰，不带人为情感因素，让人感觉质朴、亲切、自然、货真价实。

（3）以商品的产地命名。商品的产地命名法就是用商品出产地或传统商品生产所在地作为商品的名称。此方法多用于颇具盛名的土特产等，利用消费者对著名产地的仰慕心理和依赖心理，给消费者货真价实、独具特色、工艺精湛、历史悠久的印象，从而激发信任感，产生购买欲望。

（4）以人名命名。根据人名命名这种方法是以历史名人、民间传说人物、产品首创者以及影视明星的名字为商品命名。借助消费者对名人的崇拜心理和对创始人的崇敬心理，引发消费者的名人遐想和购买欲望。

（5）以商品的制作方法命名。这种方法是以商品独特的加工过程或传统工艺作为商品的名称。可以使消费者了解产品独特的制作工艺，增强信赖感。

（6）以商品的外形命名。根据商品的外形命名这种方法是用商品独特的外形和色彩作为商品名称，可以突出商品的优美造型，引起消费者的兴趣和注意，便于消费者辨别或满足消费者的审美欲望，还因其形象独特，使消费者留下深刻印象和记忆。

（7）以人们喜爱的动植物命名。这种以人们喜爱的动植物命名的方式，意在借其特点突出商品的特点，让人很容易联想到该商品的优点。

（8）以外文译音命名。根据外文译音命名就是将商品的外文名称直译成中文，能够激发消费者的好奇心，满足消费者追新逐异等心理，还可以克服外来语翻译、使用上的困难，多为进口商品的命名。

（9）以吉祥之意的词语命名。商品用吉祥之意的词语命名多是增加喜庆、满足特殊场合消费需要，但是多有文化和地域等因素的局限性。

知识拓展

商品命名中应注意的问题

要发挥商品名称对消费者购买心理活动的积极影响，在商品命名中应注意：

（1）不要故弄玄虚。商品名称应该与商品实体的主要性质和特点相适应。使消费者只要看到或听到商品的名称，无需直观商品实体就能顾名思义，从而有助于消费者的记忆。

（2）名称在消费者中已有一定的知名度时，不应轻易改名。

（3）忌用洋名“包装”商品。改革开放初期，人们消费心理不成熟，盲目崇洋，一些生产企业也就投其所好，用洋名“包装”商品。现如今，大多数消费者已不再轻信洋货。他们需要商品物美价廉，因此取了洋名的产品不一定好销。中外合资企业的产品如要打开国内市场，商品命名时应尽可能有“中国味”，以照顾我国消费者的消费心理和消费习惯。

（4）习俗忌讳。意大利人讨厌菊花，法国人视孔雀为祸鸟，等等，以这些图文命名的商品再便宜也不会受那里的人欢迎。

（二）商品包装与消费心理

1. 商品包装的概念

所谓商品包装，泛指用于盛装、裹束、保护货物的容器或包扎物，以及用于装饰商品的装饰物，它是商品构成要素的一个组成部分，缺失便会降低商品的价值，破坏商品的完美性。我国自古有“货卖一张皮”的商谚，生动形象地说明包装对商品销售的重要影响。在市场经营活动中，商品包装被冠以“无声推销员”的美称，对企业销售和消费者行为发挥着越来越大的影响作用。

2. 商品包装的功能

商品的包装装潢，是实现商品使用价值和增加附加价值的重要手段。包装一是指采用不同形式的物品对商品进行捆扎；二是指装盛商品的容器和包装物。装潢是指对商品包装进行装饰和美化，一般也属于包装的范围。商品包装的功能有：

（1）保护商品。包装最基本也是首要的功能是在商品的运输、储存及销售过程中起保证商品安全、质量，避免商品损坏的作用。这一基本功能是为了使商品从进入流通领域直到到达消费者手中，保证其使用价值和附加价值不受损害。实现保护商品的功能是商品包装设计中的基本原则，达不到这一原则，就失去了包装的意义。消费者见到设计科学、外观完好的包装，就会增加对商品的信任和心理上的安全感。

（2）增加便利。商品包装上必须印有诸如厂商名称、地址电话、商标图文、原料成分、容量重量、生产日期、保质期限、条形码等资料。这些内容是厂商对消费者负责的表示，可以加深顾客对商品的印象，增加顾客对厂商及其商品的信任度。易于开启和配有拉手的包装及相关商品的组合包装便于消费者携带和使用；原包装的商品用完之后，空的包装容器移作其他用途，像常见的咖啡瓶、果汁瓶、果酱瓶用作茶杯，盛装物品的袋子用作手提袋等，这样就可以利用顾客一物多用的心理，使顾客得到额外的使用价值。

（3）传递信息。在超级市场，商品琳琅满目，若没有营业员的拿递、介绍，或消费者没有明确的购买目标和特定的品牌偏好，则购物往往会感到茫然无措。因此，那些具有色彩鲜明、构图精美、造型奇异、文字醒目等特征的包装，往往使消费者爱不释手，促成购买。包装上有关商品功能作用、使用方法、注意事项的表述，能使消费者增长知识，加深对商品的认识；有关商品重量、效能参数、优点特色等说明介绍，便于消费者在商品中进行比较；有关原料成分、加工方法、出厂日期、检验标记等内容，可以解除消费者的疑虑。消费者如果是初次购买某种商品，得不到必要的商品信息就不能做出正确、迅速的选择。

（4）提高档次。包装使用不同的原料质感、不同的颜色图文，使商品所包含的象征意义、审美价值等心理功能得以更好地显现，从不同角度迎合消费者多方面的心理需要，提升商品的魅力和档次。包装作为商品整体的一个组成部分也就有了增值的作用。对于礼品和高档商品来说，包装尤为重要，精美考究的包装可以为质量上乘的商品锦上添花，激发消费者的购买热情，满足其炫耀和求美心理。精美、高雅的包装能够提高商品在消费者心目中的身价，增加商品的魅力，引起消费者浓厚的兴趣和强烈好感。

（5）促进销售。随着自动售货方式的普及、消费者生活习惯的变化等因素，包装已从最初的防污功能逐步扩大到具有促销等附加意义的功能。

知识拓展

杜邦定律

包装是商品整体中的形式产品，是很重要的一部分内容，通过它可以使消费者产生购买欲望，从而刺激消费。美国最大的化学工业公司杜邦公司的一项调查表明：63%的消费者是根据商品的包装来选购商品的。这一发现就是著名的“杜邦定律”。杜邦定律在心理学上也称为包装效应。

无独有偶，在我们中国古代也流传着一个“买椟还珠”的故事：春秋时代，楚国有一个珠宝商人，常常往来于楚国和郑国做生意。有一次，他又准备带一批珠宝到郑国去卖，为了吸引顾客，他想了一个招揽顾客的办法。首先，他选了一些上等的木材，做成许多式样十分新颖的木匣，然后在匣子外面雕刻上精致的玫瑰花纹，四周还镶嵌了许多彩色的羽毛，同时还用名贵的香料把匣子熏得香喷喷的。他想，把珠宝放在这样的匣子里，郑国人一定会抢着买，他就可以好好做一笔生意了。这个珠宝商做好了准备，就满怀希望动身到郑国去了。到了郑国以后，他选了一条最热闹的街市来展示他的珠宝。果然不出所料，马上有许多人围来欣赏、观看，珠宝商看到客人这么多，心中暗暗高兴，可是他仔细听顾客的对话，不由紧张起来，原来顾客们欣赏的是匣子的样式以及装饰的美丽，而对匣中的珠宝却毫不在意。珠宝商为了改变这个局面，高声推销匣子中的珠宝，可是顾客们感兴趣的只是那些匣子，甚至有人宁愿出很高的价钱只买匣子，而把珠宝无条件地还给珠宝商。

可见，包装对于促进销售的作用不可低估。

好的商品包装能使消费者产生丰富而美好的联想，从而加深对商品的好感。因此，如何设计适应先进的销售方式和消费者乐于接受的商品包装，已经日益为商品生产者和经营者所重视。

3. 包装设计的心理要求

商品在市场竞争中被消费者认识，不仅要有高质量的商品实体，还要有富于感染力的包装外观。因此，对工商企业来说，合理的包装设计显得尤为重要。

（1）安全实用和便于携带。商品包装最重要的是要站在消费者的立场，处处考虑消费者携带和使用方便。包装不但要有利于消费者的日常生活，而且要有利于激励消费者持续的购买行为。

（2）适应不同的消费者。企业在设计商品包装时，务必要从研究消费者的消费习惯、消费水平、消费心理开始，以适应不同消费者的需要。如根据消费者不同消费水平，可以设计质量有别的商品包装：高中低档次的等级包装、名贵包装、礼品包装、简便包装和复合包装。根据消费者的年龄、性别，设计突出个性特征的商品包装：男性化包装、女性化包装、老年用品包装、中青年用品包装和少儿用品包装。包装的颜色、图案要符合民族的风俗习惯。总之，针对消费者的购买动机与需要、行为方式与特点进行商品包装设计，满足不同消费者多种多样的需要是工商企业服务的宗旨。

（3）新颖别致有趣味性。商品包装起着“第一印象”的作用。因此，精心设计具有艺术性和趣味性的包装可在一定程度上激起消费者的兴趣和购买欲望。

（4）大方得体不落俗套。当一种产品的包装使用了较长时间后，应考虑推陈出新而作出相应的变换。

（5）包装要适当。商品在包装上常出现的问题是过度包装，包装过多，过于装饰，让人感到画蛇添足，喧宾夺主。商品包装贵在适当，所以在满足必要的包装要求下，要力求降低包装成本。

典型案例

农夫山泉的包装设计

农夫山泉作为国内产品包装设计最出色的售水公司之一，一直受到广泛关注，因而当谈到农夫山泉时，它被评为“一家因水而耽搁的广告公司”。它的产品包装多次获得国际设计大奖。

1. “东方树叶”包装获2012年获得Pentawards银奖

农夫山泉“东方树叶”产品系列有“红茶”“绿茶”“茉莉茶”“乌龙茶”四种口味。产品包装上呈现出四款包装，采用同样造型的瓶装，装饰图案的内容与颜色相应搭配。造型上，瓶子成形采用吹塑工艺，材料的透明度从视觉上能给人高品质的心理感受，瓶身的整体造型形态上圆下方，具有中国传统文化中“天圆地方”之意。在装饰上，图案设计依托于中国茶文化的含义，审美上具有传统剪纸的味道，也颇有皮影的感觉，具有浓厚的文化意义（见图6-1）。

2. “打奶茶”包装设计获得2014年Pentawards银奖

“打奶茶”的命名就像用茶筅不断击拂茶汤一样，击打出香醇润滑、口感极佳的奶茶。现如今这种传统的品茶方式几乎已经被遗忘了，农夫山泉以“茶筅”为原型，设计出“打奶茶”的包装瓶，以中国传统茶具为灵感，是对传统文化的传承与再现，在一系列优秀获奖作品中，别具一格（见图6-2）。

图6-1　“东方树叶”包装

图6-2　“打奶茶”包装

3. “高端水系列”屡获大奖

农夫山泉推出的“高端水系列”，为了追求极致的包装设计，历经长达三年的精心研发，最终推出了八款各具特色的包装形态，分为全透明与泛绿色两大系列。这些包装设计不仅承载了生态文化的理念，还深刻体现了长白山上野生动植物和谐共生的美好愿景，将自然元素巧妙融入产品包装之中，实现了对自然的深情回归。

在瓶身造型上，该系列采用了水滴隐喻的表现手法，以流线型的抽象水滴形态为设计灵感，塑造出颀长优雅、流畅饱满且富有弹性的瓶身曲线。瓶壁厚薄均匀，折光性恰到好处地展现了玻璃的透明质感，进一步衬托出产品的高端品质。

装饰图案设计方面，设计师以长白山上的动植物为灵感源泉，通过具象元素呈现长白山自然生态的创意构思，表达了对这片神秘土地及其栖息生物的敬畏之情。全透明系列的四款包装，分别选用了长白山典型的气候和植物元素——雪花、山楂海棠、蕨类植物和红松果实，用以盛装非含气天然矿泉水。而泛绿色系列的四款包装，则选取了长白山四种典型的动物形象——东北虎、中华秋沙鸭、马鹿和鹨，用以盛装含气天然矿泉水。这八种图案均为长白山上特有的、国家二级以上的野生保护物种，透露出强烈的生态保护和人文关怀气息。

这些包装设计不仅赋予了产品独特的设计美感，更赋予了其深厚的文化价值，传达出产品回归本源的核心理念。同时，它们也彰显了浓郁的人文自然气质和向自然生态致敬的人文理念。凭借精细的制造工艺和卓越的设计理念，该系列产品的包装在国际上赢得了广泛的赞誉和认可，在短短一个月内便摘得了三项国际大奖。其中，其玻璃瓶装天然矿泉水的包装设计更是屡获殊荣，先后获得了英国D&AD木铅笔奖、The Dieline国际包装设计大奖非酒精饮料类第一名、第17届国际食品与饮料杰出创意奖（FAB Awards）包装设计类最佳作品奖以及无酒精饮料包装设计金奖、Pentawards饮料类别铂金奖等殊荣（见图6-3）。

图6-3　农夫山泉“高端水系列”包装

农夫山泉的包装设计理念注重自然与健康、简约与实用、识别性与延续性、生态与可持续发展以及传递品牌价值，通过包装设计来传达品牌的价值和特点，打造出与众不同的包装形象，给消费者留下深刻的印象，让农夫山泉成为消费者心目中的首选矿泉水品牌。

（根据网络资料整理）

（三）商标与消费心理

同商品名称一样，商标是企业运用语言文字为产品设计的独特标志，因此，商标也最能引起人们的注意并容易让人记住。所以企业要为自己的商品设计独特的商标，才能更好地抓住消费者的眼球。

一种产品能行销，很大程度上是凭借其商标在消费者心中所建立的品牌形象。因此，商标往往被视为产品的“第二生命”。可见，正确地认识商标及其作用、合理地选择商标，是企业产品竞争的要求。

1. 商标的概念

商标是商品的标记，用来表示商品的特殊性质，俗称“牌子”或“品牌”，是工商企业为了标明其制造或经营某种商品的质量、规格和特征的标志。一个商标一般由两个部分组成：一是发音的文字或数字，称为品名；二是不能发音的符号、图案，称为品标。二者必须兼而有之，才能构成商标。如凤凰牌自行车，凤凰就是品名，凤凰图案就是品标。

商品除有名称外，还需具有品牌。品牌与商标具有不可分割的密切关系，许多商标是直接根据品牌设计的，但二者又是有区别的。品牌是商品特性的文字或数字标记，可用语言表达，而商标是商品的形象标记。品牌与商标相辅相成，在商品经济中发挥着重要的作用。

商标是一种产权，可以转让，可以买卖。但商标一经商标管理部门注册登记后，便具有专利权，并受到法律的保护，其他企业不得伪造和仿造。

2. 商标的功能

（1）识别商品的功能。通过特定的文字、图像、符号，使一种商品本身区别于其他同类商品。商品作为一种实物形态，对消费者无疑是最直接的刺激物，能够引起消费者的反应。商标是商品的直接外在标志，当人们看到某一种商标，就可能会想象出某种商品的属性和形态。因此企业必须精心设计自己商品的标记，注意文字精练，形象生动，构思新颖，画面美观，寓意良好，个性鲜明，富有情趣，适应习俗，使消费者易识、易记。

（2）印象的功能。一个设计出色的商标，可以通过广告等各种宣传媒介，与商品有关信息一起，给消费者以深刻的感受和难忘的印象。有些消费者坚持数年甚至终身使用某一商标的商品，动摇这种习惯或改变对商品的印象非常不易，这就是常见的“品牌忠实”消费者。反之，若在消费者记忆中留下恶劣印象，也是很难转变的。因此，企业必须注意商标与商品的名实相符。

（3）传播的功能。商标作为企业形象和商品形象在消费者之间交流传播，深入人心，就会引起品牌偏好，从而产生相信品牌、追求名牌、忠实老牌等不同类型的“认牌购货”消费行为。因此，世界上许多大公司都不惜耗费巨资精心选用商标、培植信誉。

（4）保护的功能。商标一经注册，便受法律保护，注册商标具有排他性和专有权，他人不得仿造、假冒，对仿冒已注册商标者，要追究刑事责任。这样企业创造出的名牌产品就可以独享其惠，其他厂家无法均沾。保护功能表现在两个方面：第一，维护生产、经营者的信誉；第二，保护消费者的利益。

（5）信誉功能。商标同产品一起代表着企业的形象和声誉。企业欲维护其商标的形象，必须尽力维护其产品的质量。为了保持名牌产品的声誉，或者创造名牌产品，企业需要长期努力提高产品质量。质量下降，首先遭受损失或损失最大的是生产企业的声誉。为了维护其商标的信誉，企业往往不敢随意地以次充好、降低质量。所以，商标能起到监督产品质量、保护消费者利益的作用。

3. 商标设计应遵循的原则

（1）形象化，且利于传播商标形象，使人看图知意，印象深刻。这是一条十分重要的心理学原则的运用。

（2）商标应符合目标市场的喜好。

（3）商标应体现商品的性质、特点和情调。

（4）商标应尊重民俗，避免禁忌。现代社会，国内国际市场融为一体，要将产品打入更广阔的市场就必须了解各国的历史文化传统、语言文字、风俗习惯、价值观念、审美情趣等，要力求避免歧义，针对目标市场的特点专门命名和设计，注意在音译和意译过程中避免误解。

（5）商标设计应遵守法律政策规定。

知识拓展

2023年全球品牌价值排行榜

Interbrand发布的2023年全球品牌价值TOP100排行榜中，苹果公司以超过5 000亿美元的品牌价值再次荣登榜首，这已经是苹果连续多年蝉联这一殊荣。

在全球品牌价值榜单的前五强中，我们见证了跨国科技公司的辉煌，它们分别是苹果、微软、亚马逊、谷歌和三星。这些公司的品牌价值均突破了数百亿美元的大关。

在这些科技巨擘的璀璨光芒下，中国的科技品牌同样展现出了不凡的实力。小米和华为分别以72.6亿美元和65.1亿美元的品牌价值，跻身榜单的第87位和第92位。尽管与苹果、微软等国际科技巨头相比，它们在品牌价值上还存在一定的差距，但在中国科技行业的快速发展和广泛影响力方面，小米和华为无疑已经崭露头角。

苹果能够连续多年稳居全球品牌价值榜首，离不开其卓越的产品品质、源源不断的创新能力和深入人心的品牌影响力。作为科技领域的领军企业，苹果在智能手机、电脑、平板等多个市场都占据了举足轻重的地位。同时，苹果还凭借其独特的生态系统和卓越的用户体验，不断推出引领潮流的产品和服务，赢得了全球消费者的广泛赞誉和信赖。

在这个全球化的竞争时代，品牌价值已经成为衡量企业核心竞争力的关键指标。对于科技企业而言，要在激烈的市场竞争中脱颖而出，不仅需要拥有先进的技术实力和创新能力，更需要注重品牌的建设和维护。只有这样，才能在全球市场中立足并持续发展。

与此同时，中国科技品牌在近年来也取得了长足的发展。小米和华为作为中国科技企业的代表，已经在全球范围内拥有了一定的品牌知名度和影响力。它们在产品研发、品质控制和市场营销等方面都表现出色，赢得了全球消费者的信赖和支持。

当然，我们也应该看到，中国科技品牌在全球市场上面临的竞争压力也在不断加大。随着全球化进程的不断深入，越来越多的跨国科技公司进入中国市场，给中国科技企业带来了巨大的挑战。因此，中国科技企业需要不断提升自身的技术实力、创新能力和品牌影响力，以应对日益激烈的市场竞争。

全球品牌价值排行榜虽然在一定程度上体现了全球消费者对于不同品牌的认可度和信任度，但也仅仅是一个参考指标。对于企业而言，要想实现可持续发展和长期盈利，还需要注重产品研发、品质控制、市场营销等多个方面的协同发展，不断提升自身的核心竞争力。同时，也需要加强品牌建设和维护，以不断提升品牌价值和影响力。

二、新产品与消费心理

（一）新产品的概念及分类

1. 新产品的概念

新产品指采用新技术原理和新设计构思研制、生产的全新产品，或在结构、材质、工艺等某一方面比原有产品有明显改进，从而显著提高了产品性能或扩大了使用功能的产品。

新产品是一个广义的概念，它具体可以包括新发明产品、改进的产品和新的品牌。新产品除包含因科学技术在某一领域的重大发现外，还包括如下方面：在生产销售方面，只要产品在功能或形态上发生改变，与原来的产品产生差异，甚至只是产品单纯由原有市场进入新的市场，都可视为新产品；在消费者方面则指能进入市场给消费者提供新的利益或新的效用而被消费者认可的产品。

对新产品的定义可以从企业、市场和技术三个角度进行。对企业而言，第一次生产销售的产品都叫新产品；对市场来讲则不然，只有第一次出现的产品才叫新产品；从技术方面看，在产品的原理、结构、功能和形式上发生了改变的产品叫新产品。营销学的新产品包括了前面三者的成分，但更注重消费者的感受与认同，它是从产品整体性概念的角度来定义的。凡是产品整体性概念中任何一部分的创新、改进能给消费者带来某种新的感受、满足和利益的相对新的或绝对新的产品，都叫新产品。

2. 新产品的分类

1）全新产品

全新产品指应用新原理、新技术、新材料，具有新结构、新功能的产品。这种产品在全球范围内首次开发，可以创造全新的市场。这类产品约占新产品总数的10%。

例如，当苹果公司推出iPhone时，它彻底改变了手机行业的格局。iPhone引入了创新的触摸屏界面、强大的应用生态系统和优秀的设计，成为智能手机的标杆。这款产品不仅在技术上全新，而且在市场上也引起了巨大的反响，重新定义了手机的使用体验。

2）改进型产品

改进型产品是在原有产品的基础上进行改进，使产品在结构、功能、品质等方面具有新的特点和突破。这类产品通过优化已有的设计和技术，更好地满足消费者的需求，占新产品总数的26%左右。

例如，特斯拉的电动汽车在传统汽车的基础上进行了重大改进。通过高性能电池、长续航里程和先进的自动驾驶技术，特斯拉提供了全新的驾驶体验。这些改进不仅满足了消费者对环保和高效能的需求，还推动了电动汽车行业的发展。

3）模仿型产品

企业对市场上已有的产品进行模仿生产，使其成为本企业的新产品。这种方式可以减少研发成本和风险，快速进入市场，约占新产品总数的20%。

例如，在iPhone成功后，许多其他手机制造商纷纷模仿其设计和功能，推出了类似的智能手机。这些产品虽然在技术和设计上没有突破性的创新，但它们通过模仿成功的产品，满足了广大消费者对智能手机的基本需求。

4）形成系列型产品

在原有产品大类中开发出新的品种、花色、规格等，从而与企业原有产品形成系列。这种策略可以扩大目标市场，提高市场占有率，约占新产品总数的26%。

例如，小米公司最初以生产手机起家，随后扩展了产品线，构建了一个围绕小米手机、小米电视、小米路由器等核心产品的小米智能家居生态系统，由小米生态链企业的智能硬件产品组成了完整的闭环体验系统。该系统以用户为中心，致力于提供智能化、网络化、人性化的家庭生活环境。

5）降低成本型产品

以较低的成本提供同样性能的新产品，主要通过利用新科技改进生产工艺或提高生产效率来降低成本。这类产品保持原有功能不变，但更具价格优势，约占新产品总数的11%。

例如，许多汽车制造商推出了经济型汽车，以降低成本并提供更实惠的选择。这些新产品在保持基本性能和舒适度的同时，通过简化配置、优化生产流程等方式降低成本，从而吸引预算有限的消费者。

6）重新定位型产品

企业的老产品进入新的市场而被称为该市场的新产品。这种方式可以通过开拓新市场来延长产品的生命周期，约占新产品总数的7%。

例如，Airbnb通过将闲置房间或整栋房屋出租给旅行者，重新定义了住宿市场。虽然民宿和短租并不是新概念，但Airbnb通过便捷的在线平台和创新的商业模式，使得这种住宿方式变得更加流行和便捷。这也可以看作是一种新产品，因为它为旅行者提供了不同于传统酒店的住宿选择。

（二）影响新产品购买行为的心理因素

影响消费者购买新产品的心理因素多种多样，既有消费者对新产品的需要内容和程度，也有消费者对新产品的感知程度、个性特征以及对新产品的态度等。

1. 消费者对新产品的需要内容和程度

新产品能否满足消费者的需要是其购买与否的决定性因素。由于不同消费者有不同的需要内容和程度，因而对新产品的购买行为也各不相同。目光敏锐的企业应当善于发现消费者的潜在需要，从而有效地引导和创造消费。

2. 消费者对新产品的感知程度

消费者感知能力的强弱直接影响其接受新产品信息的准确度和敏锐度，从而带来其购买行为的时间差异。当消费者确信新产品能够为其带来新的利益时，其购买欲望就会受到激发，进而采取购买行为。

3. 消费者的个性特征

消费者的兴趣、爱好、气质、性格、价值观等个性心理特征差别很大，这直接影响了消费者对新产品的接受程度和速度。例如，性格外向和富于冒险精神的消费者，往往比性格保守、墨守成规的消费者更易于接受新产品，而且接受的速度更快。

4. 消费者对新产品的态度

消费者在感知新产品的基础上，通过对新旧产品的比较、分析，形成对新产品的不同态度。如果消费者最终确信新产品具有某些特点，能为其带来新的利益及心理上的满足，他们就会对新产品持肯定态度，进而产生购买行为。

典型案例

速溶咖啡问世遭冷遇

咖啡，作为人们日常生活中的常见饮品，其产销量极为可观。雀巢速溶咖啡，这款如今风靡全球、备受推崇的饮品，在其初创之时却曾历经冷落。

20世纪40年代，雀巢公司敏锐地捕捉到了现代人生活节奏加快的趋势，率先研发并推出了速溶咖啡。这款咖啡省去了烦琐的磨豆、煮制过程，只需热水冲泡即可享用香浓美味的咖啡，同时保留了传统咖啡的精髓。然而，令人意外的是，尽管速溶咖啡具有便捷、高效等诸多优势，且紧贴人们的生活节奏，但它却在市场上遭遇了强烈的抵制。尽管雀巢公司在速溶咖啡的广告上投入了大量资金，远超普通咖啡，但消费者仍更倾向于购买传统咖啡，速溶咖啡的市场份额微乎其微。

为了探究速溶咖啡遭受排斥的原因，雀巢公司展开了深入的调查，并求助于消费心理学家。最终，他们发现，公司在推广速溶咖啡时，过于注重现代生活的快节奏特点，却忽视了消费者心理和传统习惯这一关键因素。在传统观念中，烹制一手好咖啡是贤惠、勤劳主妇的象征。而主妇们之所以对速溶咖啡持保留态度，是因为她们认为追求便捷有违传统美德。社会上甚至存在一种偏见，认为购买速溶咖啡的妇女并非贤妻良母。速溶咖啡因此被贴上了“懒惰家庭主妇”的标签。而当时的速溶咖啡广告中，频繁使用“快速、方便、省时、经济”等词汇，进一步加剧了这一不利形象。相比之下，传统咖啡的广告则更注重强调咖啡的口感、香气和醇厚，让人沉浸在煮咖啡的愉悦氛围中，人们也普遍认为速溶咖啡缺乏温暖和人情味。

根据心理学家的这一发现，雀巢公司立即调整广告宣传，重新进行广告策划，改变原来不利的产品形象，宣传的重点由只强调其省时、方便转到既强调省时方便，可以腾出更多精力去做其他事情，创造更多的财富和生活乐趣，同时又强调从速溶咖啡中同样可以尝到新鲜咖啡醇美、清香而浓郁的味道，使速溶咖啡饱含感情色彩。根据这一宣传宗旨，公司挑选最具温柔、善良、贤惠形象的女模特为速溶咖啡做广告，广告媒体以杂志为主。于是“雀巢咖啡”在各种妇女杂志刊登色彩鲜艳、内涵丰富的全页广告：颗粒饱满的棕色咖啡作为背景陪衬着热气腾腾的咖啡，广告上“百分之百的纯正咖啡”“满足你的咖啡瘾”等广告词十分醒目，并告诉人们，这就是美好温馨的生活。广告一出，由于迎合了人们的心理和消费习惯，消除了人们的心理疑虑，速溶咖啡的消费量迅速增加，其新形象获得了广大公众的认可。

（根据网络资料整理）

（三）新产品设计和推广的心理策略

1. 新产品设计的心理策略分析

企业为了让新产品投放市场后能引起强烈的反响，迅速打开市场，不仅要了解、研究消费者对新产品的心理需求，还要在商品设计中注意把握基本的心理策略。

（1）新产品设计的指导思想要适应消费需求的变化。新产品设计过程不仅要考虑技术经济问题，更要考虑需求问题。只有符合消费者需要的产品才能打开销路。

（2）新产品功能设计要满足消费者的需求。产品功能体现产品的基本效用，必须能满足消费者的某种需要。例如，各种需要中生理需要是人类的基本需要，是消费者购买产品最基本的出发点。新产品功能设计如果忽视最基本的核心效用，在市场上就难以成功。

（3）新产品造型要满足消费者的审美观。消费者购买产品不仅要追求它的使用价值，也要追求优美的造型，讲究艺术欣赏价值。随着人们生活水平、文化水平的提高，消费者文化艺术修养、审美观念也逐步增强，购买产品时更注重产品造型的艺术美、色彩美。审美观已成为影响消费者购买产品的重要因素。

（4）新产品设计要符合消费者的个性特征。当今社会，许多消费者都会根据自己的个性特征和个性倾向去购买产品。因此，企业设计产品时，在考虑其功能、结构等共性要求的同时应考虑产品的个性，使自己的产品与其他的产品有明显的差别，从而满足各种各样人群的个性需要。

典型案例

方太洗碗机让中国厨房更“净”一步

自1850年问世以来，洗碗机经历了漫长的发展过程，其间主要由欧美国家引领，其设计初衷是为了适应海外家庭的生活方式，如浅盘餐具的使用和轻度烹饪习惯，而“纯水喷淋”这一核心技术至今仍被沿用。然而，这种技术却未能很好地适应中国厨房的特点，尤其是面对油污较重和空间紧凑的环境，洗碗机在中国市场遭遇了“水土不服”的困境。

首先，空间限制成为洗碗机在中国普及的一大障碍。由于老式厨房装修往往没有预留洗碗机的位置，后期加装的台式洗碗机不得不占用宝贵的台面空间，使得原本就狭小的厨房更加拥挤。一旦烹饪的菜肴增多，厨房内的物品摆放便成为一大难题，严重影响了烹饪的流畅性和愉悦感。

其次，清洁效果有限也是洗碗机在中国市场面临的一大挑战。中式烹饪注重火候和口味，猛火爆炒和长时间炖煮是家常便饭，火锅等美食更是深受喜爱。然而，这些烹饪方式产生的污渍，如火锅底料、隔夜米饭和鸡蛋羹等，对洗碗机的清洁能力提出了更高要求。普通洗碗机的喷淋水洗技术往往无法产生足够强大的水流压强，难以彻底清除这些顽固污渍，导致用户需要手动重洗，既费时又费力。

最后，生活习惯的差异也影响了洗碗机在中国市场的接受度。传统洗碗机并不能完全契合中国人的生活习惯，用户在使用过程中可能会发现一些需要适应机器的地方。例如，许多中国人具有节约水电的意识，倾向于等待碗盘积累到一定数量后再开启洗碗机，而平时厨房就处于杂乱无章的状态。此外，由于部分洗碗机的烘干效果不佳，容易返潮产生异味，许多南方家庭在使用洗碗机时会特意留一条缝隙透气，将其当作碗柜使用的习惯也由此而来。

破解洗碗难题，提升中国厨房的幸福感，既需要新技术，又要深入生活、量体裁衣，方太就在这样的瓶颈与需求中酝酿着改变。适合中国厨房的洗碗机，是没有海外公司和典型产品可以借鉴的，这意味着中国厨电企业必须回到中国厨房的原点，深入中式餐饮的生活细节，从0到1去想象和创造。

2011年，方太组建自主研发团队，决定投身洗碗机研发，此前已经有很多中国企业在此折戟。方太的研发团队在25个城市，走访了1 000多个家庭，历经274次专案研讨会，终于在2015年3月原创发明了全球首台水槽洗碗机。

这一次产品创新打破了中国人对洗碗机的固有印象。水槽洗碗机集成度高，水槽、洗碗、清洗果蔬等多种功能合一，特别适合中国家庭的小厨房格局。不同于欧美的大型嵌入式洗碗机和日韩流行的台式洗碗机，水槽洗碗机安装简单，老式装修的中国厨房也可以轻松升级；取放方便，避免了弯腰躬背，大大方便了多代家庭的老人、孕妇等群体……

方太的水槽洗碗机产品彻底引爆了之前不瘟不火的市场，仅2016年，洗碗机市场同比增长103%，10多家新品牌竞相涌入。此后，国内洗碗机在短短5年内实现近10倍增长。2018年，方太将高能气泡洗1.0技术应用在水槽洗碗机K3系列，通过超微气泡与果蔬表面的碰撞，炸裂时产生能量来剥离农残。这一突破，彻底颠覆了纵横170余年的西方传统“纯水洗”技术，目前已迭代至3.0版本。2023年，以行星为视角，高能气泡洗3.0得以更“净”一步，提出了一剥二冲三洗的净洗黄金法则。同时，方太参与IEC标准制定，推动中式餐具类目加入国际标准，以中国标准推动世界标准，迈出了中国洗碗机走向世界的重要一步，推动整个行业的健康发展。

从某种意义上来说，将尖端科技、美好生活与厨电产品融合在一起，方太做出了一个很有示范意义的探索，向世界展示了科技创新的另一种态度。

（根据网络资料整理）

2. 影响新产品推广的心理因素分析

1）新产品功能的先进性

消费者购买产品，功能效用是第一考虑的要素，也是购买新产品的最重要的心理动机。当新产品功能有别于或优于老产品，消费者就会产生好奇心，在好奇心的驱动下购买欲望就强烈，从而有利于新产品的推广。

2）新产品的易用性

由于生活节奏快，消费者不想用更多的时间、精力来学习、了解和掌握日常生活的各种用具和用品，加上消费者的知识水平不同，理解能力有限，新产品结构复杂难以操作，就会给消费者造成心理障碍而不愿意购买。结构简单容易操作，一看说明书就会用，既省时也省力的新产品，消费者就会产生极大的兴趣，有利于产品推广。

3）新产品的沿袭性

沿袭性是指新产品使用过程与消费者习惯、价值观念、消费方式趋向一致或基本一致。消费者接受这类产品，可以减少调整原有价值观念，快速适应新的消费方式或习惯，消除心理障碍，有利于产品推广。

4）新产品信息传播可达性

消费者在购买和使用新产品时，希望将新产品中的优点与他人分享，得到他人的承认和理解，从而获得心理上的满足。因此，新产品若是在功能效用或工艺包装等方面优于原产品，消费者又能快速地认知、想象和形容，它的传播性就很强，消费者就会在无意中充当新产品的义务宣传员，传播产品信息，引起他人注意，吸引更多的消费者，增强商品推广效果。

5）新产品上市之时要具备可使用性

消费者由于不了解新产品特点，会对其反应冷淡或者存有疑虑，这会影响新产品的推广。如果在新产品上市时给消费者提供使用机会，亲身体会产品特点，消除疑虑，要比采用其他方式进行促销宣传影响力更大。例如，糖果、小吃、水果可以先品尝后购买，只要符合消费者的口感和需要，他们都会自愿购买，成为新产品的使用者。

典型案例

抖音电商开新日助科沃斯共推新品出圈

在中国消费者的家居清洁日常中，厨房地板的油污问题始终是一个普遍存在的难题，而市场上却鲜有专门为此设计的解决方案。这种供需之间的巨大矛盾，实际上孕育着巨大的市场机遇。

科沃斯推出的首款热水扫地机器人——洗扫拖专家T20，正是针对这一痛点而生的创新产品。它首次融入了“55 ℃热水净洗”功能，这一设计不仅能够有效瓦解动植物油污，确保清洁效果，还避免了因温度过高而导致拖布上残留糊状物的问题。配合科沃斯专用的抗菌清洁液，T20能够更彻底地清除拖布上的各类常见油污，有效防止地面二次污染。

除了“55 ℃热水净洗”这一核心功能外，科沃斯T20在智能化方面也进行了全面升级。每一个新增的卖点，都是针对消费者在实际生活中遇到的具体问题而设计的。例如，针对厨房地板油污难以彻底清除的问题，T20通过智能识别油污程度和分布，自动调整清洁力度和路径，确保每一寸地板都能得到恰到好处的清洁。还原到生活场景中，每一个卖点都对应一个具体的问题：

（1）如何避免拖布打湿地毯？它有9 mm的拖布抬升功能，可以自动识别地毯，并抬起拖布，避免打湿地毯，同时加大吸力清除地毯上的垃圾。

（2）用久了的扫地机器人，如何避免细菌滋生，产生异味？它有全链路抗菌功能，包括抗菌尘袋、抗菌滤芯、缓释银离子除菌等，可以做到99.9%的地面除菌和全链路抗菌。

（3）如何让扫地机器人变“成熟”，降低使用成本、劳力成本？它有八合一全能基站，全自动扫拖功能，包括自动洗拖布、自动热风烘干、自动集尘、自动上下水、自动添加清洁液等，真正解放双手。

（4）如何让老年人、小孩都能用上扫地机器人，打破使用门槛？它有全程语音操控功能，只需要说一声“OKYIKO，开始清扫”，就可以让它完成全屋清洁。同时，它还可以跳过App安装，直接通过极简版小程序进行简单控制，小程序界面简洁、字体比较大，老年人操作起来很方便。

优秀的新品独特卖点，能够巧妙地转化为富有创意的传播策略。抖音电商开新日携手科沃斯推广T20新品时，精准捕捉了“55 ℃热水净洗”的独特卖点，并围绕“干净如新不设限”的价值主张，通过“55手势”象征性地展示“55 ℃热水净洗”技术，巧妙融合了“科沃斯帮助用户解放双手”的理念，创新性地策划了“我就要55舞”品牌挑战赛。这一策略不仅丰富了内容创意，还与产品独特卖点紧密相连，形成深刻的记忆关联。

然而，相较于打造出色的卖点，更重要的是如何将这些卖点转化为传播的引爆点。抖音电商开新日与科沃斯强强联合，在抖音电商平台率先预售全新扫地机器人系列，不仅获得了平台核心资源的支持，还联合各领域KOL发起挑战赛，通过高额的传播势能，结合挑战赛激励机制，激发了大量UGC内容的参与和共创。整个活动在抖音平台获得了超过3亿的曝光量，“我就要55舞”话题播放量高达3.5亿以上。每一次挑战赛内容的播放，都是吸引用户兴趣的机会，也是新品卖点触达用户的窗口。这背后既有对产品精准定位的“产品原则”，也有全域兴趣电商模式下“内容引爆”的力量。

在T20新品的传播初期，抖音电商开新日与科沃斯共同将目标受众定位为“新时代女性”，她们是不被传统角色束缚的新时代女性，传播策略侧重于“玩咖”、“职场”和“家庭”三大场景，提炼出“不设限”的价值主张，明确了共情的切入点。通过聚焦打扫房间的苦恼，延伸出“科沃斯帮助我解放双手”的内容创意，展现了拥有科沃斯后，用户可以解放双手，享受更自由的生活。在挑战赛内容中，通过变装后的动作和不同KOL的演绎，生动表达了解放双手后的生活乐趣，如享受约会等。

在T20新品的推广过程中，“内容价值”始终贯穿始终。通过前期的预热和传播，科沃斯在用户关注度、兴趣度最高的时刻，通过直播带货、新品首发和渠道专供福利等强有力的激励措施，实现了高效转化的闭环。

作为全能型扫地机器人的头部品牌，科沃斯以43.3%的份额保持着较大的领先优势。对科沃斯品牌而言，这既是市场给予的“正反馈”，也是一份压力。作为品类头部品牌，在市场快速普及阶段，往往需要头部品牌打破限制，创造新的增量机会，增加SKU、创新产品、创新场景，不断拓宽边界。

（根据网络资料整理）

任务二　认知消费心理与价格策略

任务目标

能明确价格策略在营销中的重要作用，通过掌握商品定价的心理策略，使学生能够灵活运用策略解决问题；针对消费者的心理，通过分析价格现状，使学生能充分理解消费的价格心理特征，以及价格变动对消费者的影响，掌握定价和调价的技巧，培养学生发现问题和分析问题的能力。

知识精讲

一、商品价格的心理功能

（一）影响商品的价格的主要因素

在商品服务市场上，不同的商品放在一起，它们的价格往往各不相同；即使同一种商品的价格也有时高、有时低。那么，引起商品价格变化的因素有哪些呢？

1. 价值对价格的影响

一辆普通自行车的价格800元，一辆普通摩托车的价格5 000元，一辆普通的汽车其价格也在100 000元上下，即使自行车供不应求，其价格也不会高过汽车，即使摩托车供过于求，其价格也不会低于自行车。影响商品定价的因素包括商品价值、价值量、货币本身的价值以及社会必要劳动消耗等。其中，商品价值是价格的决定因素，价值量越大，商品价格越高；价值量是由生产资料消耗价值、活劳动的补偿价值和剩余产品价值所组成的；货币本身的价值也会影响商品的价格；社会必要劳动消耗是由生产资料消耗价值、活劳动的补偿价值和剩余产品价值所组成的。

2. 供求关系对价格的影响

市场供需是影响商品定价的因素之一。当市场需求增加时，产品的价格会上涨，相反，如果市场需求减少，产品的价格会下降。市场供需关系还可以影响价格弹性，即价格变动对市场需求量的敏感程度。另外，市场需求的变化也会影响价格弹性，即价格变动对市场需求量的敏感程度。

3. 市场竞争环境对价格的影响

市场竞争环境可分为完全竞争、完全垄断、垄断竞争和寡头垄断四种模式。不同的市场环境对价格的形成产生不同影响。完全竞争市场下，产品的价格完全由供求关系决定，买卖双方都是价格的接受者，而不是价格的决定者。企业不可能采用提价的方法多得利润，只能靠提高生产率、降低消耗来降低成本。所有促销活动都是不必要的。实际上现实中不存在完全竞争市场，这只是一种纯粹的理论分析；完全垄断市场下，从理论上讲企业完全有自由定价的权利，但要受其他情况的限制，如政府干预、消费者反对等；垄断竞争条件下，企业不是一个消极的价格接受者，而是一个对价格有影响力的决定者；寡头垄断市场下，产品价格不是由市场决定的，而是由几家大企业通过协商和默契决定的。

4. 成本对价格的影响

商品成本是决定商品价格的主要因素，因此成本因素是影响商品价格的主要因素之一。商品成本包括生产成本、销售成本和储存成本。企业一般通过增加产量降低商品成本，从而降低商品价格。

5. 政策法规因素

各个国家对市场物价的高低和变动都有限制和法律规定，同时国家会通过生产市场、货币金融等手段间接调节价格。企业在制定定价策略时，一定要充分地了解本国及所在国有关方面的政策和法规。

小案例

房地产企业的价格心理策略

房地产企业一般都会通过巧妙的价格策略实现销售目标。比如说房地产企业会通过实际调研获取公众对楼盘的心理价位，在获取心理价位后，开发商并不急于公布楼盘的实际销售价，而是通过科学的小区规划、一流的设计、完善的管理配套措施等信息影响消费者，以一种主动的姿态提升楼盘价值，从而不断提升楼盘在消费者心中的价格。当楼盘进入市场后，其实际售价虽然略高于消费者的心理价格，消费者也乐于接受。

随着房地产市场的进一步规范，价格策略显得尤为重要。消费者对房地产价格的心理定价是开发商们必须要突破的障碍，开发商要缩小消费者心理价位与楼盘现实价位的差距，巧妙利用价格策略也就顺理成章了。

（根据网络资料整理）

（二）商品价格心理功能的体现

商品的价格心理功能是指价格作为人们购买商品时最重要的影响因素，必然会对消费者的消费心理和消费行为产生重要的影响，这就是价格的心理功能。

1. 衡量商品价值功能

消费者会简单地把价格看成是衡量商品质量好坏的标准，他们总是认为价格高的商品品质好、价值高，而认为廉价商品质量不好、价值低。

2. 消费者自我意识的比拟功能

消费者自我意识的比拟功能是指商品价格不仅体现商品的价值，还在一定程度上反映了社会心理价值。

3. 调节需求的功能

商品的价格受供求关系的影响，又具有调节需求的功能。当价格上升时，需求会相应的减少；反之，如果价格下降，需求则会增加。

小案例

降价不一定畅销，涨价不见得难卖

大壮常去他家附近的一家小饭馆吃饭，久而久之，他注意到这家饭馆在经营上有一些固定的模式：大约每隔一个月，菜单就会有所更新，店主会根据季节变化适时推出一些特价菜或是小份的家常菜品。然而，对于那些备受顾客喜爱的菜品，店主却会悄悄地将价格上调一两元。

在这片餐饮竞争激烈的区域，周围不少餐馆已经关门大吉，即便是重新开业的，也往往难以维持多久。但这家小饭馆却始终保持着旺盛的人气，顾客络绎不绝。大壮对此感到十分好奇，他认为店主在更换菜单、推出特价菜和小份菜品方面确实做得很好，很会吸引顾客，但提高价格往往会降低消费者的忠诚度，甚至导致客户流失。既然店主懂得如何迎合顾客需求，那么他为何还要冒险涨价，从而可能抑制顾客的消费欲望呢？

其实，这背后隐藏着一种消费者心理价格机制。对于大多数顾客来说，相对于十几元甚至二十几元的菜品价格，一两元的涨幅是可以接受的心理范围。虽然店主会不时地调整价格，但每次的涨幅都保持在顾客的承受范围之内，并且一旦价格涨到一定程度就会保持稳定。这样的策略不仅帮助餐馆实现了利润的最大化，而且并没有对消费者的忠诚度造成太大的影响。

（根据网络资料整理）

二、消费者的价格心理

消费者的价格心理是消费者在购买商品时对价格进行评价的各种心理现象。它受消费者自身的心理特点和对价格的知觉判断的共同影响。

（一）消费者的价格心理特征

1. 习惯性心理

价格的习惯性心理是指消费者在反复购买的过程中，由于对价格的多次感知，形成了对商品价格的习惯性认识。很多商品在市场上的价格由于多年的积累，形成一种稳定性，消费者对稳定的价格也形成一种习惯性的购买方式，这就是买卖双方都能接受的习惯价格。

2. 敏感性心理

敏感性心理是指消费者对商品价格变动的反应程度。由于价格是影响消费者购买商品的重要因素，因此，消费者在购买商品时，首先考虑的就是价格问题。不同消费者对商品价格有不同的敏感性。

3. 倾向性心理

倾向性心理是指消费者在购买过程中对商品价格接受或拒绝的态度。消费者由于经济地位、生活方式、购买习惯不同，对商品的价格也具有明显的倾向性。

4. 感受性心理

感受性心理是指消费者对商品价格的感知程度。同样价格的商品，有的消费者觉得价格偏高，有的消费者觉得价格适中，这就是消费者对价格的感受性不同。由于商品本身的外观、质量、包装等影响，消费者对商品价格的感知也不一样。

（二）消费者的价格判断

1. 价格判断的途径

（1）与市场上的同类产品价格进行比较：通过比较同类型商品在不同商家的报价，可以直观地感受到价格的高低差异。

（2）与同一售货区中的不同产品价格进行比较：在同一售货区域中，比较不同品牌的类似商品价格，有助于评估商品的市场价值。

（3）通过商品本身的特征进行比较：包括商品的外观、包装、品牌、产地等信息，这些因素可能会影响商品的价格定位。

（4）利用消费者自身的感觉和体验：个人的感觉和体验也是判断价格的一个依据，比如对产品质量、性能或者服务水平的个人偏好。

（5）关注消费者评价和反馈：通过了解其他消费者的评价和反馈，可以获得关于商品性价比的信息，以及物价的高低情况。

（6）了解基本生活成本：通过比较不同地区的食品、交通、住房等基本生活成本，可以推断出物价的高低水平。

（7）咨询专业人士或机构：向相关专家或专业机构咨询，获取更全面和准确的信息，帮助做出更好的价格判断。

以上途径可以帮助消费者从多个角度和维度进行价格判断，从而作出更为明智的购买决策。

2. 价格判断的影响因素

1）消费者的经济收入

经济收入是消费者进行价格判断时最直接和重要的考虑因素。不同收入水平的消费者对价格的敏感度不同。高收入消费者可能更注重产品的品质、品牌和体验，对价格的敏感度相对较低；而低收入消费者则更注重性价比，对价格的敏感度较高。因此，在制定价格策略时，需要考虑目标消费者的经济收入水平，以确保价格既能够覆盖成本，又能满足消费者的需求。

2）消费者的价格心理

消费者的价格心理对价格判断具有重要影响。消费者对价格的认知、态度和价值观会影响他们对价格的接受程度。例如，有些消费者认为“一分钱一分货”，愿意为高品质的产品支付更高的价格；而有些消费者则更注重性价比，倾向于选择价格适中但品质不错的产品。此外，消费者对价格的期望也会影响他们的购买决策。如果产品的价格超出了消费者的心理预期，他们可能会选择放弃购买。

3）商品的特点

商品的特点包括品质、功能、品牌、包装等方面。这些特点都会影响消费者对价格的判断。高品质、功能齐全、品牌知名度高、包装精美的产品往往能够吸引消费者支付更高的价格。相反，如果产品的品质差、功能单一、品牌知名度低、包装简陋，消费者可能会认为价格过高而选择放弃购买。因此，企业在设计产品和制定价格时，需要充分考虑产品的特点，以确保价格与产品的价值相匹配。

4）消费的紧迫性

消费的紧迫性也会影响消费者对价格的判断。当消费者急需某种产品或服务时，他们可能会愿意支付更高的价格以满足需求。例如，在紧急情况下需要购买药品或机票的消费者可能会接受较高的价格。相反，如果消费者的需求并不紧迫，他们可能会更加关注价格，选择等待降价或寻找更优惠的替代品。因此，企业在制定价格策略时，需要考虑消费者的需求紧迫性，以制定更具针对性的价格策略。

三、商品定价、调价的心理功能

（一）商品定价策略

1. 撇脂定价策略

撇脂定价策略是一种新产品的定价策略，其核心理念是在新产品上市时定出一个较高的价格，然后在短期内通过提价或其他措施回收投资并获得较大的利润。这种策略类似于从牛奶中撇取奶油，取出其中的精华部分。撇脂定价策略适用于具有独特技术、不易仿制、有专利保护、生产能力不易迅速扩大等特点的新产品。企业在实施撇脂定价策略时，应考虑到市场需求、竞争状况以及对消费者心理的理解。

撇脂定价策略的优点是：第一，新品上市之初，顾客对其缺乏理性认识，利用较高的价格可以提高身价，有助于开拓市场；第二，价格高利润大，短期内即可收回投资，等竞争者加入时，企业已经获得丰厚利润；第三，主动性大。由于价格定得过高，在竞争中处于主动地位，可以随时调价。这种定价策略的缺点是：第一，高价投入市场带来的风险较大，可能出现产品形象尚未树立、销售增长缓慢的情况；第二，高价和高额利润会很快招来竞争者，迫使好景不长，价格下降。

知识拓展

撇脂定价策略的要点

撇脂定价策略并不是适用于所有类型的产品。它更适合于那些具有独特功能和品质的产品，如高端化妆品和护肤品等。而对于其他产品，如果采用这种策略，可能会导致销售额下降，所以，在使用撇脂定价策略时需要注意以下几点：

（1）适用情况。适用于具有独特技术、不易仿制、有专利保护、生产能力不易迅速扩大等特点的新产品。

（2）定价原理。通过高价定位，塑造品牌形象，吸引消费者，提高销售额和利润率。

（3）实施原则。企业需要综合考虑行业动态、市场需求以及可承受性，应用多种定价策略，加强宣传活动，以达到预期的经济效益。

（4）市场营销策略结合。撇脂定价策略通常与其他市场营销策略如广告宣传、促销活动等相结合，以提升产品吸引力。

（5）产品品质。高价产品需要有高品质的保障，以维护消费者信任和忠诚。

（6）短期内的利润。通过在短期内实现高额利润，企业可以更快地收回投资，并在后续阶段逐渐降低价格，进入弹性更大的市场。

2. 渗透定价策略

渗透定价策略又称薄利多销策略，是指新品上市之初价格尽量定得低一些，其目的是尽快提高销售量和市场占有率。这种策略的目的在于短期内通过大量销售来降低单位成本，随着销售量的增长，可以进一步降低价格，同时维持或提升市场份额。渗透定价并不是指绝对价格的便宜，而是指相对于产品价值而言的比较合理。这种方法可以帮助公司快速积累客户基础，建立品牌知名度，并在市场上取得竞争优势。然而，这种策略通常伴随着较低的利润率和可能的品牌形象受损的风险。这种定价策略主要适用于没有显著特色、弹性需求较大的产品。

渗透定价策略的优点是：第一，产品容易被市场接受，可以迅速打开销路，增加产量；第二，由于低价薄利，对竞争者吸引力不大，可以减少竞争，企业容易获得并保持较高的市场占有率；第三，可以使企业长期稳定经营，获得盈利。这种定价策略的缺点是：第一，新产品的投资需要长时期才能收回；第二，如果出现竞争者，企业将处于比较被动的境地。

3. 习惯定价策略

习惯定价策略是指根据顾客对价格的习惯心理确定价格的方法。这种方法适用于被顾客广泛接受的、必须经常重复购买、消费量较大的商品，如日用品、生活必需品等。这些商品价值不高，商品的价格也就被消费者当成习惯成自然地接受。

习惯定价策略的优点是，使消费者感觉价格合理，容易接受，有利于维持消费的稳定。习惯定价策略的缺点是，消费者对这类商品的价格变动特别敏感，因此对这类商品的价格调整应该十分谨慎，一旦提价，会破坏消费者长期形成的消费习惯，导致他们转而购买其他商品。例如，我国20世纪50~60年代，普通火柴的售价保持在较低水平，消费者对此形成了固定的印象。后来虽然原材料价格上涨，火柴的价格也需要相应提升，但由于消费者对该价格的接受度较高，商家最终还是选择了温和的方式进行了调价。

知识拓展

习惯定价策略的要点

习惯定价是一种根据消费者对商品价格的固定印象和接受程度来进行定价的方法，它有助于维护品牌形象和消费者忠诚度。然而，定价时需要考虑到消费者的感受和对价格变化的敏感性，确保在不引起反感的前提下适时调整价格。

（1）适用条件。习惯定价通常适用于那些消费者频繁购买的日用品，如饮料、火柴和大众食品等。在这些情况下，消费者可能会对特定的价格形成一种习惯，不易受价格变化的影响。

（2）定价原则。对于这些经常购买的日用品，如果因为原材料价格上涨等因素需要调整价格，应该非常谨慎。改变价格可能会引起消费者的反感，因此在这种情况下，可以通过改变包装、减少分量或推出新产品的方式来适应成本的上升。

（3）影响因素。习惯定价还受到消费者对商品价值的评估以及市场竞争状况的影响。如果消费者对某一品牌或类型的商品有了固定的价值评估，那么这个品牌的商品就会有一个相对稳定的价格。

（4）注意事项。即使是出于成本考虑需要涨价，也应注意保持价格的稳定性，避免大幅度的价格波动。这可以通过改变产品的内容、包装和分量来实现，而不是直接简单地提高价格。

4. 尾数定价策略

尾数定价策略，也称非整数定价、零头定价，是指给商品制定一个带有零头的价格，使价格的最后一位是一个接近整数的尾数。尾数定价策略是一种典型的心理定价策略，这种定价的心理依据是利用顾客对商品价格直觉的感知差异而刺激购买。这种定价策略的优点是利用数字的巧妙安排给消费者造成价格偏低的感觉，例如99.9元会感觉比100元便宜。这种定价策略的缺点是不能把价格定得太过于烦琐，否则效果可能适得其反。

尾数定价策略通常适用于日常生活用品和一些特定场合，尤其是那些面向中低收入群体的商家。这类商家通过尾数定价策略，如使用零头数结尾的非整数价格，以及选择被认为是吉利的数字作为价格尾数，来吸引消费者的注意力和购买意愿。尽管尾数定价强调的是价格尾数的吉利性和消费者心理的影响，但它也能在一定程度上体现商品的价值和定价的精确性。例如，使用8作为价格尾数可能会增加商品的吸引力，因为它与发财的“发”字有关，在中国文化中常常与好运联系在一起。

虽然尾数定价是一个有效的策略，但在使用时需要注意避免过于夸大的价格差异，以免损害消费者的利益或导致商品利润受损。此外，对于特定的产品和服务，如高端服务，尾数定价可能不是最佳的定价方法，因为这些市场往往更注重品牌形象和声望。

5. 整数定价策略

整数定价是一种定价策略，它涉及将商品的最终价格设定为一个整数，而不是小数点后保留一定尾数的金额。这种定价方法可能会给消费者留下更高端、更专业的印象，尤其是当用于名牌或高质量商品时。此外，整数定价还可以利用消费者的心理因素，比如自尊心和炫耀心理，以及他们对品牌和质量的不同看法。它适用于那些追求质量和品牌的消费者群体，尤其是在高档次商品市场中。

然而，整数定价也可能导致短期内销售额的减少，因为消费者可能会寻找下一个最近的整数价格来进行比较。因此，虽然整数定价有助于维护商品的形象并可能增加长期利润，但它可能需要适应市场变化和消费者行为的变化。

6. 招徕定价策略

招徕定价（也称为特价商品定价）是一种定价策略，其目的是通过牺牲个别商品的利润来吸引更多的顾客，进而增加整体的销售量和利润。招徕定价涉及将某些商品的价格设定得远低于市场平均价格，以此来吸引消费者的注意力。这种策略通常适用于那些消费者追求性价比的心理，尤其是在那些价格敏感的行业中，如零售业。

知识拓展

招徕定价策略的要点

（1）降价商品的选择。应该选择那些消费者经常使用的，尤其是家庭常用的物品，以保证吸引力和实用性。

（2）降价幅度的设定。降价的商品价格应该是接近或低于成本，这样才能有效地引起消费者的兴趣。

（3）降价商品的数量。降价商品的数量应当适中，过多可能导致亏损过大，过少则可能无法达到预期的效果。

（4）区分特价商品与其他商品。特价商品应有明显的标识，以免影响其他正常价格商品的销量。

7. 声望定价策略

声望定价是一种心理定价策略，它通过将商品价格设定为整数或较高价位，以此来吸引潜在买家，并创造出一种高品质和高价值的印象。这种定价策略特别适合于名牌商品或优质产品，因为它利用了消费者对于名牌商品的崇拜和信任心理。在这种定价策略下，消费者往往会按照价格来判断产品质量，将高价与优质产品等同起来，从而达到精神上的享受和满足不同层次消费需求的目的。

声望定价的适用情况包括名牌产品和优质产品。它的目的是提升产品形象，同时满足消费者对自我价值的追求。此外，声望定价还涉及设置购买障碍和制造稀缺气氛，这些措施有助于维持品牌的高端形象和市场地位。

典型案例

海尔推出高端品牌卡萨帝

卡萨帝是海尔集团旗下的高端家电品牌，诞生于2006年，品牌名称源自意大利语：“Lacasa”

意为“家”，“arte”意为“艺术”，Casarte即“家的艺术”。

卡萨帝与海尔在技术上存在一定程度的共享，但卡萨帝同样掌握着众多独有的高端技术，诸如冰箱领域内的红外恒温保鲜技术、MSA控氧保鲜技术以及涡流动态杀菌技术等。通过提供融合了高品质、尖端科技以及独特设计理念与艺术美感的产品，卡萨帝成功地塑造了一个高端的品牌形象。在此基础上，卡萨帝采取了声望定价策略，即设定高价以彰显其产品的卓越品质与品牌价值。这一策略不仅加深了消费者对卡萨帝品牌的信赖与忠诚，更进一步扩大了品牌的声望与影响力，使卡萨帝在市场上独树一帜。

在欧洲这个高端品牌云集的市场中，卡萨帝能够成功以高端价位切入，无疑是对其国际化品牌实力的有力证明。早在2016年，卡萨帝冰箱便以1 099欧元的高价进军欧洲市场，这一价格远超当地本土品牌，因此引起了法国、意大利、西班牙三国媒体的广泛关注与报道。到了2019年，卡萨帝空调出口至意大利，并以3 445欧元的售价成为当地较昂贵的智慧空调产品。进入2022年，卡萨帝加速了全球化的步伐，自米兰设计周亮相后，卡萨帝在泰国曼谷开设了首家智慧家庭体验中心，于巴基斯坦设立了品牌旗舰店，并在新加坡中国机电产品品牌展上大放异彩，为全球用户带来了高端智慧生活的全新体验。

随着经济的持续增长和技术的不断革新，用户对家电产品的多样化需求日益显著，更新换代的速度也在加快。作为国际高端家电的领军品牌，卡萨帝始终将用户需求放在首位，依托遍布全球的14个设计中心、28个合作研发机构以及300多位设计师组成的强大专业团队，以及在欧洲、美洲、亚洲等地的技术资源团队，这些丰富的研发资源使得卡萨帝能够及时捕捉用户需求，驱动技术创新，确保为全球用户提供一流的原创科技和创新产品。

凭借原创科技和场景化优势，卡萨帝在海外不仅赢得了如高端定制设计师等的青睐，还成功入驻了德国Arenfels城堡、意大利坎顿庄园、葡萄牙圣灵庄园、英国欣威克庄园以及里昂家庭博物馆等众多知名城堡和建筑，为它们提供了智慧生活的卓越体验。在国内市场，卡萨帝同样表现出色，已经连续六年蝉联高端市场冠军。

卡萨帝通过其独特的品牌背景、高端的技术与设计、稳定的市场地位以及成功的声望定价策略，成功成为高端家电市场的领跑者。

（根据网络资料整理）

8. 折扣定价策略

折扣定价是一种定价策略，旨在通过提供价格优惠来激励顾客做出特定的购买决策，如尽早付款、大量购买或者在非旺季购买。折扣定价策略的类型包括：

（1）现金折扣：与付款时间和方式相关的折扣，通常在约定的时间内以现金支付或有预付款项的情况下获得。

（2）数量折扣：折扣程度与购买的数量密切相关，购买数量越多，折扣力度越大。

（3）功能折扣：根据商品在不同销售环节中所承担的功能和责任给予的折扣。

（4）季节折扣：针对商品季节性消费特点，在淡季提供的价格优惠，以促进销售并减少库存风险。

（5）价格折让：在特殊情况下，如促销活动或其他商业协议下，对原价进行的折扣调整。

此外，折扣定价需要考虑的因素还包括竞争对手的实力、折扣的成本、市场总体价格水平的变化以及企业流动资金的需求、金融市场的汇率变动、消费者对折扣的疑虑等。在实际应用中，折扣定价有助于扩大销量、加速资金周转、鼓励忠诚客户以及应对市场需求的不确定性。

9. 差别定价策略

差别定价策略是指对同一产品针对不同的顾客、不同的市场制定不同的价格的策略。其种类主要有：以顾客为基础的差别定价策略、以产品为基础的差别定价策略、以产品部位为基础的差别定价策略和以销售时间为基础的差别定价策略。

差别定价策略可以分为以下几类：

（1）顾客细分定价策略，是指企业按照不同的价格把同一产品或服务卖给不同的顾客。

（2）产品式样定价策略，是指企业对不同花色、品种、式样的产品制定不同的价格，但这个价格相对于它们各自的成本是不成比例的。

（3）地点定价策略，是指企业对于处于不同地点的同一商品收取不同的价格，即使在不同地点提供的商品成本是相同的。

（4）时间定价策略，是指企业对于不同季节、不同时期甚至不同时间的产品或服务分别制定不同的价格。

（二）价格调整的心理策略

价格调整分为两种：降价和提价。这两种情况的变动都会使消费者的利益受到影响，引起消费者心理与行为上的反应。消费者对企业调整价格的动机、目的理解程度不同，也会做出不同的心理反应。通常情况下，消费者无法了解企业调整价格的真实原因。可见，对价格调整理解得不准确，会在心理和行为上有所偏差。

1. 提价的心理策略

1）消费者对商品提价的心理反应

调高价格通常对消费者不利，理论上会抑制消费者的购买欲望，挫伤其购买积极性，减少实际购买需求。但在现实生活中，消费者可能会做出与之相反的各种反应。

（1）商品提价，可能是因其具有某些特殊的使用价值，或具有更优越的性能，好东西应该赶快购买。

（2）商品已经提价，可能还会继续上涨，应尽快抢购，以防将来购买价格更高。

（3）商品提价，说明它是热门货，有流行的趋势，应尽早购买。

（4）商品还在提价，可能是限量发行，说明它有升值的潜力，不如购买一些囤积起来，待价而沽。

（5）商品在提价，可能出现断货，为保证急用而预先购买。

消费者对价格调高的反应还表现出其他复杂的心理动机。例如，在艺术品市场上，由于艺术品总是限量发行，价格上涨说明其具有增值潜力，所以很多收藏者出于投机或投资心理会考虑购买。

知识拓展

商品提价时需要注意的问题

（1）注意提价方式。在提价方式的选择上，有直接提价和间接提价。直接提价就是以一定幅度提高原有商品的标价。间接提价是商品的标价不变，通过商品本身的变动，实际提高价格。企业通常的做法是暗地调换产品型号、种类，变相提价，这种方法多用于家用电器，如减少一些不必要的产品功能等。另外一种是减少商品数量而商品价格不变，这种方法多于食品，如减少食品净含量。企业应尽可能多地采用间接提价，把提价的不利因素降到最低程度，使提价不影响销量和利润，而且能被潜在消费者接受。

（2）说明提价原因。企业提价时应通过各种渠道向顾客说明提价的原因，做好宣传、解释工作，配之以产品策略和促销策略，并帮助顾客寻找节约途径，组织替代品的销售，以求得消费者的谅解和支持，减少顾客不满，维护企业家形象，提高消费者信心，刺激消费者的需求和购买行为。

（3）切忌所有商品同时提价。

（4）注意提价幅度。提价幅度不应过大，否则会损失一大批消费者。提价幅度并没有统一的标准，一般视消费者的价格心理而定。

总之，商品提价要充分考虑消费者的心理需求，提价幅度应与消费者对商品的感知价值基本相符。只有这样，商品提价才会为消费者所接受。

2）商品提价策略

（1）直接沟通策略：当商品提价是由外部原因（如原材料成本上升）造成时，企业需要通过适当的宣传与公共关系工作，使消费者理解并认识到企业价格变动的原因。这种策略的关键在于建立消费者对提价的合理预期，减少消费者的抵触心理。

（2）替代策略：对于因国家为合理配置资源、保护环境而提高原材料价格导致的商品提价，企业除了进行宣传解释外，还应做好替代品的经营，以满足消费者的需求。这种策略有助于缓解消费者对特定商品提价的敏感度。

（3）间接提价策略：企业可以在不改变销售价格的情况下，通过减少商品容量或数量、取消免费服务等方式来实现提价。这种策略不容易引起消费者的直接反感，因为它在表面上维持了价格的稳定性。

（4）组合与重新包装策略：企业可以将商品重新包装或组合，然后以更高的价格出售。例如，通过增加附件或配件，并收取更高的费用来实现提价。这种策略利用了消费者对新产品或新组合的好奇心和兴趣。

（5）价格相关性策略：在提高某种商品销售价格的同时，适当降低其他商品的价格，使社会公众感觉到价格变动的相关性。这种策略有助于平衡消费者的心理预期，减轻对单一商品提价的抵触情绪。

（6）服务增强策略：在价格变动的同时，努力提供全方位的服务。这种策略通过提升消费者的购买体验来增强其对价格变动的接受度。

（7）品牌效应策略：当一个品牌获得消费者认可后，即使成本增加，也可以通过品牌效应提价。这种策略基于消费者对品牌的信任和忠诚度，能够降低对提价的敏感度。

典型案例

某火锅涨价风波

2023年底，一则关于某火锅涨价的消息引发了广泛关注。不少消费者纷纷表示，除了10元一位的小料费之外，还有8元一位的自助饮料费（酸梅汤），“加上锅底，4个人还没怎么吃，小200元就没有了，火锅的价格越来越贵，让人难以承受。”有网友表示，以前吃该火锅时，人均消费大约是100元，而现在则需要花费200元以上。还有网友指出，一些菜品的价格也明显上涨，比如毛肚、羊肉等热门菜品的价格都上涨了10%左右。

面对消费者的诸多不满，该火锅官方已作出正式回应。据该火锅方面阐述，此次涨价主要受原材料成本攀升及人工成本增加等多重因素影响。同时，该火锅方面强调，为确保菜品品质和服务水平，公司不得不对价格进行适度调整。

然而，对于该火锅的这一解释，消费者并不认同。部分网友指出，尽管原材料和人工成本上升是客观事实，但涨价幅度过大，令人难以接受。更有网友表示，涨价本身虽可理解，但服务质量却有所下降，这更加令人不满。

值得注意的是，这并非该火锅首次调整价格。早在2020年，该火锅就曾因原材料成本上涨而上调过部分菜品价格，涨幅甚至高达20%。但彼时，涨价并未显著影响消费者对该火锅的热情。

然而，此次涨价却引发了消费者的强烈反响。消费者普遍认为，该火锅的价格已经偏高，且服务质量有所下滑。有网友直言，以往吃该火锅是一种享受，如今却感觉性价比越来越低。

作为中式餐饮的佼佼者，该火锅一直以其优质的服务和独特的口味深受消费者喜爱。然而，近年来价格上涨的问题确实在一定程度上削弱了消费者的满意度。面对日益激烈的市场竞争和不断变化的消费者需求，该火锅需要在成本和价格之间找到平衡点，以确保在保持盈利能力的同时，也能持续满足消费者的期望。

（根据网络资料整理）

2. 降价的心理策略

1）消费者对商品降价的心理反应

调低价格通常有利于消费者，理应激发消费者的购买欲望，促使其大量购买。但在现实生活中，消费者会做出与之相反的各种心理和行为反应，往往会“持币观望”“越降越不买”。消费者对商品降价的心理反应主要有：

（1）消费者由“便宜—便宜货—质量不好”“便宜没好货，好货不便宜”等一系列联想而产生心理不安。

（2）消费者不愿意购买低档货，认为“便宜—便宜货—有损尊严和满足感”。

（3）消费者猜测企业可能有新产品即将问世才降价抛售老产品；老产品不久就会被淘汰，这种商品会很快落伍；可能企业不再生产该种商品的零部件，零部件的维修更换无法保证。

（4）降价商品可能是过期商品、残次品、库存品或低档品，功能少，质量差，不再符合未来发展趋势。

（5）商品已降价，可能还会继续降，暂且耐心等待，期待新一轮的降价，从而可以购买更便宜的商品。

知识拓展

商品降价时需要注意的问题

1. 降价商品选择

少数几种商品大幅度降价，比起很多种商品小幅度降价的促销效果更好，因为这样更具有轰动效应。

商家向消费者传递降价信息的一般做法是把降价标签直接挂在商品上，这样能最大限度地吸引消费者立刻购买。因为这样消费者能一眼看到降价前后的两种价格，从而会立即作出购买决策。

2. 降价方式

降价最直截了当的方式是将企业产品的目录价格或标价绝对下降。但企业更多的是采用各种折扣形式来降低价格，如数量折扣、现金折扣、津贴等形式。此外，变相的降价形式有赠送样品和优惠券、实行有奖销售、给中间商提取推销奖金、允许顾客分期付款和赊销、免费或优惠送货上门、技术培训、维修咨询、提高产品质量、改进产品性能、增加产品用途等。由于这些方式具有较强的灵活性，在市场环境变化的时候即使取消也不会引起消费者太大的反感。同时，这是一种促销策略。因此在现代经营活动中运用得越来越广泛。

3. 降价幅度

降价幅度要适宜。幅度过小，不能激发消费者的购买欲望；幅度过大，企业可能亏本经营，或造成消费者对商品品质产生怀疑。经验表明，降价幅度在10%以下时，几乎收不到什么促销效果；降价幅度至少要在10%，才会产生明显的促销效果。降价幅度超过50%时，必须说明大幅度降价的充分理由，否则消费者的疑虑会显著增加，消费者怀疑这是假冒伪劣产品，反而不敢购买。

4. 降价的原则

店铺不宜频繁降价，频繁降价会使消费者认为所经营的商品本身不值这个价格，从而降低消费者的价值感知。另外，频繁降价也不利于销售，会使消费者产生观望心态而不去实际购买。

5. 降价周期

在产品的成熟期。市场环境已经十分成熟，消费者也对产品十分熟悉，所以企业应当适当降价来吸引消费者，同竞争对手竞争。在产品的衰退期企业更应降低价格，同时要等待适当时机退出。

2）商品降价策略

（1）被动型降价的心理策略：被动型降价是指由于各种原因而导致商品滞销时，企业所采取的迫不得已的降价措施，常见的有商品供过于求、市场疲软、商品有缺陷或商品处于衰退期等。被动降价能否促进商品的销售，关键就在于能否及时准确地把握降价的幅度和时机。一方面，降价幅度要适宜。一般情况下，普通商品降价幅度在10%~30%，耐用消费品不宜超过10%，如果商品价格下调幅度超过50%，消费者的疑虑显著增加。另一方面，要准确把握降价时机。降价的时机对刺激消费者购买欲望有重大作用，一旦发现时机，应立即降价。

（2）主动型降价的心理策略：主动型降价又称进攻型降价。它以企业扩大商品销售为主要目的，因此，这种类型的降价一般都选择在节假日前后、展销会期间。对于产品种类和系列比较多的企业可以实行每日特价策略，这样，每一天都能吸引消费者购买一定的商品。另外，为了吸引周末休息的人们踊跃购买商品，许多商店也会采用周末特价或周末大酬宾的策略招徕平时无暇光顾的消费者。

典型案例

特斯拉降价引发大面积维权

2023年新年伊始，特斯拉在中国市场率先掀起了一场“新春促销活动”，然而，由大幅降价所引发的车主维权风波却愈演愈烈。成都、杭州萧山、上海、河南郑州、江苏无锡、湖南长沙等多个城市的特斯拉车主纷纷前往特斯拉门店，进行维权行动。

这场维权风波的导火索是特斯拉于2023年1月6日公布的调价策略。当日，特斯拉中国不仅公布了全新Model S和Model X车型在中国的售价，还对国产Model 3后驱版、高性能版以及Model Y后驱版、长续航版、高性能版等五款车型进行了价格调整。其中，Model 3的起售价降至22.99万元人民币，起售价则降至25.99万元人民币。

此次降价幅度最大的车型为Model 3，其价格下调了3.6万元人民币，降幅高达13.54%。若追溯至2022年首次降价前的价格，Model 3的起售价至今已累计下调了5万元人民币，创下了国产特斯拉历史上的最低价格。而Model Y长续航版的降价幅度也达到了4.8万元人民币。

特斯拉车主们纷纷在互联网论坛、社交平台以及特斯拉门店表达他们的不满。网络流传的视频显示，有消费者在特斯拉门店前拉起横幅，自称“被割的韭菜”，更有车主高呼“退钱”等口号，以此来宣泄他们的愤怒情绪。

车主们对特斯拉降价所表达的不满情绪，从情感层面而言，是完全可以理解的。特别是那些刚刚提车不久的新车主，他们购车时的价格与现在的价格相比，高出了数万元，这无疑让他们感到自己吃了亏。

他们内心的这种落差，正好印证了行为经济学中的一个重要原理——“损失厌恶”。简单来说，损失厌恶就是人们在面对相同数量的收益和损失时，通常会觉得损失更加难以接受。因此，这些新车主觉得自己像是被“割韭菜”，正是这一心理效应在起作用。

（根据网络资料整理）

任务三　认知消费心理与促销策略

任务目标

能深入理解促销策略在营销中的重要地位，通过掌握各类促销心理策略，培养学生灵活应用策略，以提升销售绩效；针对消费者的心理需求，通过分析当前促销活动的表现，使学生能全面把握消费者的促销心理特征，以及不同促销手段对消费者选择的影响，掌握策划与执行促销活动的技巧，进而培养学生发现市场机会、分析市场趋势的能力。

知识精讲

促销策略是市场营销组合中的基本策略之一，旨在通过一系列手段向消费者或用户传递产品信息，引起他们的注意和兴趣，从而激发他们的购买欲望和购买行为，以达到扩大销售的目的。在商业竞争中，促销策略是产品宣传和销售的重要手段，能够有效提升产品的知名度以及提高市场占有率。

一、促销策略概述

（一）促销策略的概念及分类

1. 促销策略的概念

促销策略是指企业通过人员推销、广告、公共关系和营销推广等各种促销手段，向消费者传递产品信息，引起他们的注意和兴趣，激发他们的购买欲望和购买行为，以达到扩大销售目的的活动。

2. 促销策略的分类

根据促销手段的出发点与作用的不同，促销策略可分为推式策略和拉式策略。

1）推式策略

推式策略利用人员推销手段，将产品推向销售渠道，最终到达消费者。具体就是通过销售人员将产品推荐给批发商，再到零售商，最后到消费者的过程。

这种方式更适用于小规模企业或者高价值产品的销售。例如，在市场较为集中且销售渠道短的情况下，推式策略能够有效推动产品销售，同时对于需要人员示范或解释的产品也更为适合。

2）拉式策略

拉式策略通过间接方式吸引最终消费者，使其对产品产生兴趣并主动购买。具体就是通过广告和公关活动吸引消费者，让消费者自主选择购买，从而带动整个分销渠道运作。这种策略常用于市场较大、产品信息传播迅速的情况，如便利品的推广。对于那些已经展现出市场需求上升趋势的产品，拉式策略能够快速吸引大量消费者，提升品牌知名度和市场占有率。

推式策略和拉式策略各有其适用场景和优势，企业需根据自身情况和市场环境灵活应用这两种策略，以实现最佳的促销效果。

（二）促销策略的主要方式

1. 打折策略

打折是通过降低销售价格来促进产品销售的一种普遍而有效的方式。该策略可以迅速提升短期内的销售额，对消费者的购买意愿有显著刺激作用。然而，频繁的打折可能会让消费者产生等待折扣的心理，从而影响正常价格时的销量。

2. 返还策略

该策略通过在消费者购买后提供退款或返券，激励消费者进行重复购买或推荐他人购买。这种方法有助于建立品牌的忠诚度，并可以通过返还优惠来吸引顾客长期消费其产品或服务。

3. 赠品策略

赠品策略即在消费者购买产品的同时提供额外物品。这种方式可以提高产品的吸引力，增加消费者的购买意愿，同时也为产品质量和品牌形象加分。

4. 会员策略

会员策略是通过为消费者提供专属利益或服务来培养其对品牌的忠诚和归属感。这种策略利用了人们对社群的需求和品牌渴望，能够有效地维系老客户并吸引新客户。

典型案例

Costco会员制的成功

作为全球零售业巨头之一，同时作为仓储会员店的先驱，Costco在近十年来，除了亚马逊外，是美国零售企业中市值增长最为迅猛的公司。它不仅成功跨越了美国多轮经济周期，更在电商竞争激烈的当下依然屹立不倒。Costco的独特之处在于其创新的连锁会员制模式，凭借每年60美元的会员费，成功吸引了全球7 100万会员家庭，相当于拥有1.3亿张会员卡，每年为公司贡献至少35亿美元的会员费收入。

那么，为何有如此众多的人愿意成为Costco的付费会员呢?

Costco承诺，除部分特殊商品（如金条、珠宝首饰及寿命型商品）外，顾客在卖场购买的商品均可享受全额退款保证。对于电器类产品，自购买之日起90天内均可办理退换货，且无须携带购物票据。在会员卡有效期内，若顾客有任何不满意，可随时取消会员卡，Costco将全额退还会员费。网络上关于Costco售后服务的正面评价不胜枚举，甚至有传言称，有人因个人原因将发霉或吃剩的食物、穿过用过的商品退回卖场，Costco都毫不犹豫地接受了退货，其服务水平之高令人惊叹。

总结下来，Costco会员制模式的优势是：

第一，在同等价格和质量水平下，消费者往往会因前期的会员费成本而优先考虑在Costco消费，这样才能让自己的会员资格物有所值。在不断的良性循环中，消费者更加认可已选择的品牌，并保持着较高的黏性。截至2024年一季度，其持卡会员数达到1.3亿人，付费会员7 100万人，会员续费率达到91%。

第二，消费者成为付费会员时，会比免费会员更认真填写资料，而会员数据是经营分析和营销的重中之重。

第三，通过精心设计会员专享权益，如专享价格/折扣、专享商品、专享服务，使得会员有高下单频度和高单均价。

这种会员制业态本质上是更深层次挖掘用户需求，通过会员管理系统，更了解客户的喜好，做更有针对性的产品，同时，除时时监控价格外，还可以推出会员日或者一些会员营销活动来回馈会员。这些对用户需求的深挖，能带来更个性化的服务。

另外，Costco在客群的选择上也是非常明确。精准定位于具备较高消费能力及意愿，追求品质及高性价比的消费者，以及中小企业。

显然，Costco的这些策略带来了显著成果，让它不仅在全球范围内拥有大基数、高黏性的忠实会员，还在财务表现上能够连续多年保持稳定增长。它向我们展示了通过聚焦会员价值、提供优质商品和服务、实践创新商业模式，即使是低利润也能创造出高营收的商业模板。

（根据网络资料整理）

5. 试用策略

试用策略是将产品或其试用装免费赠送给消费者，以提高产品的尝试率和关注度。这种方法尤其适用于新产品的市场推广，可以快速吸引消费者关注并体验产品。

6. 赞助策略

赞助策略即通过赞助相关活动或项目来提高品牌形象和知名度。这种方式不仅能够提升品牌的社会形象，还能借助活动的影响力推广产品，达到双赢的效果。

小案例

瑞幸咖啡成为澳网中国及东南亚官方独家咖啡合作伙伴

瑞幸咖啡官方宣布成为2024年澳大利亚网球公开赛在中国及东南亚的官方独家咖啡合作伙伴，助力每位参赛球员，幸运在握。这不是瑞幸咖啡首次与网球运动结缘，它曾经在2018年和

2019年连续两年作为中国网球公开赛的咖啡独家合作伙伴。

澳大利亚网球协会首席商务官表示："与瑞幸咖啡合作是我们执行扩大澳大利亚网球公开赛在中国和亚洲影响力战略的重要而令人兴奋的一步。瑞幸咖啡和澳大利亚网球公开赛都在各自的品牌中融入了优质的趣味性，这让我们非常契合。"

瑞幸咖啡联合创始人兼首席执行官表示："网球运动与健康的生活方式有关，代表着优雅和专业，这与瑞幸咖啡的品牌非常契合。""作为中国最大的咖啡连锁品牌之一，瑞幸咖啡与澳大利亚网球公开赛的合作将产生巨大的协同效应，因为双方都是代表健康、高品质生活方式的领先品牌，这将有助于向全世界推广我们的咖啡。"

（根据网络资料整理）

二、促销与消费者心理

（一）促销策略与消费心理的关系

1. 促销策略需要迎合消费者心理

成功的促销策略必须深入了解消费者的心理需求，并根据这些需求制定相应的策略。例如，针对从众心理的消费者，可以通过营造热销氛围、强调产品流行度等方式来吸引他们的关注；对于求实心理的消费者，则应突出产品的实用性和性价比。

2. 促销策略可以影响消费者心理

通过有效的促销手段，企业可以改变消费者的心理预期和购买行为。例如：通过广告宣传塑造品牌形象和产品价值，提高消费者对产品的认知和认同；通过限时优惠、满减等促销方式激发消费者的购买欲望和紧迫感。

3. 促销策略与消费者心理相互作用

促销策略和消费者心理之间相互作用，相互影响。企业需要根据消费者心理的变化调整促销策略，而消费者心理也会受到促销策略的影响而发生变化。这种相互作用使得促销策略的制定更加复杂且具有挑战性。

（二）利用消费心理开展促销活动

促销与消费心理紧密相关，有效的促销活动能够准确捕捉并利用消费者的心理特点，从而激发消费者的购买欲望和行为。常见的针对消费心理的促销策略有以下几种：

1. 利用紧迫感促进购买决策

通过设定促销活动的时间限制，可以唤起消费者的紧迫感，促使其加快购买决策。例如，限时折扣、闪购等都是常见的营造紧迫感的促销手段，能有效提高消费者的购买意愿。

2. 利用稀缺性增加商品吸引力

促销活动中的"限量发售""独家产品"等策略，通过营造稀缺感，激起消费者对稀缺产品的追求，从而提高产品的吸引力和购买率。

小案例

Air Jordan 1 × Off-White限量版球鞋

在球鞋文化的殿堂中，Air Jordan 1 × Off-White系列堪称一颗耀眼的明星。这一由耐克携手著名设计师Virgil Abloh联袂呈现的系列，凭借其前卫的设计理念、独特的标志元素以及极为稀缺的供应量，深受球鞋爱好者的狂热追捧，已然超越了普通球鞋的范畴，成为了潮流与时尚的标志性符号。

该系列的设计风格独树一帜，洋溢着创新与个性的气息。Virgil Abloh在设计中巧妙融入细节，特意保留了制鞋过程中的线头，赋予球鞋一种独特的手工韵味。同时，他在鞋舌上巧妙地添加了Off-White的标志性标签，彰显了品牌的独特身份。鞋身上的泼墨元素、透明材质以及创新的鞋带设计，更是进一步凸显了这一系列球鞋的非凡魅力。

Air Jordan 1 × Off-White系列的球鞋，往往以醒目的“AIR”标志和独特的“划痕”Swoosh标志为显著特征。这些标志不仅起到了装饰作用，更象征着创新、自由与独立思考的精神，使这一系列球鞋在球鞋界中独树一帜，成为极具标志性的经典之作。

每一次Air Jordan 1 × Off-White系列的发布，都如同一场盛大的时尚盛宴，吸引着无数球鞋收藏家和爱好者的目光。由于供应量极为有限，这些球鞋几乎成为了球鞋收藏界的宠儿。球鞋迷们对每一次的发布都充满了期待与狂热，抢购之潮瞬间将这一系列球鞋推向了互联网热度的巅峰。这种限量发售的特性，使得Air Jordan 1 × Off-White系列球鞋成为了收藏界中的珍贵瑰宝。

（根据网络资料整理）

3. 借助社会认同感影响消费选择

在促销活动中强调产品的受欢迎程度或明星、网红推荐等信息，能够激发消费者的社会认同感，促使其因群体的影响而做出购买选择。

典型案例

水井坊的文化认同策略

数年前，水井坊便率先踏上了将文化精髓融入酒品的探索之旅，其中包括与央视携手，夺得央视扛鼎之作《国家宝藏》第一季及第三季的独家冠名权。至2021年末，水井坊再度与《国家宝藏》合作，推出了“守护国宝”系列特别版酒品——典藏三星堆版与铜奔马酒联名款，此举不仅彰显了对中国传统文化的敬意与传承，还借助热门IP的广泛影响力成功吸引了高端消费群体的关注。

步入2023年，水井坊的文化营销活动更是百花齐放。年初，于全国多地举办了“酒中美学，美在酒中”水井坊·井台美学盛典，并与中国东方艺术院团联手推出了大型多媒体舞台剧《醉锦图》。该剧以中华酿酒文化为脉络，巧妙融合了音乐、舞蹈等多元艺术形式，为观众呈现了一场酒文化的视听盛宴，既展现了水井坊的文化底蕴，又带给观众双重的艺术享受。

随后，水井坊又与央视一套合作，创新推出《酒中美学AI对谈》节目。该节目借助人工智能技术，邀请当代名人跨越时空与古人展开关于酒文化的对话，深入探讨酒在中华文化中的独特地位与深远意义。这一创新形式不仅展现了水井坊在科技融合方面的积极探索，也为白酒文化的传播开辟了新视角和新路径。

2024年，在白酒成都产区高质量发展大会上，水井坊携手成都旅游景区协会，精心打造了首条酒旅融合体验路线——《春饮一壶酒，古今穿越600余年》。此路线自水井坊博物馆启程，途经鹤鸣茶社、杜甫草堂、合江亭、文脉坊等历史文化地标，最终抵达邛崃水井坊全产业链基地。通过这条线路，游客不仅能深入体验水井坊的历史文化与精湛酿造工艺，还能全方位感受巴蜀文化的独特韵味，体会传统与现代的完美交融。

通过这一系列的白酒+文化营销活动，水井坊将品牌推广从单纯的产品销售转变为文化体验的提供者，使消费者在享受美酒的同时，也能深入了解和体验中国深厚的文化底蕴。此举一方面增强了消费者对品牌的忠诚度，另一方面也有效地拓展了水井坊的品牌影响力，为其在激烈的市场竞争中赢得先机。

（根据网络资料整理）

4. 通过情感联结提升品牌忠诚度

举办一些具有情感联结的促销活动，如节日主题促销、公益活动联名产品等，能够加深消费者与品牌之间的情感联系，提升品牌忠诚度。

5. 利用锚定效应设置价格预期

在促销时使用高价值商品作为锚点，可以影响消费者的价格预期，使得相对较低的促销价格显得更加吸引人，从而促使购买行为的发生。

6. 通过具象化描述增加产品吸引力

在促销活动中采用具象化的语言描述产品特性和优惠信息，如“省钱”“省心”等，能够更直观地让消费者感受到促销带来的直接好处，增加产品的吸引力。

7. 利用人们对损失的厌恶心理（损失规避）

促销活动中强调“错过再等一年”等信息，可以触动消费者对损失的厌恶，从而激发其抓住机会的购买欲望。

8. 提供试用或样品增加产品接受度

通过提供试用装或样品，消费者可以无风险地尝试新产品，这种促销方式能够有效提高消费者对产品的信任度和接受度。

9. 个性化推广满足独特需求

基于消费者的购买历史和行为数据，进行个性化的促销活动，能够更准确地满足消费者的个人需求，提高促销效果。

10. 利用多任务奖励促进参与度

通过设计包含多个任务的促销活动，如消费满额送礼、分享赢取优惠券等，可以提升消费者的参与度和购买量。

总之，促销策略的成功与否在很大程度上取决于其能否准确抓住并利用消费心理。企业在设计促销活动时，应深入分析目标消费者的心理特点和行为习惯，以制定出更具针对性和吸引力的促销方案。

三、促销组合策略与消费心理

（一）促销组合策略

1. 促销组合的含义

促销组合是指企业根据促销的需要，对广告宣传、销售促进、公共关系与人员推销等各种促销方式进行的适当选择和配合，是指企业在市场营销活动中有计划、有目的地把人员促销和非人员促销两大类中的人员推销、广告、营业推广和公共关系这些具体的促销方式结合起来，综合运用，形成一个完整的最佳促销策略。促销组合是一个有机的整体，是各种促销方式的正确选择、组合和运用。

促销组合主张企业运用广告、人员推销、公关宣传、营业推广四种基本促销方式组合成一个策略系统，使企业的全部促销活动互相配合、协调一致，最大限度地发挥整体效果，从而顺利实现企业目标。促销组合体现了现代市场营销理论的核心思想——整体营销。促销组合是一种系统化的整体策略，四种基本促销方式则构成了这一整体策略的四个子系统。每个子系统都包括了一些可变因素，即具体的促销手段或工具，某一因素的改变意味着组合关系的变化，也就意味着一个新的促销策略。

2. 促销组合的方式

（1）人员推销是指企业派出推销人员或委托推销人员，直接与消费者接触，向目标顾客进行产品介绍、推广，促进销售的沟通活动。

（2）广告促销是指企业按照一定的预算方式，支付一定数额的费用，通过不同的媒体对产品进行广泛宣传，促进产品销售的传播活动。

（3）营业推广是指企业为刺激消费者购买，由一系列具有短期引导性的营业方法组成的沟通活动。

（4）公关促销是指企业通过开展公共关系活动或通过第三方在各种传播媒体上宣传企业形象，促进与内部员工、外部公众良好关系的沟通活动。

（二）促销组合分类下的心理策略

1. 人员推销的心理策略

人员推销又称人员销售，是企业通过派出推销人员或委托推销人员亲自向顾客介绍、推广、宣传，以促进产品的销售。

（1）“刺激—反应”策略，即推销员事先准备好几套要说的话，先讲（刺激），看顾客的反应；再讲，再看顾客的反应；然后运用一系列刺激方法，引起顾客的购买行为。这种策略在推销日用工业品时很有效。

（2）“配方”策略，即推销员根据事先了解的有关顾客的一些重要信息，开始讲得多些，一旦讲到点子上就会引起顾客的交谈，从而使其成交。

（3）“需要—满足”策略，即先刺激顾客满足其某种需要的欲望，再说明所推销商品如何能满足其需要。这是一种创造性的推销方法，要求有较高的推销技术，甚至能使顾客感到推销员成了他们的参谋。

2. 营业推广的心理策略

营业推广一般是指企业（包括制造商、供应商和店铺）为了快速增加销售量，扩大市场占有率和打压竞争对手，利用相关方法和手段刺激消费者、经销商和销售人员积极大量购买、进货或推销。

1）基于消费者心理的典型营业推广策略——鼓励购买

（1）派送。消费者对于新上市的产品往往有着一种天然的抗拒心理，因为购买新产品会增加他们的购买成本，他们需要重新作出购买决策，要收集产品的有关信息，这些方面都会消耗消费者的精力和时间，而这就不如延续以往的购买习惯来得轻松。所以，新产品或老产品进入新市场首先要解决的问题就是打消消费者的顾虑，而最有效的方法就是让他们能直接接触到产品，能够认知产品的特点和好处。派送是让消费者接触新产品的一种好方法，也是新产品在入市时经常采用的策略。广州宝洁在进入北京市场时，就向工矿企业派赠了10万份洗发水的样品，迅速打开了市场。派送的目的在于缩短消费者接触产品的时间，对消费者而言，无须付出代价，在短期内就能体验产品的功效，打消心理疑虑，从而尽快产生购买行为。派送对产品品质的要求很高，因为产品一开始就和消费者接触，如果没有优异的品质和独特之处，只会对品牌造成损害。然而一旦高品质被消费者认可，产品就能迅速打开市场。派送适用于消费频率较高、消费周期短的大众化消费品，如洗发水、护肤品、小食品等，消费者可以迅速感受到产品的特点。

派送的费用较高，因为派送必须达到相当的市场比例，否则不能产生足够的影响力。由于这个原因，实力较弱的品牌采取的是针对细分目标群体进行小众派送，而不是大品牌的大众派送，不求市场启动快，只要效果好就行。

（2）鼓励试用。试用是扩大消费群体最重要的一种方法。但是对消费者而言这需要付出一定的代价，也正因如此，这种方式对应用的要求较高。其成功的关键在于如何产生足够的吸引力，也就是说，给予消费者的利益一定要符合其本身的需求，或者是远远高过其原来的期望。在实际操作中，赠送礼品和价格折扣是两种吸引试用的较好方法。

赠送礼品主要指当消费者购买产品时，企业提供额外的利益，以此来吸引消费者的尝试或大量购买。赠送礼品是靠礼品来吸引消费者产生购买行为的，因此在选择礼品方面一定要充分考虑消费者的偏好，更重要的是礼品和本产品一定要相关。这样才不至于使消费者将目光完全放在礼品上而忽视了产品，否则就失去了促销的意义。随产品附赠礼品是一个很好的方式，它很直接，可以让消费者即时得到赠品，也便于企业操作。在实际运作中有两种方法：一是在外包装上捆绑礼品，比如在洗发水上捆绑香皂；另一种是将礼品置于包装内，比如在方便面和薯片包装内投放小玩具。这种方式的好处在于产品可以靠直观的表现吸引消费者，尤其当产品在零售终端进行展示时，更可以提高购买率。但是其不利之处则在于礼品受包装的限制较大，有时候无法选择到合适的礼品，因此该形式适合于低价值的消费品采用。

价格折扣是吸引消费者购买产品的重要手段，在实际应用过程中分为直接折扣和间接折扣两种方式。前者是直接降低产品的销售价格；后者则不变动价格，而是让消费者以相同的价格获得比以前更多的产品。前者比较敏感，容易引起较大的变动；后者属于变相降价，在消费者心理上有个缓冲的过程。价格折扣对于不同的产品和不同的市场阶段，其在具体应用上是有所区别的。一般而言，同质性强的产品运用价格折扣战术效果较好。但关键还在于具体问题具体分析，一定要对当时市场环境下产品的价格弹性进行充分的调查，并要掌握当时消费者对品牌的认知程度，毕竟价格变动需要慎重的态度。

2）基于消费者心理的营业推广策略——提高购买数量及频率

（1）积点促销。这是一种较好的促销方式，兼顾了促进消费者在购买数量和购买频率上的增长，它是通过为消费者设定一个有吸引力的目标，然后引导消费者在一定的时间内都将精力放在推广的品牌上，从而促进品牌影响力的增长。积点包括收集分数和收集凭证。前者为购买到一定的数量，就可以获得不同层次的累计分数，然后可以根据标准获得相应的礼品；后者只是换一种形式，将分数变成了凭证，比如集够一定量的瓶盖，就可以兑换相应的礼品。前者的适应性更广泛，而后者则带上了行业或产品的特色。

积点促销适用于销量较大的产品，因为只有消费者已经具有了足够的需求，在此基础上才能激发出一种购买冲动。如果产品的销量不大，就表明消费者较少或者是消费量不大，那么这种情况下就不能引起消费者的兴趣，也就达不到预定的效果。

积点促销需要一定的时间周期，因此它适合消费周期短、购买频率高、购买量大的产品，如纯净水，使得消费者在短期内就能获得利益。另外，积点促销需要做好奖品的设置、参与方式及兑换工作。

（2）抽奖活动。抽奖的目的在于提高消费者的购买量。通过设置极具吸引力的大奖，来调动广泛的消费群体参与。

抽奖活动的运用需要建立在一定的市场基础上，企业及其产品在市场上要有一定的品牌知名度和部分固定的消费群体，因为消费者很难对他们了解不多的产品花费时间和精力。

抽奖最关键的是奖品的设置。根据《中华人民共和国反不正当竞争法》的规定，抽奖式有奖销售的最高奖金不得超过人民币五万元。因此，要在奖品的形式上突出创意，突破有形物质的限制，赋予奖品更深的内涵。

（3）兑换礼品。兑换礼品除了吸引新消费者的试用外，同样可以提高现有消费群体的购买数量，尤其是对于有一定知名度的品牌，效果更为显著。这个时候在选择礼品方面应和试用阶段有所不同，更应该将礼品与品牌形象结合起来，要通过礼品使消费者对本品牌加深认知并能达到情感上的交流，从而更加巩固品牌在消费者心目中的地位。

（4）价格折扣。以价格折扣来提高销量是具有一定市场基础的品牌常运用的战术，而此时该战术的运用效果也好于试用阶段，因为消费者对于有一定认知的品牌更能激发出购买的冲动。此时的价格折扣无外乎是直接折价和间接折价两种。后者较为常用，而前者的运用较为谨慎，同时最敏感，经常引发业界的争论。直接折价在操作上很简单，但是其带来的后果最难把握，尤其对于已有一定基础的品牌。因此在采取直接折价时，一定要对市场形势作准确的判断。

3. 公共关系的心理策略

公共关系，简称“公关”，是20世纪70年代后发展起来的一种促销方式，是指一个社会组织评估社会公众态度，确认与公众利益相符合的个人或组织的政策与程序，拟定并执行各种行动方案，达到与公众建立良好关系，处理不利的谣言、传闻和事件等目的。公共关系对于树立企业特定形象有着独特的、其他形式不能取代的作用。

公共关系宣传要达到预期的良好效果，不仅需要把握宣传对象的一般与特殊心理要求，还需要针对不同的情境采取相应的心理策略。

1）口头宣传的心理策略

口头宣传一般分为直接宣传与间接宣传两种形式。公共关系宣传多采用直接宣传的方式，即通过演说、报告、讲座、座谈、会晤、讨论等方式，以生动的口语对宣传对象进行说服和开导。这就要求宣传者必须注意语言的准确性、规范性、通俗性、幽默性和情感色彩，同时必须根据听众的经验、知识水平、心理状态、习惯随时调整自己的表达方式，力戒高谈阔论。

2）直观宣传的心理策略

直观宣传是借助情绪感染力，以静态（如宣传册、口号、摄影和图片等）和动态（如团体操、模特表演、检阅）的方法刺激公众的视觉感知，使其形成或改变心理状态的一种具体宣传方式。这种宣传方式的主要功能在于能作用于公众的潜意识，促进公众审美心理活动的形成。这就决定了可供选择的心理策略和手段主要是把握色彩与情绪的关系，使场景形成某种“色彩重心”，巧妙做到宣传内容的不完全表达，激起消费者的兴趣。

3）借助心理效应策略

（1）借助“权威效应”。它是由宣传者、信息来源的威望和声誉而产生的，使公众无保留地接受宣传信息、观点的影响力、效果的效应。心理学实验表明，如果宣传者具有很高的威望，他的宣传就容易被公众接受，否则不仅产生不了权威效应，反而会引起公众的逆反心理。

（2）借助“名片效应”。名片效应是指要让对方接受你的观点、态度，就要把对方与自己视为一体，首先向对方传播一些他们所能接受、熟悉并喜欢的观点或思想，然后悄悄地将自己的观点和思想渗透进去，使对方产生一种印象，似乎我们的思想观点是相近的。表明自己与对方的态度和价值观相同，就会使对方感觉到你与他有更多的相似性，从而很快地缩小与你的心理距离，更愿同你接近，结成良好的人际关系。具体操作时注意首先要善于捕捉对方的信息，把握真实的态度，寻找其积极的、可以接受的观点，形成一张有效的名片。其次要寻找时机，恰到好处地向对方出示自己根据“名片”打造出的形象，这样才可以达到目标。

小案例

蜜雪冰城MV的传播

蜜雪冰城发布的一首主题曲MV非常魔性，“你爱我，我爱你，蜜雪冰城甜蜜蜜”，一句13个字的歌曲，唱两遍都不到30 s，却像一个魔咒萦绕在每个听过的人的脑海里。随后又上传了中英双语版，魔性的旋律加上简单的歌词，让这首MV收获了超过1 282万次的播放量、65万次的点赞量。一时间，这首主题曲出现了英语版、俄语版、日语版、泰语版等十几种语言版本，甚至还有四川话、广东话、广西话、东北话等各地方言版，在微博、快手等社交平台上传播极为广泛。

当品牌的营销玩法给了用户足够的参与空间和积极性，他们会自发地成为品牌的创作者、传播者，这样的传播效果是裂变式的，爆炸性的。蜜雪冰城利用轻松愉悦的旋律和简单重复的歌词，创造了强烈的名片效应。这首歌不仅易于传唱，还很容易让人联想到品牌的甜蜜体验，有效提升了品牌认知度。

（根据网络资料整理）

（3）借助于“自己人效应”。这也是权威效应心理效果的延续，它主要通过宣传者与其对象在职业、地域、研究领域等方面的共同性与相近性，给公众以自己人的心理印象，使其产生亲近、受欢迎的心理情绪，进而使公众接受宣传者的观点。

任务四　认知消费心理与广告策略

任务目标

通过把握广告的心理策略，学会分析它们在营销活动中的应用，使学生学会如何策划和实施创新且高效的广告策略，进一步提升他们发现市场潜在机会和分析趋势的能力，从而在激烈的市场竞争中获得优势。

知识精讲

广告策略是实现广告活动目标的措施与手段。随着市场竞争不断升级，越来越多的企业开始重视广告策略的研究。消费者是广告的主要受众，为了提升广告的传播效果，企业需要充分研究消费者的心理特征。

一、广告与消费心理概述

（一）广告的概念、特点和功能

1. 广告的概念

“广告”就是广而告之、众所周知的意思，是指广泛地告知公众某事物的宣传活动。与现代信息相联系，广告已成为维持、促进现代社会生存与发展的大众信息传播工具和手段，这是广告广义上的含义。随着商品经济的高度发展，商品交换的层次和领域不断加深和扩大，广告逐渐成为专门传递商品信息和经济信息最有效的工具和手段，这便形成了狭义上的广告——商业广告。

商业广告是指特定的广告主（企业）有计划地以付费方式通过大众传播媒体向其潜在顾客传递商品或劳务信息，以促进销售的公开宣传方式。在企业的市场营销活动中，广告是促进销售的一种手段，是企业营销活动的有机组成部分。伴随着信息社会及市场经济的发展，大量生产、大量销售、大量传播和大量消费形成相辅相成的循环，广告的概念也在不断发展，商业广告的内涵和外延也在不断扩大。现代广告活动不仅指广告本身，还包含以广告为轴心的系列营销活动。

2. 广告的特点

通过以上定义，可以概括出广告的特点：

（1）公众性。商业广告是一种高度大众化的信息传递活动，是把商品或劳务信息向非特定的广大消费者作公开宣传，以说服其购买的传播手段。

（2）表现性。商业广告集经济、科学、艺术和文化于一身，借助文字、声音以及色彩的艺术化应用，通过一定的媒体传播。商业广告不仅生动形象地表现出产品的特性，而且富有感染力。

（3）渗透性。商业广告是一种渗透性很强的促销手段，它已影响到社会生活的诸多领域。

（4）非人格性。商业广告是一种非人员的推销行为，听（观）众没有义务注意广告并对其做出反应。

（5）有偿性。商业广告是一种付酬的宣传活动。

3. 广告的功能

广告的功能是指广告的基本效能，即广告所能达到的目的。广告的功能主要表现在对企业经营具有促进作用；提高企业竞争实力，提升企业经济效益；引导消费趋向；促进社会精神文明程度的提高。商业广告的心理功能则表现在以下几个方面：

（1）沟通信息。沟通信息是商业广告最基本的心理功能。广告信息可以突破时空的限制，及时、广泛地渗透到各个地区和各消费群体。对于销售者来说，商业广告是一种将产品（服务）信息传递给潜在消费者的有效手段；对于消费者而言，商业广告则是购买商品的重要指南。

（2）引导消费。良好的商业广告或以理服人，或以情动人，它可以吸引消费者的注意，建立或改变他们对企业或商品的看法，产生好感和信赖，激发潜在的购买欲望，说服和劝导消费者实施购买行为。

（3）创造需求

商业广告可以改变人们的消费观念，引发新的消费需求，创造新的市场。

（4）制造并传播流行

商业广告的宣传可以制造社会消费热点、某些产品或观念为社会所接受，成为流行、时尚。

（5）教育大众

商业广告不仅指导消费，而且也影响着人们的消费观念、文化艺术和社会道德等方面。文明、健康的广告对扩大消费者的知识领域，丰富精神生活，进行美育教育，以及促进社会公德都有潜移默化的作用。

小案例

汽车广告

汽车广告作为各大品牌竞相展示其产品风采的重要舞台，其成功案例对于吸引消费者目光、激发购买意愿具有举足轻重的作用。在当下这个竞争白热化的市场环境中，汽车广告必须具备独到的创意与强烈的吸引力，方能脱颖而出，捕获消费者的心。

梅赛德斯-奔驰的广告历来以高端质感见长。它们擅长通过展现车辆的精致外观与豪华内饰，以及卓越的驾驶舒适度，来触动消费者的心弦。例如，在一则经典广告中，梅赛德斯-奔驰巧妙地将汽车置于极端恶劣的自然环境中，以此凸显其出色的品质与可靠性。这种策略有效增强了消费者对品牌的信赖感，进而激发了他们的购买热情。

而宝马的广告则以其运动性能与激情四溢的风格著称。它们常常通过展现车辆在高速行驶中的稳定操控与极限漂移，来吸引那些热爱速度与激情的消费者。在一则令人印象深刻的广告中，宝马将汽车置于赛道之上，通过紧张刺激的竞速场景，充分展示了其运动性能与激情魅力。这样的广告让消费者对宝马汽车充满了向往与渴望。

汽车广告的成功之道，在于精准捕捉目标消费者的需求与偏好，并通过富有创意与吸引力的方式呈现产品特点与品牌形象。梅赛德斯-奔驰、宝马等品牌的广告案例，正是这一成功法则的生动诠释。它们巧妙地将汽车特性与品牌形象融入广告之中，赢得了消费者的广泛喜爱与青睐。

（根据网络资料整理）

（二）广告的心理策略

1. 广告心理策略的定义和原理

1）广告的心理策略的定义

广告心理策略就是要科学地运用心理学原理，诱导人们顺利完成下述心理活动，以取得广告的成功。人们从接触广告到采取购买行动一般都有一个心理过程，可以归纳为AIDMA公式，即：

- A——注意（attention），这是消费者感知反应阶段。广告诉诸消费者的感觉，吸引消费者的注意力。
- I——兴趣（interest），指有特色的广告启发消费者的联想，诱发他们的好奇和兴趣。

- D——欲望（desire），引导消费者把客观的需要转化为对企业品牌的指向性欲求，这项工作是广告的重要任务。
- M——记忆（memory），广告通过反复诉求，使消费者巩固对产品或企业的良好印象，确立其品牌信念。
- A——行动（action），广告诚意的宣传和承诺，坚定消费者的信心，促成购买行动。

2）广告心理策略的原理

（1）需要原理。需要是人们进行实践活动的原动力。人们之所以购买某种商品，是因为它能满足他们的某种需要。因此，广告要成功，就必须首先掌握人们的需要，针对人们的需要去确立广告诉求重点和设计广告。

（2）注意原理。注意是人们意识心理的一种机能，是心理活动对一定事物的指向和集中。引起人们对广告的注意，是任何一则广告成功的基础，若无法引起注意，广告肯定要失败。因为注意是人们接触广告的开端；倘若广告没有引起人们的注意，就等于人们对广告视而不见，听而不闻，谈不上理解广告的内容。因此，在广告设计中，有意识地加强广告的注意作用，是广告心理的重要原理。

（3）联想原理。联想是指人们在回忆时，由当前感知的事物而想起有关的另一种事物。广告运用各种手法激发有益的联想，能加强刺激的深度和广度，这是广告设计中有意识地增强广告效果的手段。联想能使人们扩大和加强对事物的认识，引起对事物的情绪和兴趣，这对形成购买动机和促成购买行为有重要的影响。广告中运用的联想原理，主要有接近联想、连续联想、相似联想、对比联想、关系联想和颜色联想等。

（4）诉求原理。诉求是指外界事物促使人们从认知到行动的心理活动。广告诉求，就是告诉消费者有哪些需要，如何去满足这些需要，并督促他们为满足需要而购买商品。广告诉求主要有知觉诉求、理性诉求、情感诉求和观念诉求等。

2. 广告的心理策略分类

1）以理服人的心理策略

消费者的态度组成结构中有认知成分，不同消费者的认识能力是不同的。针对知识水平较高、理解判断能力较强的消费者，采用双向式呈递策略较好。双向式呈递策略是把商品的优劣两方面都告诉消费者，让消费者感到广告的客观公正，结论由自己推出。因为这个层次的消费者对自己的判断能力非常确信，不喜欢别人替自己做判断。但对判断力较差、知识较窄、依赖性较强的消费者，采用单向式呈递信息的方式较适宜。这个层次的消费者喜欢听信别人，自信心较差。所以针对这些特点，广告应明确指出商品的优势，以及它给使用者带来什么好处。直接劝告消费者应该购买此物，效果更明显。

2）以情动人的心理策略

在消费者态度成分中，情感成分在态度的改变上起主要作用。消费者购买某一产品，往往并不一定都是从认知上先了解它的功能特性，而是从情感上对它有好感，看着它顺眼，有愉快的体验。因而广告若能从消费者的情感入手，往往能取得意想不到的效果。

3）以品牌认知影响品牌态度的心理策略

品牌认知是指消费者对某种品牌产品的认识。消费者的品牌认知对品牌态度形成的影响，如同对一个人的认识，影响着对这个人的态度。

4）以广告音响效果对消费者展开情感诉求

音响是广播、电视广告的一个重要组成部分，它包括音乐和效果。音响可以辅助广告画面和解说词塑造出某种特定的情感气氛，唤起人们的注意，产生心灵共鸣，从而加强广告信息的记忆。

知识拓展

广告传播的心理技巧

1. 出奇制胜

消费者往往都富于幻想，渴望变化。“以奇取胜”的广告技巧是利用消费者的好奇心，运用一些突破常规和出人意料的特殊手法来刺激消费者的好奇心理，引起其兴趣和注意，并留下深刻的印象，从而达到良好的宣传效果。

2. 以新取胜

创新是广告的生命线，没有创新的广告在市场竞争中根本无法展现风采，无法吸引消费者。“新”就是在广告制作中要避免雷同，使广告具有个性化。为此，广告策划人员要从新角度去发现独特的问题，从宣传的产品或服务不同于其他产品或服务的地方去寻找与众不同的表达重点，给消费者以新颖别致的心理感受。

3. 以巧取胜

根据不同的目标和不同的消费对象，运用灵活的技巧，往往能达到事半功倍的效果。

4. 以诚取胜

广告宣传最基本的要求是真诚地向消费者传达信息。过分吹嘘自己产品的优势或提供不实承诺的虚假广告，给企业带来的只可能是最终失去消费者的恶果。真诚意味着向消费者客观地介绍产品和服务，甚至不怕揭短。

5. 以情取胜

广告的诉求对象是人，人具有各种欲望和情感，因此，广告的传播应充分注意广告的感情色彩。一则具有浓厚感情色彩的广告能以其亲切感人之处，对消费者产生强有力的心理冲击力，引起消费者感情的共鸣，继而再用正确的消费意念去说服他们采取购买行动，也就是情与理有机地统一，以情引导，以理说服。

二、基于消费心理的广告策略

（一）引起注意的广告策略

人们将意识集中到特定的物体或概念上，就是“注意”。在消费者心理活动和购买行动中，注意是一个心理准备阶段，即广告发挥作用的第一步。广告界有句名言：“引人注意的广告已成功一半”。根据注意的集中和指向作用，一般认为，版面所占面积大、位置独立而突出、画面动感强烈或声音富有变化的广告最易被消费者注意。一般情况下，要吸引和维持消费者的注意，有以下几条规律：

（1）增加刺激物的强度。如通过加大版面、明艳色彩或增加美妙图案、特殊音乐甚至香味来有意识地增加广告对消费者的感觉刺激。

（2）增加刺激物之间的对比。对比可以产生强烈反差，使消费者对刺激物形成很显著的条件反射。加强静动、明暗、浓淡和疏密等的对比度，使消费者心理处于一种积极、兴奋的状态，对广告的印象自然就深刻。

（3）提高刺激物的感染力。刺激物的强度和对比固然能吸引消费者的注意，但缺乏感染力则无法长久维持和深化注意。提高刺激物的感染力，激发消费者的情感体验，才能留住有效注意。

（4）善于利用口号和警句。利用相对不变的口号或警句，概括地、艺术地反映商品的特点，往往醒目易记、朗朗上口，使人耳目一新。

典型案例

瑞幸咖啡联名茅台推出酱香拿铁

“美酒加咖啡，就爱这一杯”。2023年9月4日，贵州茅台与瑞幸咖啡合作推出的“酱香拿铁”刷爆了消费者的朋友圈。每一杯都含有53度贵州茅台酒的酱香拿铁，让消费者体验到美酒加咖啡的完美交融，迅速成为了市场关注的焦点，其热度堪称现象级。

作为咖啡界的领军品牌与白酒界的高端典范，此次跨界联名不仅打破了传统界限，更以“咖啡+酒”的新颖组合精准触动了消费者的心弦，将联名营销推向了新的高度。在传播策略上，双方精心设计了限定杯套、纸袋等周边产品，并推出了一支广告，巧妙地将产品融入多个生活场景，如业绩庆功宴、图书馆小憩等，精准触达了联名产品的核心消费群体。

上市首日，“酱香拿铁”单品销量即突破542万杯，销售额高达1亿元，极大地提升了瑞幸的品牌影响力和市场热度。而对于茅台而言，这次合作更是成功打入年轻消费群体，赢得了年轻一代对品牌的好感与认可。短短两天内，从五六十岁的中年人到十几岁的青少年，全国范围内都知晓了瑞幸推出的“酱香拿铁”。

（根据网络资料整理）

（二）产生联想的广告策略

联想是指由当前感知的事物回忆起过去的另一事物。在广告宣传中，充分利用事物之间的联系启发消费者的联想无疑能起到提示消费者回忆、提高记忆效果、刺激消费需求的心理作用。启发联想的方法有以下几种：

（1）形象法。形象法就是利用消费者熟知的某些形象来比喻和提升产品的形象。明星广告就是典型的例子。

（2）暗示法。暗示法也称暗喻，即通过语言或画面创造出一种耐人寻味的意境，给消费者留下宽广的联想空间。

（3）反衬法。反衬法就是广告产品不直接对准传播对象，而是以其他形式来表现广告产品，以此影响真正的传播对象。

（4）讲述法。讲述法是利用文字或画外音讲述一个传说或典故，来表明广告产品的名贵和历史悠久。不少传统名酒即采用此种广告手法。

（5）比喻法。比喻法是利用某些恰到好处的比喻来宣传产品。

典型案例

华为mate 20广告——高热量土拨鼠

在一棵巍峨挺立的古树下，三只体态各异的土拨鼠偶然间在地上发现了一粒花生米。其中一只机敏的土拨鼠迅速从口袋中掏出一部华为Mate 20手机，利用其先进的AI卡路里识别功能，迅速检测出这粒花生米每100克竟含有高达610卡路里的热量。得知这一信息后，它立刻告知了正在旁边悠闲啃食青草的同伴。经过一番简短的商议，它们决定将这颗“高热量炸弹”踢给了队伍中体型最为圆润的伙伴。正当那位“幸运儿”准备享用这份意外之食时，天空中一只锐利的老鹰正悄无声息地逼近，准备对这群小家伙发起突袭。面对这突如其来的威胁，体型较为轻盈的两只土拨鼠迅速钻入了树洞避难，而那位体型庞大的土拨鼠却因身材所限，被洞口卡住，还被洞内的“队友”无情地一脚踹出。就在这生死存亡之际，老鹰从天而降，准备享用这顿意外的“大餐”。然而，就在这千钧一发之时，那只被困的土拨鼠急中生智，拿起身边的华为Mate 20，用AI卡路里识别功能对着自己扫描，结果显示其每100克体重的热量竟高达4 000卡路里。面对这份“油腻”的大餐，注重体态管理的老鹰审视了一下自己的身材，最终选择了放弃。

华为，这个以“客户需求为导向，持续为客户创造长期价值”为核心理念的品牌，巧妙地结合了当下热门的“卡路里”话题，通过AI技术将创意推向了新的高度。在这段无台词、萌趣十足的短片中，土拨鼠们以它们独特的自保方式，让观众在欢笑中领略到了华为Mate 20 AI卡路里识别功能的魅力。这一创意不仅让观众在轻松愉快的氛围中记住了产品功能，更在他们心中留下了深刻的品牌印象。

华为Mate 20的AI卡路里识别功能，让消费者在日常生活中能够更加轻松地避开高热量垃圾食品，合理控制能量摄入，从而养成健康的饮食习惯。这一功能正是华为洞察到全民健康痛点后的创新之作。通过这段短片，华为巧妙地将AI卡路里功能呈现给了广大受众，让他们在土拨鼠搞笑的表演中明确了产品功能，同时也感受到了品牌想要传达的广告主题。

（根据网络资料整理）

（三）引发情感的广告策略

消费者的情感状态直接影响着他们的购买行为。积极的情感体验，如满意、愉快、喜爱等，能够增进消费者的购买欲望，促进购买行为；厌烦、冷漠、恐惧等消极的情感体验则会抑制消费者的购买欲望。一则好的广告，应该有助于促进消费者形成积极的情感，包括信任感、安全感、亲切感和美感。

典型案例

广告“啥是佩奇”

“啥是佩奇？”2019年1月17日晚上，这个简单标题的视频在朋友圈、微博上火了。这支5分钟左右的短片，讲述了一个农村老人在春节前给3岁的孙子准备礼物的故事——啥是佩奇？老爷子多方打听，终于弄明白这个让城里的孙子惦记、全村人都不太知道的小猪是什么。

从导演巧妙地设置爷爷不知道“啥是佩奇”开始，这种由信息沟通不畅带来的冲突感，就成为了吸引观众看下去的“钩子”，同时制造了笑点：在村里的大喇叭广播问啥是佩奇，小卖部里的“佩琪”洗洁精、查字典找到的“佩戴”“配种”、给活的小猪刷红漆……直到最后进城过年的爷爷拿出他费心制造的“佩奇”——用烧火的风箱做的，也暗含了小猪佩奇长得像粉色吹风机的调侃，让网友不得不对这种想象力和创造力感叹。

影片能否让观众身临其境，关键在于细节的处理。影片中，农村墙壁上那句“大年初一不收礼，全家进城看佩奇”的广告语，以及唢呐演奏的小猪佩奇主题曲，无疑是令人忍俊不禁的惊喜元素。这句广告语不仅体现了小猪佩奇作为“社会人”标志的影响力，更在中国社交网络文化的滋养下不断发酵、演变，催生出“硬核佩奇”的新风尚，使其在农历猪年再度焕发光彩，成为热门话题。

而关于“啥是佩奇”的最大悬念，在影片结尾得以揭晓——原来这是即将在大年初一上映的中英合拍真人动画电影《小猪佩奇过大年》的预告。该片由阿里巴巴影业与小猪佩奇的版权方Entertainment One联合出品。

从广告营销层面审视，这是一个英国IP如何与中国本土文化深度融合的典范。影片中，中国北方农村的典型风貌、方言对话、春节的喜庆氛围，以及城市子女与乡村长辈间的代际矛盾与和解，都深深触动了广大中国观众的心弦。该广告在春节前夕推出，恰逢中国人对家庭团圆和亲情温暖的深切期盼，通过爷爷对孙子深沉的爱与关怀，精准触达了消费者的情感共鸣点。

广告一经推出，在社交媒体上引起了广泛关注和讨论，许多人表示被广告中的情感打动，纷纷分享和转发。广告成功提升了品牌形象，增强了消费者对品牌的认同感和好感度。

（根据网络资料整理）

结尾案例

比亚迪的营销策略

比亚迪，作为中国汽车制造业的佼佼者，自2003年涉足汽车生产领域以来，已迅速发展成为全球新能源汽车制造的领航者之一，其业务覆盖了纯电动、混合动力及传统燃油车型等多个细分市场。在2024年4月的轿车销量榜单上，比亚迪秦PLUS以惊人的4.6万辆销量傲视群雄，比亚迪海鸥则以2.8万辆紧随其后，而比亚迪汉亦稳居第五，使比亚迪在销量前五中占据了显著位置。更令人瞩目的是，前十名中新能源车型的四个席位全部被比亚迪占据，彰显了其在新能源领域的强大影响力。比亚迪之所以能取得如此辉煌的成就，主要得益于以下几个关键因素：

1. 产品线的全面优化与强化

比亚迪的产品线极为丰富，从轻型客车到重型卡车，各类细分市场均有涉猎。无论是轿车、SUV、MPV，还是纯电动车、混动车及燃油车，比亚迪都能提供多样化的选择，满足不同市场的需求。在设计方面，比亚迪追求时尚、舒适与安全并重，如唐、宋、元、秦等车型，在外观、内饰及智能科技方面均展现出卓越水平。特别是在纯电动车领域，宋EV、元EV、唐EV、汉EV等车型，凭借出色的续航里程、强劲的动力性能以及先进的电力储能技术（如四驱插电式混合动力系统、磷酸铁锂电池系统），为消费者提供了更多元化的选择。同时，比亚迪在安全性及智能技术方面的持续创新，以及七年10万公里的超长质保政策，进一步提升了消费者的购车信心。

2. 高性价比的竞争优势

比亚迪在价格策略上极具竞争力，几乎每款车型都能以更实惠的价格提供卓越的性价比。通过差异化的定价策略，比亚迪确保了产品在不同地区市场的精准定位。其车型搭载了智能驾驶辅助系统、无线充电、车载导航等先进科技配置，使得驾驶体验更加便

捷舒适。与其他国际品牌相比，比亚迪在科技配置与性能可靠性上均展现出显著优势。严格的质量控制确保了每辆汽车的高标准，使比亚迪汽车在耐用性与维护成本上更具吸引力。无论是追求实用、科技还是环保的消费者，都能在比亚迪找到满意的选择。

3. 全方位的促销策略

比亚迪在电动汽车推广上采取了多元化的策略。通过电视、互联网、社交媒体及印刷媒体等多渠道宣传，比亚迪强调了其车辆的性能、环保与科技属性。此外，比亚迪还频繁推出折扣、购车礼品等促销活动，与金融机构合作提供便捷的融资方案，并在各大车展提供试驾体验。在公共关系方面，比亚迪积极参与公益活动与环保项目，与媒体保持紧密合作，通过赞助与行业协会的互动，加强了与公众的联系。这些努力不仅提高了品牌知名度，还塑造了正面的公司形象。比亚迪对环保与可持续发展的承诺，不仅体现在产品设计与技术创新上，更贯穿于其企业文化与社会责任感之中。在全球气候变化与资源短缺的背景下，比亚迪的电动汽车为全球可持续发展做出了重要贡献。

综上所述，比亚迪凭借深入的市场洞察、明确的品牌定位以及全面的市场营销策略，在竞争激烈的电动汽车行业中建立了稳固的市场地位。其多元化的产品组合、灵活的定价策略、高效的分销渠道以及富有创意的促销策略，共同推动了比亚迪品牌形象的塑造与市场份额的拓展。

（根据网络资料整理）

项目实训

产品设计策划推广

[实训目标]

（1）培养学生结合消费者的心理进行产品设计及推广的能力。

（2）培养学生结合消费者的心理活动采取合理的营销策略。

[实训内容]

（1）以小组为单位对某一产品进行设计推广。

（2）分析研究消费者在消费中的心理活动过程。

（3）在设计推广过程中需要结合学过的产品策略、价格策略、促销策略、广告策略。

[实训操作]

（1）教师说明训练内容及成果要求。

（2）小组统一提交产品设计策划推广报告。

（3）在班里进行交流。

[成果要求]

（1）以小组为单位提交产品设计策划推广报告。

（2）根据小组报告进行考核。

课后练习

一、单选题

1. 某房地产的售房单价为7 995元/m^2，确定该价格采用的商品定价心理方法是（　　）。

A. 高位定价策略　　B. 低位定价策略

C. 尾数定价策略　　D. 折扣定价策略

2. 消费者的价格心理表现有不同类型，普通收入者在买房时多选择经济实惠、价格低廉的住房，这种价格心理表现是（　　）。

A. 习惯性心理　　B. 敏感性心理　　C. 倾向性心理　　D. 感受性心理

3. 由于消费者长期、多次购买某些商品，通过对商品价格的反复感知而逐步形成了衡量商品价格的一种心理尺度，这在消费者价格心理表现方面，属于（　　）。

A. 倾向性心理　　B. 敏感性心理　　C. 习惯性心理　　D. 感受性心理

4. 应以优异的商品性能为后盾、优秀的销售服务为保障、优越的销售环境为条件、厂商的信心为基础，体现的是商品定价心理方法中的（　　）。

A. 高位定价策略　　B. 低位定价策略　　C. 尾数定价策略　　D. 折扣定价策略

二、多选题

1. 消费者的价格心理表现主要有（　　）。

A. 习惯性心理　　B. 从众性心理　　C. 敏感性心理　　D. 倾向性心理

E. 感受性心理

2. 成功广告运用的心理方法主要有（　　）。

A. 真实可靠　　B. 价格合理　　C. 引起共鸣　　D. 创造信誉

E. 方便可行

3. 广告的心理过程可概括为（　　）。

A. 形成良好的商品形象，产生对商品积极的评价，进而产生购买意向，诉诸购买行为

B. 通过广告传达的信息，使消费者对广告商品增加了解

C. 进一步产生记忆、表象与想象、联想交互作用的心理过程

D. 引起消费者的兴趣，诱发情感，增强购买商品的欲望和作出购买决策的动力

E. 通过广告引起消费者的注意，使消费者的意识转向贵重商品，并对有关信息加以注意

4. 商品价格的心理功能包括（　　）。

A. 商品价值的认知功能　　B. 自我控制功能

C. 指示和引导功能　　D. 自我意识比拟功能

E. 调节商品需要功能

三、案例分析讨论题

案例：看美国人、欧洲人和中国人怎么买车

星期六早晨走进汽车销售公司，一边吃着他们免费提供的汉堡，一边听着营销人员殷勤地唠叨，不一会儿，交钱、拿车钥匙、开车走人——这是美国人的购车方式。

当欧洲人有了买车的想法后，他们会漫步到经销商那里定购，定购的车将在数星期后被送到。整个过程，就像坐在左岸的酒吧里品尝美酒那般慢条斯理，有些许的诗意和悠闲。在中国，我们买车就好像读一个MBA，首先要温习功课：排量多少，哪国产的，有什么特点，发动机什么型号什么性能……都要了如指掌。在中国想要买车的人好像都要达到博导级别，现在不买车但以后想买车的人也都像专家。中国人买车似乎在拍一张全家福，往往拖儿带女去看车。

问题：请从消费心理的角度分析，为什么不同国家、地区的人买车方式也不同？

项目七

营销活动中需要注意的消费心理

知识目标

（1）了解选址、店面和橱窗设计对消费心理的影响；了解销售服务对消费者决策的影响；了解网络营销的含义和特征、网络消费者的购买动机以及制约消费者网上消费的心理因素。

（2）理解购物环境的布局、色彩、照明、音乐等因素如何影响消费者的购物体验和购买决策；理解销售服务全过程的消费心理的特点；理解网络营销策略如何影响消费者的购买决策和忠诚度。

（3）掌握购物环境对消费者心理和行为的影响；掌握消费者在购买过程中对销售服务的心理需求和期望；掌握网络营销中消费者心理的变化趋势和影响因素以及网络营销策略。

能力目标

（1）能够分析购物环境对消费者心理的影响，并提出改善购物环境的建议。

（2）能够运用心理学原理，改善销售服务流程，提高消费者的满意度和忠诚度。

（3）能够根据网络营销的特点，制定符合消费者心理需求的营销策略。

导引案例

蔚来的社群营销模式

蔚来汽车，中国新能源汽车制造业的佼佼者，自2014年诞生以来，便以其独特的商业模式——“技术创新+用户体验”为核心驱动力，引领行业发展。

在技术创新方面，蔚来汽车不遗余力地投入研发，致力于新能源汽车技术的突破与应用。从电动汽车技术的革新，到电池、驱动系统以及智能汽车技术的持续创新，蔚来汽车不断巩固其在中国新能源汽车市场的领先地位。通过自主创新，蔚来汽车不仅推动了行业的进步，更为消费者提供了更加环保、高效的出行解决方案。

而在用户体验上，蔚来汽车同样表现出色。他们深知，优质的服务是赢得消费者信任的关键。因此，蔚来汽车从购车到售后服务，都力求做到尽善尽美。通过推出“蓝色成员计划”等一系列创新服务模式，蔚来汽车为用户提供了个性化的服务体验。同时，他们还建立了庞大的充电网络和车辆维修网络，确保用户在使用过程中能够得到及时、专业的支持。

蔚来汽车商业模式的成功，离不开技术创新和用户体验的紧密结合。他们通过持续的研发投入和创新，不断推出符合市场需求的产品，满足消费者对新能源汽车的期待。同时，蔚来汽车还以用户需求为导向，提供个性化的服务，不断提升用户体验。这种以用户为中心的经营理念，使得蔚来汽车在中国新能源汽车市场迅速崛起，并逐渐走向国际市场。

值得一提的是，蔚来汽车在社群营销方面也取得了显著成效。他们通过打造垂直运营的App与线下多功能体验店相结合的方式，构建了企业、关键意见消费者和用户之间的紧密联系。这种社群营销模式不仅提高了营销效率，还增强了用户黏性。潜在消费者通过线上注册App和线下体验店了解蔚来汽车，进而被蔚来顾问和关键意见消费者所影响，最终转化为正式车主。

购车后的社群体验同样丰富多彩。用户可以通过App深度使用、参与线下活动等方式，进一步融入蔚来汽车的社群文化。这些活动不仅增进了用户之间的友谊，还提高了用户对品牌的认同感和归属感。同时，蔚来汽车还通过一系列激励措施，鼓励用户成为社群中的关键人物，共同推动社群的壮大和发展。

蔚来汽车的社群营销不仅吸引了众多汽车爱好者，还辐射到了更广泛的人群。他们通过举办丰富多彩的活动，如油纸伞DIY、草帽插花等，吸引了女性车主和共同用车人的关注。这些活动不仅提高了用户的参与度，还影响了家庭的购车决策。

蔚来社群的门槛相对较高，但这也保证了社群运营的质量。通过筛选具有车主身份的用户，蔚来汽车避免了无效的连接和烦琐的资质审查。同时，社群中的一系列场景也吸引了许多具有强人脉、热心、专业的用户成为蔚来的关键意见消费者。他们通过自己的影响力，建立了品牌与新用户之间的信任关系，进一步推动了社群的发展。

总之，蔚来汽车以其独特的商业模式和社群营销策略，在中国新能源汽车市场取得了显著的成绩。他们通过技术创新和用户体验的紧密结合，不断推出符合市场需求的产品和服务。同时，他们还通过社群营销的方式，增强了用户之间的联系和归属感。未来，随着新能源汽车市场的不断发展，蔚来汽车有望继续保持其领先地位，并为消费者提供更加优质的出行体验。

（根据网络资料整理）

导引案例分析

蔚来的成功在于其社群营销与用户体验设计之间形成了深度协同、相互赋能的良性循环，从而构建了难以被复制的差异化竞争优势。社群运营成为用户洞察的“传感器”，通过高频互动实时捕捉用户需求，反向驱动服务模式迭代；而服务升级带来的超预期体验，又进一步强化了用户对社群的认同感与归属感，形成“需求洞察-服务创新-社群黏性”的正向循环；用户从被动消费者转变为品牌共建者，通过内容共创、服务反馈甚至资本参与，与品牌形成深度绑定的共生关系，这种“用户即股东”的生态模式，为品牌注入了持续发展的生命力。

任务一　了解购物环境与消费心理

任务目标

通过购物环境对消费者购物欲望的关联分析，让学生掌握基本的购物环境相关知识，同时初步掌握购物场所外部环境、内部环境与消费者心理的关系，培养学生对于不同环境布置的分析能力，同时能简单地应用到实际生活、工作当中。

知识精讲

购物环境主要分为外部环境和内部环境。外部环境又依次分为商店的选址、店面设计以及店面橱窗设置等。在考虑商店选址的时候，需要兼顾地理环境、商品特点、行业发展等；在考虑店面设计时又需要考虑店铺外形、招牌、广告等对于店铺的优化；在考虑内部环境设计时，需要综合考虑商品摆放陈列、灯光、音乐等影响消费者心理的方方面面。

一、购物环境的概念和类型

（一）购物环境的概念

购物环境是指固定的商品进行售卖的主要场所以及空间的统称，包括商店的选址、门面设计环境、内部店铺设计等方面。购物环境往往给予消费者第一印象，好的购物环境能够刺激消费者购物，相反，如若购物环境设计不恰当，往往会对消费者购物欲产生负面影响。

（二）购物环境的类型

1. 根据销售商品的性质分类

根据销售商品的性质不同，可以将购物环境的类型分为两类，即提供实体商品为主的购物环境以及提供劳务服务为主的购物环境。

1）提供实体商品为主的购物环境

这类购物环境一般都具有固定地点，如商场、连锁超市等，但随着近年来电子商务的高速发展，经营实体物品的网络购物环境也开始突飞猛进，网络购物是一种没有固定线下地点的购物模式。

2）提供劳务服务为主的购物环境

提供劳务服务为主的购物环境具有相对固定的地点，如饭店、旅游景点等，当然也存在没有相对固定地点的，如家政服务行业、信息咨询服务等。

2. 依据影响方式分类

依据对消费者心理影响方式进行分类，分为外部购物环境以及内部购物环境。

（1）外部购物环境，主要通过引导的方式吸引消费者注意，商店的外部购物环境主要包括店铺选址以后的周遭环境、店铺的独有建筑和招牌、店铺的门面设计及店铺的橱窗摆放等。

（2）内部购物环境，通常通过商品的陈列、灯光布置、配套设置等多方面刺激消费者的购物欲望，影响消费者的实际购买。

二、商店选址的环境分析

（一）地理因素

1. 方便消费者购物

顾客是上帝，对于商店经营者来说，满足顾客的需求才能够实现店铺的可持续发展，获得可观的收益。对于商店选址来说，最重要的就是为消费者提供舒适安心的购物场所，为消费者提供最大程度的便利和舒适，才能够不断扩大自己的客户群体，因此在进行商店选址的过程中，站在消费者角度考虑问题，应该秉持以下几个原则：

1）便利性原则

在选址前，必须了解目标区域内的交通情况，需要考虑停车、交通联结状况等。公交站、地铁站附近是过往乘客比较集中的地方，这些区域人流量较大，选址在这些地方能够给予来往的顾客最大的便利，满足消费者购物的便利心理。所谓“酒香也怕巷子深”，如果商店选址于交通不便利的区域，会严重降低消费者购物的欲望。随着当下人们生活节奏的加快，如果交通不便利，会大大增加人们到店购物的时间成本，也是非常不利的。除此之外，随着经济的不断增长，人们对汽车的使用愈加频繁，大型商圈要想能够吸引更多的顾客，除了交通便利以外，可能还需要具备良好的停车环境。例如：由于厂家的发展策略和城市规划，当下很多的4S店都在靠近城郊的地区，而大多数购车的用户都是第一次购车，这些消费者往往采用公共交通或者是打车的方式去到4S店进行挑选，因此这类顾客会尽可能地选择一些交通便利的4S店。同时，汽车4S店是集汽车、汽车配件销售、汽车维修和信息反馈于一体的，人流、物流、资金流、信息流均很大，方便消费者到店选购的同时也方便企业的职工上下班、原材料进厂、废物出厂等，使原材料场地与市场紧密联系。所以一个成功的4S店面必须建在交通便利的地方。

2）靠近人群聚集地

选址需要找到聚客点，这些地方可以让消费者得到购物、美食、休闲娱乐等多方面的体验，能够用多元化经营调节消费者的注意转换。依据马太效应可以知道，周围的商业建筑群能够相互作用、相互产生影响，产生规模效应，消费者在一个营业环境进行购物的时候，他们可能同时会在附近的商业场所浏览观光，并产生购买行为。因此选择在人群集聚的黄金地段开店，会大大提升消费者的购买率，在这些地方购物能够满足消费者的求全、求名的心理。但黄金地段会大大提升经营成本，并不适用于所有商店的选址，通常大型综合商店以及一些具备特色的店铺可以选择这些地方。

3）人口居住密集区以及企事业单位集中地

人口居住密集区以及企事业单位集中地具备人口密度大、店铺位置较为集中的优点。在这类地方开店，能够很大程度上满足消费者的便利心理，出门就能消费。这些居住办公较为密集的区域，会形成一定的消费者规模群，因为这些地方周围往往具备成熟的生活配套，能够更好地吸引消费者，有利于店铺进行销售活动。同时方便培养一些固定的忠实消费群体，在这些地方，“回头客”的培养尤为重要。

4）符合消费者流动习惯的集散地段

符合消费者流动习惯的集散地段适应顾客的生活习惯，自然形成“市场”，所以能够进入商场购物的顾客人数多，客流量大。符合消费者的消费购物习惯，商家来说，具备天然的优势。

2. 有利于店铺未来可持续发展

1）店铺租金价格

衡量商场位置选择的优劣的最重要标准是企业经营能否取得好的经济效益。因此，除了客流量因素之外，还需要考虑店铺的实际经营成本，如果店铺租金价格过高，也并不利于企业的可持续发展。因此在选址的时候，需要进行综合的考量。

2）形成可持续发展、提高市场占有率

在店铺进行选址时，不仅要分析当前的市场形势，而且要从长远的角度去考虑是否有利于店铺长久稳定地发展，扩充规模，在该区域是否能够进一步提升市场占有率，打造品牌效应。

3）有利于组织原材料、商品的运输

商场选址不仅要注意规模，而且要追求规模效益。发展现代商业，要求集中进货、集中供货、统一运送，这有利于降低采购成本和运输成本，合理规划运输路线。因此在商场位置的选择上应尽可能地靠近运输线，这样既能节约成本，又能及时组织货物的采购与供应，确保经营活动的正常进行。同时也需要进一步考虑店铺员工的工作路线问题，降低人力资源流动率，提高服务品质。

典型案例

肯德基如何规划商圈

当肯德基有意向进入某一城市时，其首要步骤是通过相关机构或专业市场调研公司广泛搜集该地区的各类信息。这些信息有的可免费获取，有的则需付费购买。一旦资料收集齐全，肯德基便会着手进行商圈规划。

商圈规划采用的是一种记分制度。例如，若该地区拥有一家年营业额1 000万元的大型商场，则计1分；若年营业额达到5 000万元，则计5分。此外，还会根据公交线路和地铁线路的数量给予相应的加分。这些分值标准是基于多年经验积累得出的较为准确的平均值。依据打分结果，商圈被细分为多个类别，以北京为例，包括市级商业型（如西单、王府井等）、区级商业型、定点（目标）消费型、社区型、社商两用型及旅游型等。

在选择商圈时，肯德基需明确当前的重点开店区域及主要目标顾客群。商圈选择的标准需兼顾餐馆自身的市场定位以及商圈的稳定度和成熟度。由于不同餐馆的市场定位各异，所吸引的顾客群体也有所不同。以马兰拉面和肯德基为例，虽然两者顾客群有所交集，但整体而言是两个不同的圈。因此，它们的选址策略也自然不同。而肯德基与麦当劳由于市场定位相似，顾客群高度重合，所以在商圈选择上往往趋于一致，这也是为何在某些地方，同一条街的两侧，一边是麦当劳，另一边则是肯德基。

此外，商圈的成熟度和稳定度对于肯德基来说至关重要。例如，虽然规划部门可能宣布某条路即将开发，未来可能成为一个成熟的商圈，但肯德基通常会等到商圈真正成熟稳定后才考虑进入。因为对于肯德基而言，一家门店的投入高达数百万，它们不会贸然承担风险，而是秉持稳健的原则，确保每开一家店都能取得成功。

（根据网络资料整理）

（二）商品因素

商店选址除了上述的地理因素以外，还需要依据自己的主营业务商品特点进行有针对性地对比分析。

1. 依据商品性质进行选址

消费者对于不同属性的商品进行消费时，其消费心理是不完全一致的，因此在进行店铺选址的同时应该结合商品的自身性质进行。例如：便利店主要以满足消费者日常生活需要为主营，这些店就应该设置在靠近居民区中间地段，方便消费者的日常生活采购；以汽车为主营业务的店铺，应考虑其商品自身以及购买过程中需要进行试驾等特点，应该基于便利性原则、车流原则，选择在合适的位置。

2. 依据商品价格进行选址

商品自身定价的高低与选址周围主要面向的客流人群消费水平有直接关系，因此在进行店铺选址的时候需要依据商品的目标客户流动区域来进行选址。例如：如若车辆的目标客户群体定位为高端车主人群，应当依据目标市场原则将商店选在高收入人群购车的聚集区。

3. 依据商品消费特点进行选址

不同的城市、不同区域的消费者生活习惯的差别，会导致其消费习惯也有所不同。因此在进行商店选址的时候，还需要依据不同区域对于商品的接受度进行选择。

（三）商店因素

1. 与竞争对手保持距离

通常在进行店铺选址的过程当中，同一区域往往会出现几个比较合适的点，这个时候就需要综合考虑自己店铺的竞争对手。要了解市场竞争对手，特别是商圈范围内的同类或相似的竞争对手，了解他们的具体情况，包括商业类型、具体位置、数量、规模、店铺装修、营业额、营业方针、产品种类、目标客户、来客数等。进一步考虑自己店铺位置与竞争对手的位置关系，避免争夺消费者。

2. 业态分布

业态是服务于某一消费者群或者是某种消费者需求的销售经营形态，是目标市场进一步细分的结果，例如：百货商场、连锁便利店等都需要按照消费者的不同业态需求来进行店铺选址。

知识拓展

商店选址的具体程序

1. 选择区域、方位

选择商场店址，先要找出目标市场、找准服务对象，然后再根据目标市场、服务对象选择店址设置的区域；另一方面，要根据企业的经营规模和档次，测算企业投资回收率，在此基础上认真加以选择，确定方位。

2. 制图——找出最佳位置

在确定店址后，应绘制出该区域的简图，并标出该地区现有的商业网点，包括竞争对手和互补商场，还应标出现有商场结构、客流集中地段、客流量和客流走向、交通路线等，以保证店址决策的正确性。

3. 市场调查

在商场店址基本区域方位确定后，必须进行周密的市场调查，论证选址决策的准确性。在市场调查过程中，应注意将调查对象分类统计，并对调查时间和内容进行必要的抽样调查，以保证调查资料的可靠性。

4. 具体实施方案的制定和落实

确定店址的具体位置后，需要抓紧时机投资兴建商场。如何启动则需要拟定切实可行的实施方案并加以贯彻落实。

典型案例

星巴克开店策略分析

1. “第三生活空间”的开店理念

星巴克将其门店定位为“第三生活空间”，这一理念基于一个信念：除了家和办公室，人们还需要一个可以休息、畅谈甚至进行商务洽谈的场所，而星巴克正是为了满足这一需求而进入市场。那么，在1999年星巴克尚未进入中国之前，如果人们不想在家或办公室谈话，他们会选择去哪里呢？可能是麦当劳、肯德基，或者饭店。但这些地方在非用餐时间往往不太合适。而当时中国的咖啡馆大多偏向文艺风格，不太适合轻松的商务交流或日常闲聊。这些困境正是星巴克寻找市场切入点的关键所在，它致力于为人们提供一个理想的谈话场所，这一理念也深刻影响了星巴克的开店理念和选址策略。

在位置选择上，星巴克在某种程度上扮演了分租商的角色。它租赁下商业空间，并将其以灵活的方式提供给需要“第三空间”的顾客。在星巴克，顾客往往长时间占据店内最佳位置，享受他们的“星巴克时光”，而咖啡本身往往不是他们谈论的焦点，更重要的是座位、氛围、周围人群以及整体环境和景色。

因此，星巴克在选址时会进行大量的研究，包括交通状况、车位配备、环境氛围、橱窗设计以及店招设置等方面，以确保为顾客提供一个理想的“第三生活空间”。

2. 选址策略和门店竞争

（1）街角竞争的优势：“星巴克初创时期，我们在与百吉饼店、音像店，尤其是其他咖啡店的激烈竞争中，成功争夺到了美国人心仪的街角位置。”星巴克开店团队对此深感自豪。

星巴克在选址时，会综合考虑当地的平均受教育水平（高教育水平人群更偏爱星巴克）、家庭规模、收入水平、门店周边200米内的车流量、日间与夜间人口比例等多元数据。他们的选址策略是，让星巴克成为人们日常生活中的必经之路，而非需要改变习惯才能到达的地方。因此，星巴克门店总是力求最高的可见度，正如星巴克发展关键人物鲁宾菲尔德所言，要让路人“赫然入目”。因此，星巴克最理想的选址便是位于“两条主干道交汇处”的街角位置。

（2）右侧车行道的便利：如果你驾车前往市中心，可能会发现沿途的星巴克门店大多位于你的右手边。这是因为星巴克开店团队早就意识到，在拥堵的交通中左转停车并不方便，且出来后再次左转可能让人担心违规而对星巴克望而却步。因此，他们将门店设在驾车人的右手方向，方便顾客停车购买饮品。

（3）邻店选择的智慧：在美国，星巴克倾向于将咖啡店选址在干洗店附近。这样做可以使星巴克门店的潜在顾客接触面翻倍。星巴克深知，咖啡店能吸引一定比例的路人进店消费。而干洗店的顾客通常需要往返两次，先是放置物品，然后再取回。因此，每当有顾客前来取衣物时，他们就有两次机会购买星冰乐等星巴克产品。

（根据网络资料整理）

三、商店门面与消费心理

（一）建筑特色与消费心理

1. 现代风格的建筑

具备现代风格的建筑特色，具有时代的气息，对于一些追求时尚的年轻消费者，或是一些追求时髦、潮流的消费者来说有很大的激励作用，这类风格的建筑能够吸引追求时尚消费者的注意，从而刺激消费。

2. 传统风格的建筑

这类建筑给予消费者一种真实、自然、古朴的氛围，能够让消费者从中感受到民族文化和乡土气息，让消费者产生熟悉的感觉，激发消费者出于求实心理的购物欲望。同时也能够让消费者感受到放松和自然，心情愉悦的同时刺激消费。

（二）店铺招牌设计与消费心理

店铺招牌是消费者对店铺进行识别的名称亦或是牌号，门面招牌往往由标志、象征物、字体和装饰图案组成。优秀的商店招牌还能够为店铺招揽生意。店铺招牌通常置于店铺门前，或挂于建筑之上，给予消费者第一印象。

1. 引导和方便消费者

招牌是用来指示店铺的名称和标志，它具有引导消费者的作用，对于寻找购买目标或游逛商场的顾客来说，在繁华的商业中心，最先吸引他们眼球的往往是那些大大小小、形形色色的店铺招牌。它在门面中起着指示、提醒的作用，让人们通过招牌了解、认识店铺。一个店面或店铺都有自己特定的商标标志，它是商品交换中一种信誉物，也是识别店铺的符号。

2. 引起消费者的注意和兴趣

招牌也是一种有效的广告形式，起到引起顾客兴趣并加深记忆的作用。具有高度概括力和强烈吸引力的“门画”，对于扩大商品销售、增强顾客对店铺的亲切感有着至关重要的作用。

在某种程度上，招牌的设计代表着店铺的形象。设计时应注重造型美观醒目、做工精良细致、字体端正易认、信息直观明确。给予消费者对于主营商品一种积极正面的想象，引导消费者正向情绪的发酵，刺激消费产生。

3. 展示商店的主营业务和特点

招牌也能够向消费者反映店铺经营特色与服务传统，向消费者传达自己的主营业务和特点，方便消费者进店之前有一定的了解。设计时应该结合商品的特点，突出个性化，让人们记忆深刻。

4. 便于消费者记忆和传播

许多店铺都靠特定的标志、色彩、专用字形等来让顾客认识、了解其店铺，并给人留下深刻的印象。在通常情况下，除了标志外，招牌还有文字，具有可读性，也具有良好的传达性。一个优秀的招牌应该是能够让人印象深刻并引起良好的广告效应。

四、商店橱窗设计与消费心理

商店橱窗是在商店沿街或是周围的窗户设置透明的玻璃橱窗，对该时期的主推商品进行巧妙的构思和展示，通过布景的构造以及灯光的调控，最大程度凸显商品特色，吸引消费者。

（一）橱窗设计对消费者心理的影响

1. 唤起消费者注意

面对形形色色的商店，消费者总是容易眼花缭乱，要想提高销售效果，那么有效吸引消费者的注意就变得至关重要了。优秀的橱窗设计不仅能够装饰店面，同时也能够向消费者进行商品推荐，是一个良好的广告途径。优美的橱窗布置能够让漫步在街上的消费者从无意注意变为有意注意，吸引他们关注店铺。

2. 引起消费者购买兴趣

店铺在橱窗设计中使用实物实景进行布置，将当季符合潮流的新款商品进行展示，能够给予消费者亲切感和新鲜感，扩大消费者的视觉刺激，引起消费者的购买兴趣。

3. 激发消费者的购买欲望

橱窗通过灯光、布景、配饰的选择，能够将展示的商品重点突出，将其性能、形象都加以渲染，伴随着消费者的兴趣积累，就能很好地刺激消费者的购物欲望，随之产生购买行为。

（二）橱窗设计的心理策略

1. 精选展现商品，以满足消费者的购买欲望

大多数消费者看店铺橱窗，通常就是想要欣赏、了解以及评论其所陈列的橱窗商品，为自己的购买决策提供线索。所以，商店的橱窗设计是非常重要的。在展示之前针对需要对商品严格挑选，既要符合当下消费者的欣赏潮流，又要在展示的时候充分凸显商品自身的独特优点。完整地向消费者展示，满足消费者的购物欲。

2. 塑造优美的整体形象，以给予消费者艺术享受

人们80%的感觉都来自视觉的感官，因此在进行橱窗设计和布置的时候，一定要精准应用各类艺术手段来进行塑造，满足当下消费者的审美，既要让消费者产生亲切感，同时又要给予消费者精神层面的追求和享受。

3. 利用布景进行渲染，以满足消费者的情感需要

用合适的布景以及灯光效果，极大程度地突出商品的特色，同时在构图排布的时候，需要层次分明、疏密有致、均衡和谐，让各个物品显得协调而不呆板，给予消费者一种轻松、舒适的心理感觉，让消费者能够有一个美好愉悦的想象，满足消费者的情感需求。

典型案例

蒂芙尼梦幻橱窗

蒂芙尼创始人Charles Lewis Tiffany为梦想而生。在他声名卓著前，他就了解到拥有超越自我的梦想是人类共同的渴望。因此，从1837年纽约市的第一家精品店创建以来，梦幻橱窗便成为蒂芙尼引以为豪的传统。

充满迷人魅力的蒂芙尼橱窗还曾出现在著名电影《蒂芙尼的早餐》中。由奥黛丽·赫本饰演的女主角，被位于纽约市第五大道的蒂芙尼旗舰店橱窗深深吸引。“……每当我心绪不宁时，我便乘计程车到蒂芙尼去，这是唯一有效的方法。这是一个如此宁静又辉煌的地方，立刻让我安心平和下来，在这儿不会有不幸的事发生。”她说。

蒂芙尼橱窗俨然成为了一个公共艺廊，所有过路行人均可驻足欣赏、为之惊艳，并缔造无穷想象。

当Gene Moore于1955年加入公司后，他定义了我们如今熟知的橱窗装置艺术。Moore以时尚前卫、诙谐怪趣而又有话题性的设计而广受称赞，他将这些开创性的橱窗设计与时代特点紧密

相连，并以珠宝和钻石讲述故事，不时呈现出惊人效果，令人流连忘返。

他擅于为普通事物赋予非凡特质，如将具有传奇色彩的蒂芙尼珠宝与家用的线绳、爆米花，甚至是玩具翻斗货车等出人意料的日常事务相结合。在一个他广为人知的橱窗设计中，一只小鸟从土堆里衔出的“虫子”竟是一条散发璀璨光芒的项链。他也曾邀请Andy Warhol、Robert Rauschenberg以及Jasper Johns这些当时还未成名的艺术家共同设计橱窗。在蒂芙尼任职的39年间，他一共设计了逾5 000款精美橱窗。

如今，艺术、雕塑、灯光与布景设计不断出现在全球的蒂芙尼橱窗内，打造奇幻的美妙时刻，令驻足观赏者们难以忘怀。精品店的节日橱窗于每年11月亮相，洋溢着梦幻般的节日氛围，散发着迷人的魅力，这已成为纽约市的传统，每年吸引着成千上万名游客前来驻足欣赏。

（根据网络资料整理）

五、商店内部环境设计

（一）店内装修设计

1. 照明设置

店铺内部的照明设置主要包括以下三种：首先是弥补自然光线不足所需要设置的灯光灯，主要是为消费者挑选购物提供方便，也就是基本照明，这类照明的光线强弱主要依据自然光线的强度以及主营业务商品进行设定；其次是为了突出主营业务商品特点的特殊照明装置，这类照明主要集中于某个特定区域，主要目的就是凸显商品特色，通过光线的强弱对比，放大商品特点；还有一个就是烘托氛围的装饰照明，也就是氛围灯，通过装饰照明的布置，能够调节商店内部的氛围，让消费者获得美的享受，进而刺激其消费行为。

知识拓展

探索超市照明：营造舒适购物环境的秘诀

在超市与商场的售货区，光线不仅是简单的照明工具，更是营造氛围、吸引顾客的重要元素。一个明亮、色彩协调的购物环境，不仅能让消费者感到舒适，还能激发他们的购物欲望。如何通过超市照明设计为消费者创造一个既简洁明快、又充满特色的购物空间，让顾客在轻松愉快的氛围中享受购物的乐趣。

1. 照明划分

超市空间的照明也是商品推销的重要部分。因为灯光可以改变整个超市场景的面貌和氛围，适当的照明，可以使商品更具吸引力，更容易被顾客发现，增加购买商品的愿望。超市空间使用的灯光基本上有三种，即基础灯光、重点灯光和氛围灯光。

基础灯光是属于商店内的基础照明灯光。在外面，包括橱窗照明所用的照明灯光、照亮人行道的商店外缘灯光，以及天花板上的灯光。在内部，基础灯光包括安全通道指示灯等。基础灯光可以是直接照明灯具，也可以是间接照明灯具，这主要视商店类型、所陈列和销售的商品等具体情况而定，如面包店需要间接照射的灯光，强调面包和各种糕点柔和的棕色色调。

2. 重点照明

重点灯光具有基础灯光所不能完成的将商品做某些特殊表现的功能。重点灯光可以采用光束角较窄的灯具，主要是用来加强橱窗照明，使货架、货柜以及商品表现得明亮，吸引顾客注意。重点灯光包括下射灯光和陈列柜灯光。

（1）下射灯光能有效地照明柜台上方一定的位置，安装位置要选择好，以免玻璃橱面或柜台面产生的反射光刺激顾客的眼睛。

（2）陈列柜灯光主要用来克服玻璃橱面和玻璃滑门等产生的反射光所引起的眩光现象，这种灯光容易隐蔽。它们除了能强烈照射商品外，还可向上照射，突出商品的轮廓，也可用来照明墙的上部，造成舒适的氛围。重点灯光的功能主要是帮助顾客判断和比较商品，从而对商品作出最佳的选择，同时也有利于售货员迅速而有效地取到顾客所需要的商品。

3. 氛围照明

氛围照明可以消除暗影，在特殊陈列中制造不同的效果，它不仅可以照亮商品，还可用来直接照射墙壁，营造氛围，还可以直接照射模型，甚至可以用来照射印有商品样板的广告画板。氛围灯光与陈列人员的关系最为直接。

在橱窗内，氛围灯光可以加用滤光片，制造出各种色彩的光，造成戏剧性的效果。在商店内，氛围灯光可以使商品的陈列更具有特色，氛围灯光要求亮度更强，一般都采用白炽聚光灯或白炽泛光灯。聚光灯可集中照亮某一部分，泛光灯则可照亮较大的范围。要在陈列范围用氛围灯光取得戏剧性的效果，陈列人员要解决好两个问题，即明暗问题和色彩问题。陈列人员可以把从太阳光对大自然的照射中观察到的现象和体会到的经验应用在陈列照明中。商店的陈列灯光大部分是从上面或侧面照射。因为光从下往上照射，容易被陈列装置或商品遮挡住，并形成阴影。至于侧面照射，则对家具陈列比较适宜。

4. 照明与色彩

（1）色彩能够增强顾客的购买决心，灯光能够使色彩亲切自然。同时，灯光的色泽也会影响人的外表、物品包装的效果，使人对超市的本质特征有更充分的认识。

（2）超市中存在一些特殊的区域，如熟食区、蔬果区和鲜花区等。熟食区应使用暖色调的灯具，照亮美味的食物，营造有食欲的氛围。蔬果区需要使用自然光的模拟灯光，以保持食材的新鲜度和色彩。鲜花区则需要使用柔和的灯光来营造浪漫和舒适的氛围。休息区的设置非常重要，温馨灯光、轻缓音乐使得在此停留的客人得到片刻的歇息。

通过巧妙的照明设计，我们可以为超市的售货区创造一个既舒适又引人入胜的购物环境。这样的环境不仅能提升顾客的购物体验，还能有效促进商品的销售。

2. 色彩调配

色彩能够直接影响消费者的情绪，从而影响到自身的消费行为。因此好的色彩搭配能够事半功倍。通常情况下店铺常使用的色彩效果有以下几种：第一种，使用颜色给人带来扩大空间效果感觉。店铺经营者通常利用色彩的距离感来扩大空间效果，给予消费者不一样的视觉体验，空间扩大能够让消费者产生舒适愉悦的感觉；第二种，利用布景与商品的颜色强对比，衬托商品的形象从而增加商品的吸引力；第三种，利用室内的冷暖色调的调节，从心理上消除由于天气等造成的不良情绪影响，同时还能够一定程度上影响消费者的消费习惯。

3. 气味控制

商店中的气味直接影响消费者的心理感受，清新芬芳的气味吸引消费者欣然前往；相反，则让人难以忍受。好的气味还能够彰显店铺的服务精神，刺激购物的同时还能够获得消费者的信任。因此，需要做好店内外的环境卫生，消除不良气味，同时可以依据主营商品的特点，在店内放置能够散发合适香味的物品。

4. 音乐播放

通过适当的音乐播放，能够渲染店内购物的氛围，让消费者得到享受的同时刺激消费者的购物欲望。应该依据商品特性来进行选择，同时需要调制合适的音量，避免消费者感到不悦或者是心情变糟糕。

5. 空气调节

保持空气清新宜人，室内空气湿度、温度适中，能够给予消费者舒适的感觉，扩大消费者良好的情绪。因此，应该依据季节气候适当开放冷暖气进行调节。

6. 其他基础设施

有条件的店铺可以在店内设置休息区、饮食区、咨询区、卫生间等，增加消费者便利的同时，也方便消费者注意转换调节。

（二）商品陈列原则

在进行店内商品的陈列时，应该秉持方便消费者购物的原则来进行，为了布置好店内商品，首先应该遵循“三易原则”，即在进行商品陈列的时候需要以顾客需求为中心，以满足顾客要求为基础，做到易看、易摸、易选。具体而言，就是在进行商品陈列的时候需要注意以下几点：

第一，摆放商品应该分类明确，将相同类别的商品进行统一摆放，陈列在一起，方便顾客的寻找和统一的对比挑选。

第二，商品摆放位置应该显而易见，注重层次性，不应出现部分商品由于摆放位置的不恰当致使消费者无法进行选择。

第三，确保商品陈列的安全性，商品摆放位置应该考虑消费者便于拿取，同时注意不同商品的摆放位置、陈列高度，考虑消费者视觉效果，方便消费者进行购买。

第四，货架上满置商品，这样做不仅能给予消费者完美的视觉体验，同时还能够大大提升商品的流通周转率。

第五，将相关商品进行相邻陈设，能够一次性满足消费者需求，方便消费者购买，同时也能够刺激消费者的购物欲。在进行陈列的时候，将具备很强相关性的商品陈列在同一方向、同一区域、同一侧的不同货架之上。

第六，把容易相互影响的商品分隔放置，将异味商品、食品、需试音或试像的商品单独隔离成相对封闭的售货单元。

第七，将容易形成冲动性购买的商品摆放在明显部位以吸引顾客。

第八，将客流量大的商品部、组与客流量小的商品部、组相邻设置，能够有效带动客流量小的商品的销售。

知识拓展

商品陈列高度

依据人的身体结构构造的研究，人类正常视觉的视场与实际商品的距离是呈正相关的。因此在进行商品陈列的时候需要依据商品本身的特点（颜色、大小、形状等）以及消费者的视场进行综合的考量。通常情况下，进行商品陈列的时候，陈列柜台距离消费者2米到5米是最为适宜的。在这种距离之下，消费者通常的无意识展望高度范围为0.7米到1.7米之间，消费者的视觉宽度约为3.3米到8.2米之间。在这个范围之内进行商品陈列能够很好地提升商品的能视度，让消费者更加容易从无意注意向有意注意发展。提升消费者对该商品的感受，进而增加销量。

依据陈列商品的高度，可以将商品摆放的柜台分为三个有效区域：第一个区域为最适合陈列商品的区域，主要高度为60厘米到150厘米之间；第二个区域可以进行商品陈列，但效果没有第一个区域理想：30厘米到180厘米之间除去第一有效区域的其他位置；第三个区域不太适合进行商品陈列，可用于存货储货，主要为0~30厘米之间以及180~200厘米之间。

（三）商品陈列技巧

1. 醒目陈列法

醒目陈列法又称特写陈列法，即通过各种形式，采用烘托对比等方法，突出宣传陈列某种商品，因为大部分商店都有成百上千种甚至更多种类的商品，要使消费者在同一时间内对所有的商品都给予同样的关注是不可能的。因而，对于需要特别宣传的商品或有特殊意义的商品，采用这种醒目的排列方法，既有利于陈列商品的销售，也有可能带动其他商品的销售。

2. 季节陈列法

季节陈列法是随季节（节日）变化不断调整终端陈列方式和色调，尽量减少店内环境与自然环境的反差，促进季节（节日）性商品销售的一种陈列方法。

3. 组合陈列法（互补、同类）

组合陈列法将互补亦或是同类商品放置于统一区域进行展示和陈列，方便顾客购买选择。

4. 按照消费者购买习惯陈列商品

在分类陈列商品的时候，一定要适应消费者的购买习惯，既方便消费者观望环视，又便于寻找选购。一般而言，按照消费者的购买习惯，商品可分为便利品、选购品、特殊品。

5. ABC陈列法

ABC陈列法是把店铺商品分为ABC三类，按照区域进行分别陈列的方法。

任务二　了解销售服务与消费心理

任务目标

通过销售服务与消费者购物欲望的关联分析，让学生掌握基本的销售服务心理策略，同时了解售前、售中、售后服务的基本概念，熟悉售前、售中、售后服务的内容，掌握售前、售中、售后服务的心理策略。

知识精讲

销售服务主要是指企业为了实现商品的销售而为消费者提供的一系列相关服务，主要包括售前积极的讲解、耐心的推荐，激发消费者对于商品的购买欲望；售中热情的引导、专业的分析，促进消费者购买决策的产生；售后及时的安抚、问题的解决，提升消费者对企业的信任感，维系老顾客等。最大程度上满足消费者需求，提升消费者的购物体验。优秀的销售服务，不仅能在很大程度上提升企业的销售量，扩大企业的市场份额，同时还能够尽可能地降低企业宣传成本，发展更多的潜在客户群体。

一、销售服务的概念和类型

（一）销售服务的概念

销售服务是指企业在进行商品销售过程当中，围绕着商品销售为消费者提供的各类服务的总称。在市场竞争日益激烈的环境之下，优质的销售服务能够增加消费者的购物体验，随着销售服务地位的上升，服务在增加商品的使用价值的同时也成为了一种产品。销售服务主要是为消费者提供专业的咨询、使用技能指导、售后维修等，最大限度地满足消费者的需求，提高消费者的满意度和忠诚度。

（二）销售服务的类型

1. 按服务性质的不同划分

依据服务性质的不同可以将销售服务分为技术型服务和非技术型服务。

（1）技术服务专指企业为消费者解决某种特定的技术问题时所提供的各类服务。

（2）非技术服务则是指为消费者解决除特定技术问题以外的一般问题的服务。

2. 按服务形式的不同划分

依据服务形式的不同可以将销售服务分为定点服务和巡回服务。

（1）定点服务是指企业在指定的地点为消费者提供的服务。

（2）巡回服务是指企业按照一定的时间流程、一定的线路流程到不同的地点为消费者提供服务。

3. 按照服务是否收取费用划分

按照是否收取服务费用分为收费服务和免费服务。

4. 按照提供服务的对象来进行划分

按照服务的具体对象划分，又将销售服务分为对批发商的服务、对零售商的服务以及对消费者提供的服务。

5. 按照服务的时间点进行划分

按照服务的时间点进行划分，分为售前服务、售中服务以及售后服务。

在通常情况下，对于销售服务的研究分析都是基于按照服务时间点进行划分的标准，因此本书中对于销售服务的研究分析主要就分为售前、售中以及售后三个部分。当下，各个企业都尤其注重企业的售后服务品质，将其作为销售服务评价的标志，很少企业重视售前以及售中服务，这是非常片面的。在整个营销环节过程当中，售前服务是营销与销售之间的桥梁，是非常关键的，优秀的售前服务能够更好地促进销售；而售中服务则是消费者最终决定成交的关键环节；售后服务只是为了与消费者构建长久关系。因此，三个环节都是缺一不可的。

二、售前销售服务与消费心理

（一）售前服务的概念

售前服务是企业在顾客未接触产品之前所开展的一系列刺激顾客购买欲望的服务工作。消费者接触产品之前，企业主动为消费者提供商品相关信息，引起消费者的注意。

售前服务的主要目的是协助客户做好工程规划和系统需求分析，使得产品能够最大限度地满足用户需要。同时从消费者的角度来看，也让消费者自身的投资获得最高的经济效益。

（二）售前消费者心理分析

消费者的需求、欲望、消费行为等都是在很多综合因素下逐渐形成的，主要包括消费者所接触的文化因素、社会因素、消费者自身的个人因素以及心理因素等多个综合因素影响。所以在进行商品销售之前，可以依据影响消费者行为的各个因素来为消费者提前提供商品信息，刺激消费者的购买欲望。

1. 售前消费者对商品的认知欲望

在售前服务当中，消费者的兴趣所向往往是相关商品的各类信息，主要包括商品的价格、质量、规格、优缺点以及商店能够提供的售后保障等内容。这类信息是促使消费者完成购买行为的基本要素。

2. 目标客户群体偏好

每个人都有着自己独有的偏好以及审美。然而，人是社会中的人，人们的个人偏好在社会当中往往存在着一定的趋同性。企业要想获得成功，在售前对目标客户群体进行相关的调查分析，能够更好地了解目标客户群体的偏好，更好地实现市场细分，完成销售活动。

3. 消费者的目标期望

消费者在进行实际购买之前，对所需要的商品往往会产生一定的心理预期。随着市场上各类商品数量越来越多，同质化情况严重。这使得商品的物质层面的需求已经不再是消费者抉择的关键因素，人们已经逐渐从物质层面的需求满足向精神层面的需求转变。因此，掌握消费者的个性化需求，能够为消费者提供更好的服务，更好地满足消费者精神层面的需求。因此，了解消费者对商品的心理预期往往是从同行之中脱颖而出的关键。

4. 消费者自身的主观意识

消费者都是具备自我意识的，这种自我意识是随着消费者的成长逐步发展起来的。因此，了解消费者的自我主观意识，有助于营销活动的开展。

（三）售前服务的消费心理策略

1. 收集目标客户的相关资料，建立数据库

随着信息技术的飞速发展，大数据时代的降临，企业的竞争已经逐步演化为数据资源的竞争。企业要想提高自己的综合竞争力，需要针对自己的目标客户群体，依照其购物习惯、消费心理等对客户群体进行有针对性的细分市场，能够为每一位消费者打造更为贴心的优质服务，激发消费者的购物欲望，实现销售行为。

2. 掌握消费者的需求，引导其接受售前服务

当消费者面对产品信息的时候，最关心的就是产品的功能、价格、性能等，这是决定消费者是否产生购买欲望的基础。当下最常使用的商品推销手段主要有以下几种：

（1）推广、宣传商品，吸引消费者的注意。企业可以在售前秉持着实事求是的原则，通过广告、宣传册、样品展示等多种方式向消费者进行宣传，吸引消费者的注意。通过这种方式，主要是为了加深消费者对于商品性能、用途，企业售后、服务等多方面的了解，增强消费者的

信心。最常使用的宣传方式就是广告宣传。

广告能激发和引导消费。消费者对某一产品的需求，往往是一种潜在的需求，这种潜在的需求与现实的购买行动有时是矛盾的。而广告通过视觉、感觉放大商品自身特点，同时也激发消费者的购物欲望。同时，针对部分新产品，通过广告还能打开市场，让消费者对产品有基本的认知和了解。通过广告的宣传介绍、教育促销等多种方式，吸引消费者的注意，激发消费者的购买动机。

（2）提供基础的业务咨询服务。提供基础的业务咨询服务主要是指消费者可以使用网络、移动电话等工具，在购买之前向企业工作人员咨询商品相关信息，为做出购买决策提供参考。这一服务能够很大程度上满足消费者购物时的便利动机，能够很好地消除消费者的部分疑虑，增加消费者的好感以及对企业的信任度。

3. 帮助消费者树立科学的消费观

当今社会当中，各类商品层出不穷，使得消费者面对广阔的市场感到迷惘，同时对于自身的认知不足。这就需要企业对消费者进行科学有效的引导，通过新知识、新技术的传播，构建消费者科学消费观的同时，也借此机会推出商品。这就需要企业具备丰富的专业领域知识和经验，依据消费者自身的实际情况提出合理购买商品的建议，让消费者更加容易完成购买行为，引导消费理念的同时也能深度挖掘出潜在消费需求。这种售前服务能够很好地满足消费者的求变心理，且有利于企业获得销售商品的机会。

4. 售前进行商品质量检验

售前对即将进行销售的商品进行质检，能够更好地保证销售商品的质量，不至于出现严重的质量问题，损害企业名誉。同时在售前进行质量检验，也有利于提升消费者对于商品的认可度以及对企业的信任感。

5. 企业尽可能满足消费者的相关需求

企业可以依据大数据的调查结果来统筹消费者对所要购买商品的相关需求，主要包括物质需求和精神需求。然后再根据自己的产品特性来进行相关的配套设计，当然，随着人们生活水平的日渐提升，消费者对于精神层面的需求日益增加。因此最大限度地满足消费者的相关需求，为消费者提供物超所值的预期，能够给予消费者惊喜，促使商品购买，并且增加消费者对企业的信任感，毕竟良好的第一印象是成功的基础。

除此之外，企业还能够依据大数据了解部分不能适应常规商品的消费者的需求，并为其设计专用产品，扩大自己的目标客户群体。同时为有特殊需求的消费者提供服务，还能够为企业塑造良好的品牌形象。

三、售中销售服务与消费心理

（一）售中服务的概念

售中服务是消费者在实际进行商品购买时直接或者间接受到的各类服务，伴随着实际购买过程，是促成产品完成销售的核心环节。在现代商业销售服务的理念当中，认为销售服务既是满足消费者购买商品欲望的服务行为，也是连续满足消费者心理需要的服务行为。在售中这一环节，销售方需要通过与消费者进行适当有效沟通，了解消费者需求，依据此为消费者提供商品介绍、参谋等服务。优秀的售中服务能够增加消费者购物的满足感，刺激消费者的购买欲望。

因此，售中服务被认为是最为有效的商业竞争手段之一。

（二）售中消费者心理分析

1. 渴望掌握相关商品信息

消费者在售中环节，希望能够尽可能地掌握商品的相关信息，进而分析商品的优劣势，帮助自己做出相关决策提供重要依据。这个环节消费者希望销售人员能够提供完整、可靠的信息，同时所提供的信息能够方便自己做出决策。

2. 渴望获得决策帮助

当消费者在进行商品购买决策时，销售人员成为了影响决策的关键。尤其是在当今社会，市场上充满了琳琅满目的商品，消费者无法进行准确抉择的时候，就会渴望销售人员给予相关专业性的建议，希望销售人员通过对消费者需求的了解和掌握之后，对比商品给予专业的建议。

3. 渴望获得人格的认同和尊重

消费者在购买过程当中，有一定的社会心理需要，主要体现在购物过程中感受销售人员的热情接待，满足消费者的心理需求。为了更好地服务消费者，销售人员在消费者挑选商品的过程中，应该表现出极致的耐心和热情，可以适当使用语言的艺术对消费者进行赞美，激发消费者的购买欲望。

4. 追求方便快捷

消费者对售中服务最主要的要求就是寻求购物的便捷性。追求方便快捷的购物心理主要表现为：希望减少等待时间，尽快受到相关人员的热情接待；如若确定购买，希望尽快完成相关购买行为；如若需要送货上门，希望减少等待时间等。

（三）售中服务的消费心理策略

售中服务是实现销售行为的关键行为。由于消费者面对着纷繁复杂的商品，对于不同商品的需求也会随着时间、地点的不同而有所改变，因此，面对不同时间、不同地点、不同的消费者，销售人员应该有针对性地使用有效的心理策略进行销售活动。

1. 价格策略

商品价格是消费者购物过程中较为关注的信息。在消费者购买行为过程中，消费者通常通过价格的高低来对商品价值进行衡量，但在同质性较为严重的当今社会，消费者不会单一地从价格来进行商品价值的估计，通常会进行一定的比较。因此销售人员需要通过不断的介绍，让消费者接受商品价格，进一步认同商品的品质，刺激消费需求。

2. 包装策略

商品包装能够快速吸引消费者的注意，所以商品的包装不仅能够保护商品，同时还能够刺激消费。因此，在售中服务过程当中，可以通过具有吸引力的商品包装来实现宣传，达到有效的推销。

3. 服务策略

由于消费者在购物过程当中渴望获得人格的认同和尊重，因此在售中服务过程当中，需要注意销售人员的言行举止。良好的销售服务和销售态度，能够给予消费者自尊心极大的满足，能够直接影响消费者的消费决策。

4. 便利性策略

由于消费者在购物过程中有追求方便快捷的购物需求，因此，在售中进行销售服务时，需要秉持便利性的原则，增加消费者购物的兴趣和快感，刺激消费者的购物，同时保留企业在消费者心中的形象，维持自己的客户群体。

四、售后销售服务与消费心理

（一）售后服务的概念

售后服务是消费者完成商品购买之后，生产企业亦或者是零售商为消费者继续提供服务的一种模式。传统的销售观念当中，通常将商品成交过程认为是销售活动的终结，但在市场经济条件之下，随着消费者消费心理的日渐成熟，逐渐将成交之后的售后服务也纳入了消费决策的综合考虑当中。通过有效的售后服务，能够积极有效地与消费者进行情感的沟通，有利于维持并扩大自己的客户群体。同时，通过消费者使用感受的了解和掌握，能够更好地方便企业对商品进行升级改造，使其成为更加满足消费者需求的商品。

售后服务作为一种服务模式，其所包含的服务内容是多种多样的，尤其是在售后服务愈发重要的当下，企业为了提高服务质量，售后服务的范围和种类也在不断的扩大和延伸。售后服务从整体来看分为两个角度：第一个角度是为消费者后续使用商品提供的使用指导和咨询服务；第二个角度则是为消费者提供运输安装、维修保养的后续服务。良好的售后服务有利于企业维持固有消费者的忠诚度。

销售服务领域的相关学者针对激烈的市场进行了分析，数据表明，维护已有消费者的成本是寻找新的消费者成本的一半，而找回曾经丢失的老顾客的成本则是寻求新顾客成本的十倍。换句话也就是说，维持住现有客户群体的成本远远小于重新发展新的客户群体，这也符合企业经营的成本最小化原则。

（二）售后消费者心理分析

随着消费者服务意识的增加，消费者对于售后服务的需求也是在不断加强的。消费者在完成购买活动之后，面对不同的商品状态所需要的售后服务也是非常不一样的。主要表现为以下几个方面：

1. 评价心理

消费者在完成购买活动之后，对自己所购买的商品会有一个主观意识的评价过程，从而感受到购买的满足感亦或是失落感。良好的售后服务会给予消费者正向的评价，从而增加对商品使用的满足感。

2. 试探心理

由于主观、客观等多种因素的影响，一些时候会导致消费者刚结束购买过程时出现不适应等情况。这种情况之下，消费者面对自己所购买的商品会产生退换还是持有的犹豫，这种情况下消费者会与销售者或是企业进行联系，再做出自己是否退换的决定。这个时候如果销售者用积极的态度与消费者沟通，很大程度上会给予消费者对商品的正向评价，降低退换的风险；如若出现消极的售后态度，那么可能会加重消费者退换的决心。

3. 求助心理

消费者购买之后由于对商品的性能、使用方法等不够熟悉，会导致消费者习惯性地向商家进行相关信息的求助，这时的消费者希望得到来自商家专业的指导和及时的帮助，满足消费者的便利性心理。

4. 退换心理

一部分消费者在购买商品时容易产生冲动消费亦或是使用商品过程中出现质量问题，这时消费者会有退换或者是进行商品维修的需求。这时消费者会因为商品产生焦躁的情绪，如果能够妥善、及时解决好商品的退换货问题，能够很好地稳定老顾客，增强消费者对于企业的信任度。

（三）售后服务的消费心理策略

随着市场经济的不断发展，企业的竞争日益增强，企业之间的竞争已经从单一的商品竞争拓展到了服务的竞争。抢夺目标客户群体、扩大市场份额占比成为企业竞争的关键。当市场的变化从卖家市场为主转变为买家市场为主，售后服务就成为了企业竞争的关键要素之一。优秀的售后服务不仅能提升消费者对企业的信任度，同时还有利于树立企业形象，提升市场竞争实力。

1. 提供优质的售后服务

在消费者完成交易购买过程之后，为消费者提供相关的售后服务能够增加消费者的购物体验。售后服务种类主要包括：送货上门安装服务；一段时期内的保修、包退、包换服务；商品使用技术支持服务和相关产品配套咨询服务等。优质的售后服务不仅需要服务好，有找上门的消费者，同时需要进行主动出击，做好商品体验回访，依据消费者的不同要求提供更好的售后服务，解决消费者的后顾之忧，提供周全优质的服务。这样不仅能够提升消费者的忠诚度，还可以拓宽市场，发展更多的潜在消费者。例如，很多4S店为了提升消费者的购物体验，会定期开展车主课堂，通过现场讲授用车技巧增加消费者之间、消费者和企业之间的有效沟通，维护客户关系，提升消费者满意度。

2. 坚决履行售前售中对消费者的承诺

积极处理和解决消费者投诉是消除顾客对商品负面情绪的关键。为了更好地处理客户投诉问题，企业需要搭建公开透明的客户投诉平台，并设立专人及时为消费者处理相关问题，在处理之后第一时间给予消费者反馈，以安抚消费者的情绪。例如：长安福特承诺一定期限内免费为消费者提供全国范围内无盲点覆盖的专业的道路救援服务。其服务内容为，车主在购买新车的两年之内，如若在中国某一个地方抛锚，无论什么时间、什么地点，福特道路救援都会为车主及时安排专业、免费的道路救援服务。救援服务范围包括：机械故障修理、拖车服务、换胎服务、送取钥匙等。这一服务很大程度提高了消费者的忠诚度及满意度。

3. 建立网络服务平台

为了方便消费者更加方便快捷地享受企业所提供的售后服务，企业可以进行市场调研和规划，在适当的地点增加服务网点，向消费者提供及时、有效、方便、快捷的售后服务。同时开通免费的平台、电话咨询，方便解决消费者使用过程当中的各类问题。

4. 提供个性化售后服务

企业可以通过市场调研亦或是创新，超越市场竞争者，为消费者提供超乎想象的个性化售后服务，给予消费者更加贴心的服务体验。例如：某汽车股份有限公司的“一对一”服务，该企业明确“一对一”的专属服务顾问，给予消费者更加贴心的指导；同时，购车一个月之内其专属的服务顾问会预约上门探访，带领技术人员对车辆的使用状况进行专业的全面检查，让消费者体验亲情式服务。

典型案例

海底捞的优质服务

海底捞，这家自1994年创立、专注火锅的知名餐饮连锁品牌，历经三十载春秋，已跻身中国餐饮行业的领军行列。其凭借卓越的品质、不懈的创新精神以及无微不至的人性化服务，赢得了广泛的赞誉与尊重。尤其在客户服务领域，海底捞通过提供贴心入微的关怀，让每一位踏入店门的顾客都能感受到如家般的温暖与感动。海底捞的特色服务体系，从顾客踏入店门的那一刻起，便贯穿始终。

1. 迎宾服务

海底捞的迎宾团队，总是以主动热情的态度迎接每一位顾客。他们会在顾客还未走近时，便主动上前询问顾客人数，并告知当前是否需要排队、排队进度及预计等待时间。为了缓解顾客的等待焦虑，海底捞在等候区提供了丰富的服务，如棋牌娱乐、擦皮鞋、美甲护理等，还有免费的饮料、水果、爆米花及虾片等小吃，让顾客的等待时光变得轻松愉快。

2. 客人进店落座后的服务

海底捞的每个服务员都负责特定的区域，当顾客入座后，他们会迅速递上菜单，并根据顾客的具体情况提供个性化的服务。例如，对于带有小孩的顾客，服务员会主动提供儿童椅、免费菜品（如鸡蛋羹）及玩具；对于老年人，则会推荐适合他们的锅底和菜品，并详细介绍相关信息。

3. 就餐过程中的服务

在就餐过程中，海底捞的服务员始终保持着高度的关注与警觉。他们随时留意着顾客的动向，只要顾客稍有需求，便能迅速响应。无论是递送餐具、擦拭油渍、下菜捞菜，还是提供发圈、眼镜布、热毛巾等细节服务，服务员们都做得无微不至。此外，店里还设有儿童游乐园，洗手间也配备了美发、护肤用品及免费牙膏牙刷等，让顾客在就餐过程中享受到全方位的舒适与便利。甚至顾客打个喷嚏，就有服务员送来一碗姜汤，更别提为顾客送上生日歌，为独自就餐顾客送上毛绒熊陪吃……更值得一提的是，海底捞的服务员们总能凭借丰富的经验，准确判断顾客的需求，并在顾客提出要求之前便做出相应的服务。这种主动而贴心的服务，让顾客感受到了前所未有的尊重与关怀。

4. 就餐结束后

海底捞在此方面同样展现出前瞻性的服务举措，主动向客人展示详细的菜单清单，明确标注哪些菜品为赠品，哪些菜品提供半份选择，并清晰告知客人消费总额及所享受的折扣优惠。随后，服务员会耐心指引客人完成付款流程，并在客人离开时热情相送，表达诚挚的感谢。

海底捞这种独特且极致的服务模式，不仅深深赢得了消费者的青睐与信赖，更为其树立了卓越的市场口碑。

（根据网络资料整理）

任务三　了解网络营销与消费心理

任务目标

通过深入分析网络营销与消费者心理的关联，使学生能够掌握网络营销中的基本心理策略，使学生能够在网络营销中运用心理学技巧，提高消费者的参与度和互动性，促进品牌传播和销售增长。

知识精讲

一、网络营销

（一）网络营销的含义

网络营销（on-line marketing或e-marketing）是基于互联网络及社会关系网络，连接企业、用户及公众，向用户及公众传递有价值的信息和服务，为实现顾客价值及企业营销目标所进行的规划、实施及运营管理活动。

网络营销是随着互联网进入商业应用而产生的，尤其是电子邮件（E-mail）、搜索引擎、社交软件等得到广泛应用之后，网络营销的价值越来越明显。其中，可以利用多种手段，如E-mail营销、博客与微博营销、网络广告营销、视频营销、媒体营销、竞价推广营销、SEO优化排名营销等。总体来讲，凡是以互联网为主要平台开展的各种营销活动，都可称之为整合网络营销。简单地说，网络营销就是以互联网为主要平台进行的，为达到一定营销目的的全面营销活动。网络营销是一个包括寻找新客户、服务老客户，利用Internet技术和功能，最大限度地满足客户需求，以开拓市场、增加盈利的经营过程。

（二）网络营销的特征

（1）时域性。由于互联网能够不受时间和空间的约束来进行信息的交换，所以网络营销可以最大程度地利用时间和空间进行营销活动，使得商品可以脱离时空限制进行交易。

（2）多媒体。互联网的形式是丰富多样的，可以传输多种媒体的信息，如文字、声音、图像等，也可以是视频、微电影等信息传递方式，可以充分发挥营销人员的创新和能动性。

（3）交互式。互联网的双向沟通与互动，是通过展示商品图像，以及资料和资料库所提供的相关查询来实现的，不但如此，其还可以应用到对产品的测试与消费者满意度调查中去。互联网是为产品联合设计、信息发布及各项技术服务提供的最佳平台。

（4）个性化。互联网的促销采取的是自愿性的一对一方式，而且具有人性化，免去许多推销员强势推销的干扰，还可以与消费者保持长期友好的关系。

（5）发展性。年轻一代是互联网使用的佼佼者，而这部分群体的市场是非常强大的，因此，网络营销是一项具有高开发潜力的市场渠道。

（6）整合性。网络营销是涵盖发布商品信息、收款、售后服务的全程式营销渠道，其可以避免传播中不一致性产生的消极影响，向消费者传递统一的信息。

（7）前瞻性。互联网是一种兼具渠道、促销、电子交易、互动服务以及市场信息分析的多功能营销工具，其所具备的每一项性能都符合定制营销与直复营销的未来趋势。

（8）高效性。计算机可存储的大量信息可以替代消费者查询相关需求，且可传送的信息数量与精确度也要比其他媒体要高效，最突出的是其能很好适应市场需求或是根据市场的变动及时更新产品或价格，满足顾客的多方面需求。

（9）经济性。互联网以信息交换代替实物交换方式进行信息的传播，不但可以减少印刷与邮递成本，还可以无店面销售，无租金，低成本，而且还降低了迂回多次交换带来的成本投资。

（10）技术性。网络营销涉及网络的各个方面，范围比较广泛，所以对网上工作者的技术要求相对一般工作者来说要更高些。

（三）网络营销的产生

网络营销是以现代电子技术和通信技术的应用与发展为基础，与市场的变革、竞争以及营销观念的转变密切相关的一门新学科。网络营销相对于传统的市场营销，在许多方面都具有明显的优势，带来了一场营销观念的革命。

20世纪90年代初，Internet的飞速发展在全球范围内掀起了互联网应用热潮，世界各大公司纷纷利用互联网提供信息服务和拓展公司的业务范围，并且按照互联网的特点积极改组企业内部结构和探索新的营销管理方法。网络营销自此诞生。网络营销的出现为企业提供了适应全球网络技术发展与信息网络社会变革的新技术和手段，网络营销的产生有其在特定条件下的技术基础、观念基础和现实基础，是多种因素综合作用的结果。具体地分析其产生的根源，可以更好地理解网络营销的本质。

1. 互联网的发展是网络营销产生的技术基础

互联网，起源于1969年，在加利福尼亚大学洛杉矶分校的计算机实验室里，六名科学家首次将一台计算机与远在千里之外的斯坦福研究所的另一台计算机联通，宣布了网络世界的到来。1974年，计算机网络已拥有100多个站点，再后来的发展就是爆炸性的。据统计，2023年，全球活跃互联网用户达到亿，占全球人口的68%。

互联网是一种集通信技术、信息技术、时间技术为一体的网络系统。其形式并非来源于全球性的系统规划，它之所以有今天的规模，得益于本身的特点：开放、分享与价格低廉。在互联网上，任何人都可以享有创作发挥的自由，所有信息的流动皆不受限制，任何人都可加入网络，因此，网络上的信息资源是共享的。由于互联网从学术交流开始，人们习惯于免费，当商业化后，各网络服务商也只能采取低价策略。这些因素促使了互联网的蓬勃发展。

互联网上各种各样的服务，体现出连接、传输、互动、存取各类形式信息的功能，使得互联网具备了商业交易与互动沟通的能力。企业利用互联网开展经营活动，显示出越来越多的区别于传统营销模式的优势，以Internet为技术基础的网络营销，其产生已是社会经济发展的必然。

2. 消费者价值观的改变是网络营销产生的观念基础

满足消费者的需求是市场营销的核心。随着科技的发展、社会的进步、文明程度的提高，消费者的观念也在不断变化，这为建立在Internet上的网络营销提供了普及的可能。这些观念变化可概括为：

（1）个性消费的回归。消费者以个人心理愿望为基础挑选和购买商品或服务，心理上的认同感是作出购买决策的先决条件，以商品供应千姿百态为基础的单独享有成为社会时尚。

（2）消费主动性的增强。由于商品生产的日益细化和专业化，消费者购买的风险感随选择的增多而上升。消费者会主动通过各种途径获取与商品有关的信息，并进行分析比较，以减少购买失误的可能。

（3）对购物方便性的追求。由于现代人工作负荷较重，消费者希望购物方便，时间和精力支出尽量节省，特别是对某些品牌的商品已经形成固定偏好的消费者，这一需要尤为重要。

（4）对购物乐趣的追求。现代人的生活丰富多彩，购物活动不仅是消费需要，也是心理需要，很多消费者以购物为生活内容，从中获得享受。

（5）价格仍然是影响购买的重要因素。虽然现代市场营销倾向于以各种策略来削减消费者对价格的敏感度，避免恶性价格竞争，但价格始终对消费者产生重要的影响。只要价格削减的幅度超过消费者的心理预期，难免会影响消费者既定的购物原则。

以上这些消费者观念的改变，是使人们普遍接受网络营销的重要基础。

3. 激烈的竞争是网络营销产生的现实基础

当今的市场竞争日趋激烈，企业为了取得竞争优势，想方设法吸引顾客，传统的营销已经很难有新颖独特的方法来帮助企业在竞争中出奇制胜了。市场竞争已不再依靠表层的营销手段，经营者迫切需要更深层次的方法和理念武装自己。网络营销的产生给企业的经营者带来了福音，可谓一举多得。企业开展网络营销，可以节约大量昂贵的店面租金，可以减少库存商品的资金占用，可以使经营规模不受场地限制，可以方便地采集客户信息等。这些长处使得企业经营的成本和费用降低，运作周期变短，从根本上提高了企业的竞争力。

小案例

第一个利用互联网赚钱的人

1994年4月12日，美国亚利桑那州两位从事移民签证咨询服务的律师（两人为夫妻），把“绿卡抽奖”的广告发到多个新闻组，“邮件炸弹”让许多服务器瘫痪，当然他们也是“垃圾邮件营销”的始作俑者。他们花费20美元的上网通信费用，吸引来25 000个客户，赚了10万美元。

（根据网络资料整理）

二、网络营销的心理分析

网络营销现已成为企业获得利润、维持发展的主要营销模式，而在网络经济时代，人们的思想观念、行为习惯和工作方式等都已发生了巨大的改变，因此要想在激烈的市场竞争中取得一席之地，企业必须要全面了解网络消费者，制定适合的网络营销策略。

知识拓展

当代网络消费心理

由于Internet商务的出现，消费观念、消费方式和消费者的地位正在发生着重要的变化，使当代消费者心理与以往相比呈现出新的特点和趋势。

（1）消费者个性消费心理回归。在过去相当长的一个历史时期内，工商业都是将消费者作为单独个体进行服务的。在这一时期内，个性消费是主流。只是到了近代，工业化和标准化的生产方式才使消费者的个性被淹没于大量低成本、单一化的产品洪流之中。然而，没有一个消费者的心理是完全一样的，每一个消费者都是一个细分市场。心理上的认同感已成为消费者作出购买决策的先决条件，个性化消费正在也必将再度成为消费的主流。

（2）消费者需求的差异性。不仅仅是消费者的个性化消费使网络消费需求呈现出差异性。对于不同的网络消费者，因所处时代、环境不同而产生不同的需求，不同的网络消费者在同一需求层次上的需求也会有所不同。所以，从事网络营销的企业要想取得成功，必须在整个生产过程中，从产品的构思、设计、构造，到产品的包装、运输、销售，认真思考这种差异性，并针对不同消费者的特点采取有针对性的方法和措施。

（3）消费的主动性增强。消费主动性的增强来源于现代社会不确定性的增加和人类追求心理稳定和平衡的欲望。

（4）网络消费心理仍然具有层次性。网络消费本身是一种高级的消费形式，但就其消费内容来说，仍然可以分为由低级到高级的不同层次。

（5）网络消费者的需求具有交叉性。在网络消费中，各个层次的消费不是相互排斥的，而是具有紧密的联系，需求之间广泛存在着交叉的现象。

网络消费者心理的特点如下：

1. 求便心理

网购与传统购物有一个显著的特点：能够打破时空的约束，便捷性较强，可以随时随地到网店购物，这一点为广大的中青年消费者提供了极大的便利。现代社会，人们的生活节奏越来越快，加上中青年多为上班族，其外出购物的时间很少，大部分人希望能够在家里完成购物活动，网络营销的出现，恰好符合了这种追求便捷的心理。而且现阶段的购物网站已经逐渐趋于健全，几乎市场上所有的商品都可以在网上寻找到，通过浏览不同网站的商品，根据其标价就能“货比三家”，最后挑选性价比最高的商品。除此之外，消费者还可以进行积极消费，即时在相应网站发布求购商品的信息，这就能够吸引商家推销自己的产品，消费者可以便捷地从中筛选出符合自己需求的产品，节省了大量的时间、人力、财力。

2. 追求实惠的心理

在任何的消费活动中，产品的价格不是促使消费者马上发生购买行为的决定性因素，但绝对是一个为消费者提供消费行为的重要参考信息。在商品质量相差不大的情况下，价格的优势就能表现出来。对于普通的商品，往往是价格和需求量成反比，即价格越低，其买的人越多。在这种经济规律的影响下，网络营销由于不用花费大量的店面租金以及人员的雇佣金、代理商的经销费用等，其投入成本低，因此相比于实体店，网店能够降低商品的价格出售。

典型案例

小米玩转网络营销

小米在米聊论坛设立了一个“荣誉开发组”，从数万活跃用户中筛选出200~300名高度活跃的成员，他们与小米内部团队同步获取软件更新版本，共同参与测试，发现问题及时修正。这一策略有效利用了外部资源，高效解决了复杂的测试难题。同时，小米通过MIUI论坛、微博等平台实施精准营销，针对发烧友级别的用户进行单点突破，成功实现了口碑传播，避免了高昂的传统广告投入。

在当今网络高度发达的时代，网络沟通成为获取快速反馈的最佳途径。作为一家专注于网络销售的公司，小米深知与客户保持紧密交流、吸收客户反馈对于产品调整和公司发展的重要性。数据收集也是现代互联网公司的重要工作之一，它有助于深入研究客户的消费心理、欲望和偏好，对于打造广受欢迎的产品具有深远意义。小米通过这一方式，一是能够迅速直接地获取消费者反馈，二是为小米手机进行品牌宣传，三是能够征集到优秀的创意，为产品开发提供灵感，丰富产品多样性。

（根据网络资料整理）

3. 求特心理

情绪与情感需求也是让消费者产生购物愿望的主要因素。我国现阶段网民构成主要为年轻群体，这个年龄段的消费者思想新潮、较富于激情，渴望新鲜和变化，很容易受潮流趋势和广告宣传的影响，加上其追求时尚、新奇的心理，其在选购商品时比较看重产品的特色、造型以及款式等，浏览到时尚新潮的商品，常常不加思考就买下。因此，这也是网络卖家需要研究的一种消费者心理，了解消费者的追求时尚、新潮产品的心理状态，可极大促进消费者的购物欲望。

4. 求实心理

据调查，进行网购的大部分人在网购过程中具备很强的判断和分析能力。发生实际购物行为前，其动机往往是经过反复思量和比较的，而且对所需求的商品有一个明确的目标，根据产品的特性进行搜索，然后比较，最后购买。购物平台的商品琳琅满目，但是购买者多理智，不会看到什么就买什么，且在购买时不单以价格和质量作为参考指标，还会着重考虑实际的功用以及售后服务等，尤其是大型的电器产品或者电子产品等。通常客户在与某一商家发生交易行为后，若是觉得使用效果好、质量好，就会给予店家好评，形成信任感，可能成为该店的忠实消费者，其良好的反馈是网上商家吸引更多消费者的无形资产。

三、网络消费者的购买动机

网络消费者的购买动机是指在网络购买活动中，能使网络消费者产生购买行为的某些内在的驱动力。

动机是一种内在的心理状态，不容易被直接测量出来，但它可根据人们长期的行为表现或自我陈说加以了解和归纳。对于企业营销部门来说，通过了解消费者的动机，就能有依据地说明和预测消费者的行为，采取相应的营销手段。而对于网络营销来说，动机研究更为重要。因为网络营销是一种不见面的销售，网络消费者复杂的、多层次的和多变的购买行为不能直接观察到，只能够通过文字或语言的交流加以想象和体会。

网络消费者的购买动机基本上可以分为两大类：需求动机和心理动机。前者是指人们由于各种需求，包括低级的和高级的需求而引起的购买动机，而后者则是由于人们的认识、感情、意志等心理过程而引起的购买动机。

（一）网络消费者的需求动机

网络是一个虚拟的平台，虚拟社会中，人们联系的实质是人们希望满足虚拟环境下三种基本的需求：兴趣、聚集和交流。

1. 兴趣需要

网络消费者常常出于对某一产品或服务的好奇心和兴趣进行探索和购买。这种兴趣可能来源于对新鲜事物的追求，或者是对某种爱好的深入挖掘。例如，电子产品爱好者会频繁关注最新的科技动态，并通过网络平台进行预订和购买。

2. 聚集需求

物以类聚、人以群分。人们的行为是对人进行分群的最为有效的方式之一。在网络环境下，具有相似兴趣或需求的消费者往往通过论坛、社交媒体等形式聚集在一起，分享购物经验，互相推荐产品。这种群体归属感不仅满足了他们的社交需求，还增强了他们对某一产品或服务的信任度。

知识拓展

网民群体的划分

网民分群根据应用程度区分为三类：

（1）重度用户：包括网络依赖群、网络商务群、网络社交群。重度用户无论在使用的网络应用数量还是在上网时长上，都远高于网民总体的平均水平。

（2）中度用户：基础应用群。中度用户的网络应用数量和上网时长与总体水平接近。从使用的网络应用判断，他们可能是轻度用户向重度用户的过渡群体。

（3）轻度用户：自我展示群、非主流网游群、网络浅尝者，他们在上网时间和应用数量上都远低于平均水平，同时他们也是网龄最小的用户。

3. 交流需求

聚集起来的网民，产生一种交流的需求。网络消费者在购物过程中，通常会通过网络平台交流商品信息，并进行评价。通过交流，消费者能够获取更多关于产品的信息，从而做出更为理性的购买决策。

随着这种信息交流频率的增加，交流的范围也在不断地扩大，从而产生示范效应，带动对某些种类的产品和服务有相同兴趣的成员聚集在一起，形成商品信息交易的网络，即网络商品交易市场。

典型案例

NIKE网络营销案例

耐克公司的官方网站是商务网站领域的佼佼者。它不同于传统网站直接销售产品的模式，而是巧妙地运用聊天室、论坛、赛事介绍和运动装备知识分享等方式，营造了一个低商业氛围的体育爱好者社区或俱乐部。这个网站汇聚了全球各地的体育迷，为他们提供了一个交流观点和看法的平台。在讨论赛事的同时，耐克的产品细节和精神内涵也深入人心，同时，耐克还能借此机会了解球迷们的需求和期望，进一步彰显体育精神。浏览者在浏览商品时，能够回想起耐克产品在刚刚结束的比赛中为他们带来的激情与活力。

在网站内容与架构方面，耐克官方网站由多个大型分类站点构成，精准定位受众群体，使内容更加紧凑。网站信息环境设计精良，组织有序，大版面设计便于内容快速更新。随着体育赛事的实时进展，耐克公司网站背景也随之变化，紧跟全球各大赛事动态，如足球分类采用正在进行的欧洲冠军杯赛场截图作为背景，篮球分类则使用NBA球星照片，使网站风格更加统一，便于浏览者快速检索所需信息。

在顾客人群定位方面，耐克的主要消费群体是14~30岁的青少年，他们大部分时间都在互联网上度过。耐克选择的网络营销渠道恰好符合年轻人的关注焦点，如在中国备受年轻人喜爱的“百度”和“腾讯”等网站。在百度搜索引擎中，耐克能搜索到超过4 000个相关网页，这大大增加了耐克在其主要消费群体中的曝光率。相较于户外广告，这种低廉的宣传成本带来了更高的宣传效率。

耐克公司的网络营销竞争策略有以下几种：

1. 发现消费者的需要

耐克公司推行消费者个性化产品定制与营销模式，将企业的生产流程与消费者的个性化需求紧密相连，从而在企业与市场之间构建起一座坚实的沟通桥梁。为此，耐克精心构建了客户数据库和个人信息档案系统，旨在精准捕捉并记录客户的偏好与需求，以便更精准地生产符合期望的产品，并有效追踪客户动态，提供卓越的售后服务。这一切得益于耐克先进的网站与数据库服务支持。

耐克的官方网站特别推出了NIKEID个性化定制服务，赋予顾客前所未有的创意空间。顾客能够依据个人喜好与风格，自由选择鞋款或衣物设计，甚至添加独一无二的自定义LOGO，充分激发年轻群体的创造力与想象力，让每一件产品都成为展现个性的艺术品。

2. 明星效应

在众多杂志封面与社交场合，明星身着耐克品牌服饰已成为屡见不鲜的现象，而这些由耐克精心打造的体育明星代言人，无疑为公司带来了丰厚的利润回报。自1984年起，耐克与迈克尔·乔丹的合作堪称经典，特别是乔丹在夺冠赛上的那一记震撼扣篮，被耐克巧妙转化为广告素材，这一举措使耐克成功跃居市场领先地位，稳居销售榜前列。

3. NIKE的网络广告战略

在网络广告战略方面，耐克展现出了非凡的创意与精准定位。耐克选择了简洁、精炼的广告风格，在短短几秒内，通过反复呈现耐克标志，加深消费者对品牌的记忆。同时，耐克巧妙融入明星元素，吸引网民关注，避免广告被屏蔽的命运。

面对网络广告点击率低迷、虚假信息泛滥的现状，耐克积极寻求创新，视频广告应运而生。耐克精心挑选营销组合，既体现产品与服务的特色，又彰显消费者的个性。通过分析耐克的营销策略，我们发现其成功秘诀在于：精准洞察消费者需求、明星代言效应、病毒式网络营销，以及简洁有力的广告呈现。耐克深谙中国市场特色，结合中国人的生活与购物习惯，紧跟时事热点与时尚趋势。

（根据网络资料整理）

（二）网络消费者的心理动机

网络消费者购买行为的心理动机主要体现在三个方面：

1. 理智动机

理智动机是建立在人们对于在线商城推销商品的客观认识基础上的。网络购物者大多是中青年，具有较高的分析判断能力。他们的购买动机是在反复比较各个在线商城的商品之后才做出的，对所要购买商品的特点、性能和使用方法早已心中有数。理智购买动机具有客观性、周密性和可控制性的特点。在理智购买动机驱使下的网络消费购买动机，首先注意的是商品的先进性、科学性和质量高低，其次才注意商品的经济性。这种购买动机的形成，基本上受控于理智，而较少受到外界气氛的影响。

2. 感情动机

感情动机是由于人的情绪和感情所引起的购买动机。这种购买动机还可以分为两种形态。

一种是低级形态的感情购买动机，它是由于喜欢、满意、快乐、好奇而引起的。这种购买动机一般具有冲动性、不稳定性的特点。还有一种是高级形态的感情购买动机，它是由于人们的道德感、美感、群体感所引起的，具有稳定性、深刻性的特点。

典型案例

芭比娃娃的互联网定制营销

芭比娃娃，这一享誉全球的玩具品牌，过去仅限于在大型百货公司及玩具专卖店中，以标准化的形象呈现给消费者。然而，自1998年10月起，这一传统被彻底颠覆，消费者只需访问官方网站，即可根据个人喜好定制独一无二的芭比娃娃。玛泰尔公司提供了丰富的选项，包括娃娃的皮肤触感、眼睛与头发的色彩及样式，以及各类配饰，让每位顾客都能打造出专属的芭比娃娃。当这份个性化的礼物送达时，包装上还会印有娃娃的名字，以及通过个人选择与计算机算法共同生成的独特性格描述。个性化消费，已成为当代消费趋势的重要组成部分。

现代消费者群体富有想象力，追求变化与创新，对个性化消费抱有极高的期待。他们选购商品时，不再仅仅看重实用价值，更渴望展现自我，追求与众不同，体现个人价值，这已成为他们消费决策的首要考量。玛泰尔公司推出的网络定制营销策略，精准捕捉了这一心理需求，吸引了大量网络消费者，满足了他们追求时尚、表达自我、享受个性化消费体验的愿望。这一创新举措不仅开辟了全新的市场空间，更展现了一种兼具创新性与文化底蕴的网络营销新模式。

（根据网络资料整理）

3. 惠顾动机

这是基于理智经验和感情之上的，对特定的网站、商品产生特殊的信任与偏好而重复地、习惯性地前往访问并购买的一种动机。惠顾动机的形成，经历了人的意志过程。从它的产生原因来看，或者是由于搜索引擎的便利、图标广告的醒目、站点内容的吸引，或者是由于某一驰名商标具有相当的地位和权威性，或者是因为产品质量在网络消费者心中树立了购买目标，并在各次购买活动中克服和排除其他的同类水平产品的吸引和干扰，按照计划实现购买行动。具有惠顾动机的网络消费者，往往是某一站点的忠实浏览者。他们不仅自己经常光顾这一站点，而且对众多网民也具有较大的宣传和影响功能，甚至在企业的商品或服务出现某种过失的时候也能予以谅解。

典型案例

欧莱雅针对男性化妆品的网络营销

随着中国男性护肤观念的演变，男士美容市场需求日益增强，男士护肤品市场在中国正逐步迈向成熟，特别是近年来，其发展速度显著加快，众多年轻中国男性已从基础的皮肤清洁迈向了更为细致的护理阶段，美容消费意识逐渐成熟。

欧莱雅中国在2012年的市场分析揭示，男性开始使用护肤品和个人护理产品的平均年龄已降至22岁，男士护肤品消费群体范围显著扩大。尽管消费年龄层在拓宽，即便是在经济发达的北京、上海、杭州、深圳等一线城市，男士护理用品的销售额仅占化妆品市场整体约10%，全国平均水平更是远低于此。作为深耕中国男士护肤领域的品牌，欧莱雅男士对市场增长潜力充满信心，旨在进一步扩大在中国年轻男性群体中的市场份额，强化其在中国男妆市场的领导地位。

营销目标：

（1）推出新品——巴黎欧莱雅男士极速激活型肤露（即欧莱雅男士BB霜），旨在迅速占据中国男士BB霜市场，确立品牌在该领域的领导地位，并致力于将其打造成为中国年轻男性中最受欢迎的BB霜产品。

（2）目标消费群体定位于18~25岁的年轻男性，他们热衷于社交媒体分享，已具备一定的护肤习惯，且追求领先一步、超越同龄人的心态。

执行策略：

针对市场上其他男妆品牌主要聚焦于“功能性”诉求的网络传播，麦肯旗下的数字营销公司MRM携手欧莱雅男士，转而关注中国年轻男性的情感需求，捕捉到他们渴望“领先”的心态，因此提出了“我是先型者”的创意理念。为了提升该产品的网络知名度，欧莱雅男士针对目标消费群体，创建了名为“型男成长营”的微博和微信账号，通过社交网络和在线电子零售平台，开展了一场全面的网络营销活动。

（1）在新浪微博平台上，一场关于男性使用BB霜接受度的讨论热烈展开，结果出人意料地显示，无论男性还是女性，对这一行为的接受程度远高于普遍预期，为后续的传播活动铺设了积极的舆论环境。

（2）伴随着代言人的加入，他发表了个性化的先型者宣言：“我负责帅气有型，黑管BB霜则负责解决油光、毛孔、痘印。”这一宣言激发了广大网民的热情，通过微博申请试用活动，大家纷纷发表自己的先型者宣言。微博营销不仅引发了广泛的参与，更成功地将参与者转化为品牌的自发传播者。

（3）欧莱雅男士BB霜在京东商城设立了专属首发页面，推出了“占尽先机，万人先型”的抢购活动，并特别设立了欧莱雅男士微博部长，为BB霜用户提供一对一的个性化定制服务。此外，微信专属平台也同步开启，每日即时推送从新品发布到使用教程、效果对比等全方位信息给所有关注巴黎欧莱雅男士公众号的用户。

营销成果显著：该网络营销活动在短时间内引发了巨大的在线反响。在没有传统电视广告支持的情况下，短短两个月内，活动覆盖了3 500万用户，吸引了307 107位用户的积极参与。仅新浪微博的数据就显示，微博阅读量高达560万次。在微博试用活动中，一周内即有超过69 136名男性用户申请试用，线上预估的销售库存迅速告罄。

欧莱雅精准把握男性消费群体的特点，通过社交网络激发他们的兴趣，结合微博讨论和明星代言，有效提升了产品的吸引力。同时，利用互联网销售平台推送产品信息，既增强了男性护肤品消费群体对品牌活动的关注，又提升了产品在消费者心中的形象，从而有效激发了消费者的购买欲望。

（根据网络资料整理）

四、制约消费者网上消费的心理因素

网络营销作为一种新型的购物模式，具有极强的生命力，但是在发展的过程中，因为网络市场制度的不完善以及诚信买卖机制不完善，导致出现一些影响或者制约消费者进行网络消费的因素，具体有以下几个方面：

（一）消费者现阶段对网络营销仍缺乏信任

首先，网络应用于企业经营时一个突出的特点是能使大企业变小、小企业变大。即所有企业在网上均表现为网址和虚拟环境。在传统的现实环境中，中小企业会受到经济规模和企业历史等条件的束缚，而在网上它们则更具自由度，可利用信息武装自己，缩小与大企业的差距。对中小企业来说，这一特点就是优点。但消费者也因而增加了鉴别、选择企业或产品的难度。一些在实体经济中可有效判别和预期产品服务质量的指标，例如对零售企业营业面积、店容、店貌等的观感，在网上将无用武之地。消费者必须重新学习或继续以现实途径进行辅助判别，这就增大了消费者判别的难度和成本。此外，网络商店较容易设立，因而也容易作假，消费者对此也会心存疑虑。因此，许多进行网络营销的企业仍会借助实体设施来提高信誉和知名度。但这反过来又会削弱网络营销的优势。

（二）网上交易的安全体系不完善

目前网上购物的危险主要源于两方面：一是消费者的私人资料如信用卡资料在传输过程中可能被截取或被盗用，现在加密技术的发展仍不能完满地解决这一问题；另一方面，"恶作剧"或蓄意的计算机病毒也令人望而生畏。如果病毒一旦在网上发作，破坏力可想而知。因此如果网上购物发生纠纷，消费者的权益未必能获得足够保障。

（三）网络营销的特点决定了它不能满足特定的某些消费心理需求

由于网上购物可替代部分人际互动关系，也就不可能满足消费者在这方面的个人社交动机。此外，虚拟商店也无法使消费者因购物而受到注意和尊重。消费者无法以购物过程来显示自己。而且网络商品的价格欠缺灵活性，会令某些喜欢在现场讨价还价的消费者大失所望。

（四）对低效配送缺乏保障感

缺乏一个高效成熟的社会配送体系，商品配送周期长、费用高、准确率低。仓库周转率低，差错率高。低效的物流配送体系离顾客的实际要求相距甚远，影响了网络消费的发展。

小案例

网络购物时效问题

随着网络购物的蓬勃兴起，消费者能够轻松地在线选购心仪商品，并通过邮寄或快递服务将其送达自己或亲友手中，这一趋势极大地促进了快递行业的繁荣发展。然而，在享受网购便利的同时，消费者也不得不面对由此带来的风险，有时甚至还需承担因快递服务问题而产生的额外费用或不便。据消费者协会近期透露，随着网购规模的持续扩大，由快递服务引发的网购投诉量也在逐年攀升。

历城区仲宫镇的刘小姐就遭遇了这样一件令人不悦的事情。她的外地朋友特意在网上挑选了一件饰品，作为结婚礼物送给她。然而，当包裹抵达济南时，快递公司却以刘小姐住址位于二环以外为由，拒绝提供送货上门服务，要求她亲自前往公司取件。刘小姐多次尝试与快递公司及卖家沟通协商，希望能找到一个双方都满意的解决方案，但遗憾的是，她的努力并未得到回应。快递公司坚称"二环以外不送货"是公司既定政策，而卖家则表示这是快递公司与消费者之间的问题，与自己无关。最终，刘小姐只能无奈地请求市区的朋友帮忙代为接收这份礼物。

（根据网络资料整理）

五、基于消费心理的网络营销策略

网络营销是一种重要的营销方式。但也正因为它的特点使它不可能取代所有的营销方式。它只是以一种新的方式使买卖双方获益。因此，企业应从自身经营范围和特点出发，权衡利弊，然后才能形成正确的认识，作出正确的选择。如今网络营销是时尚的营销方式之一。总之，经营者要从上述消费者心理变化的特点中认识未来的网络营销，才能在市场上立于不败之地。网络营销具有巨大的发展潜力，企业要想在激烈的市场竞争中立足，经营者就必须要从上述消费者心理变化的特点中认识未来的网络营销，不断更新营销策略。

网络消费者的心理特点和购买需求给企业的经营管理带来了新的机遇和挑战，因此商家必须摆脱旧的传统经营观念的影响，根据时代的变化，制定新的营销策略，建立一套适合消费者网上购物的运作机制。

（一）提供个性化多元化的产品和服务

网络营销最大的一个优势是能够为不同消费者提供多而全的产品，消费者能够同时面对很多个商家、产品，还能做出理性的选择，更重要的是网络营销可以针对不同的顾客制定个性化的或者一对一的服务或者产品。因此企业可以充分利用网络一对一以及交互式功能加强与消费者的沟通，以深入了解消费者的需求和心理变化，提供附加值高的信息，引导顾客在网上提供产品设计的想法和建议，参与到产品设计中去。这样能够满足个性化的需求，有效提高消费者的满意度。例如著名的LEVIS公司就利用Internet销售定做牛仔裤，在网络销售中业绩颇佳。

典型案例

网易云音乐打造个性化音乐之旅

网易云音乐，作为业界知名的在线音乐平台，始终致力于为用户提供高品质的音乐内容与个性化的推荐服务。其成功的背后，离不开精细化的运营策略。其运营策略主要包括以下几点：

1. 个性化产品推荐

网易云音乐凭借强大的算法与大数据分析能力，为用户量身定制音乐推荐服务，以满足他们多样化的音乐需求。首先，平台通过深度挖掘用户行为数据，精准把握用户的听歌习惯、喜好及兴趣点，从而进行个性化的音乐推送。其次，结合用户标签与音乐标签，网易云音乐创建了丰富多彩的歌单与歌曲库，让用户能够根据自己的偏好轻松选择并收藏心仪的音乐。此外，平台还引入了用户评分与评论机制，根据用户的实时反馈，不断调整歌曲排序并优化推荐算法。这种个性化的推荐模式，使用户能够轻松发现并享受符合自己口味的音乐作品。

2. 互动式用户体验

网易云音乐积极倡导用户参与与互动，通过构建独特的音乐社交圈，有效提升用户黏性与活跃度。在用户个人主页上，用户可以自由展示听歌记录、创建并分享歌单、发表感想与评论。同时，平台还推出了多项互动活动，如热门歌曲投票、排行榜、音乐人发布会及见面会等。这些活动不仅激发了用户对平台的热情，还为音乐人与用户之间搭建了更为紧密的桥梁，共同营造了一个互利共赢的良好生态。网易云音乐平台伴随着一句宣言“边听音乐边看评论”，推出了推荐和评论这个功能，以个性化的乐评和精准化的歌曲推荐另辟蹊径，一跃成为音乐领域的一匹黑马。音乐社交是基于兴趣之上的陌生人社交，网易云音乐实际是通过情感的传播来运作的，用户对于每一首歌都有自己的见解，而分享机制就给了情感流通的机会。对于任何一首歌都会有不同的用户，而能引起大多数用户共鸣的评论，大多数是难忘的青涩初恋、逝去的青春、回不去的童年、一代人共同的记忆、喜欢的偶像、未来的畅想等。

这类评论主要的特点是用户将自己的经历、心情与音乐联系在一起。他们不仅是在评论音乐，更是在表达、抒发自己的感情。用户可以在网易云音乐中的“音乐圈”里浏览关注他人的动态，并进行点赞、评论，同时也可以分享音乐，并期待他人对自己的评论、点赞。用户将自己的故事分享出去，引发其他用户的共鸣，从而达到共同的情感体验。

3. 社群化建设

网易云音乐被称为“云村”，用户称自己为“云村村民”，“云村”和“地球村”有异曲同工之意。平台的愿景是通过平台，使得人与人之间少一点隔阂，能够自如地感受到音乐的美好，分享音乐带来的快乐。音乐和技术缩短了人与人之间的距离，使得用户仿佛置身一个沟通无障碍的小村落，这表明网易云音乐不只作为一个听歌App，更是一个对广大乐迷粉丝开放的音乐社区。为了进一步加深用户间的联系与互动，网易云音乐积极开展社群化建设。通过打造粉丝群体与音乐社区，平台吸引了大量用户的积极参与。音乐社区内设有多个话题讨论、分享与交流板块，让用户能够在此找到志同道合的朋友，并参与到精彩纷呈的话题讨论中。此外，网易云音乐还不定期举办线下音乐活动，如演唱会、音乐节等，进一步拉近了用户之间的距离，增强了社区的凝聚力与活跃度。

（根据网络资料整理）

（二）建立产品与企业信誉

信誉是网络销售的一件利器。因为随着人们对网络的信任感逐渐消失，如果网络销售的产品和服务都无法过关，是很难吸引或者留住顾客的；如果网络销售企业的口碑良好，信誉度高，自然会获得消费者的认同和支持。在建立企业门户网站过程中，网站的产品质量、服务质量以及知名度等都是创造信誉的条件。通常，网络销售企业需要从以下几个方面树立信誉：一是随时提供优质的产品和服务；二是保持良好的运作，包括向顾客提供最优惠的价格和最优质的服务，同时尽量避免令消费者感到网购很麻烦；三是不断创新，不仅要向消费者提供最好质量的产品，还要提供更有新意、更有特色的产品和服务，让消费者享受到网络购物的便捷性和益处。

（三）保证技术支持，提高服务效率

一个良好的网站设计，除了要功能完备、信息丰富外，还要考虑到消费者的浏览方式以及购买流程，以加快消费者的购物速度，节省消费者的购物时间，网站在维护方面需要投入大量的人力和物力，需要对未来的发展有一定的预见能力，企业要想在网络营销方面收到良好效果，必须加大技术和安全体系方面的支持。特别是在网络销售大幅增长、网站浏览量加大的时候，企业的硬件配套设施必须迎合用户的需求，要为客户提供及时、有效的服务。网络营销不但需要具备先进的网络销售技能，还要不断提升自身的素质，包括收集、整理、分析信息的能力以及与客户沟通、协调的能力，此外，还要有正确的服务意识。为了提高服务的效率，要建立更加快捷迅速、服务周到的售后服务机制。

（四）增强消费者网上购物的安全性

企业还要加强网络保护，包括企业信息、用户资料、财务安全和网站安全等多个方面网络安全意识，这样在一定程度上树立了企业和销售商的形象，增强其可信可靠度。交易资料受到保护、交易安全有所保障，才能使消费者放心进行网络消费，在网上交易系统和程序中，应当利用好现有的安全技术，如加密技术、防火墙技术以及认证技术或利用虚拟专用网来防止或减少信息被窃取和篡改的可能性。针对网购消费者最关心的资金安全及支付问题，建议企业在网络营销中用数字签名代替传统印章，签订电子合同，出具电子发票。企业通过网上调查收集消费者对该产品或服务的评价、使用体验等，来推广自己的网站诚信度，不断增强用户的认可程度；在产品或服务展示的同时，利用口碑亦能增强用户购买的兴趣和信心，使消费者买得放心，用得安心。

（五）便捷的配送社会化

在国内，专门从事第三方物流的企业有顺丰快递、申通快递、韵达快递、美团跑腿等。在国外，如美国的FedEx、UPS，日本的佐川急便。由于它们在物流管理、物流技术等方面的优势，早已成为物流业内著名的国际综合物流代理企业。现代化第三方物流企业具有信息化、网络化、专业化、规模化、智能化和柔性化的特点，它使网络营销企业完全从烦琐的配送业务中脱离出来，专心致力于网络营销中市场的拓展和商务效率的提高。

六、网络促销与消费者心理

（一）网络促销的特点

第一，网络促销是通过网络技术传递产品和服务的存在、性能、功效及特征等信息的。它是建立在现代计算机与通信技术基础之上的，并且随着计算机和网络技术的不断改进而改进。

第二，网络促销是在虚拟市场上进行的。这个虚拟市场就是互联网。互联网是一个媒体，是一个连接世界各国的大网络，它在虚拟的网络社会中聚集了广泛的人口，融合了多种文化。

第三，互联网虚拟市场的出现，将所有的企业，不论是大企业还是中小企业，都推向了一个世界统一的市场。传统的区域性市场的小圈子正在被一步步打破。

（二）基于消费心理的网络促销策略

网络时代，消费者的忧虑心理和市场不确定性的存在，使沟通的目的、过程和方式产生了显著的变化：沟通旨在消除消费者疑虑；沟通过程全程化；沟通方式个性化。

企业将合适的产品，在适当地点、以适当的价格出售的信息传递到目标市场，一般是通过两种方式：一是人员推销，即推销员和顾客面对面地进行推销；另一种是非人员推销，即通过大众传播媒介在同一时间向大量消费者传递信息，主要包括广告、公共关系和营销推广等多种方式。这两种推销方式各有利弊，起着相互补充的作用。此外，目录、通告、赠品、店标、陈列、示范、展销等也都属于促销策略范围。一个好的促销策略，往往能起到多方面作用，如：提供信息情况，及时引导采购；激发购买欲望，扩大产品需求；突出产品特点，建立产品形象；维持市场份额，巩固市场地位；等等。

结尾案例

“脑洞大开”的故宫淘宝网店

从传统的中规中矩到如今的创意无限，“故宫淘宝”作为故宫官方开设的淘宝网店，专注于销售与故宫相关的文化创意产品，并以“来自故宫的礼物”作为宣传口号。

2013年9月16日，“故宫淘宝”微信公众号正式上线，并推出了首篇文章《走进故宫之太和门》，标志着其网络营销的起点。然而，初期的营销效果并不理想，发布的内容多为介绍宫廷建筑、饮食、文化和人物的图文，虽然知识性强且篇幅简短，但每篇文章的阅读量仅维持在500左右。

同年9月23日，“故宫淘宝”尝试发布第一条广告——《故宫周边推荐——十八子手串》，然而阅读量也仅有694。之后，该公众号又尝试了“晒买家秀”“展示孤品集锦”等营销手段，但反响一直平平。

直到2014年7月，“故宫淘宝”微信公众号的营销风格开始转变，并带来了阅读量的显著提升。其中，最具突破性的是2014年8月1日发布的《雍正：感觉自己萌萌哒》一文，阅读量突破10万，点赞数超过2 000，并在微信朋友圈引发疯狂转发。该文章以雍正皇帝比着剪刀手卖萌的封面图片吸引眼球，并发布了《雍正行乐图（动态版）》。设计师从《雍正行乐图》中选取了9张图片，通过技术手段处理成萌感十足的动态图，并配以有趣的文字，如“有时候，朕只想安安静静地做个美男子”等，迅速受到网友热捧，为“故宫淘宝”打响了品牌知名度。

自此，“故宫淘宝”踏上了自媒体营销的“脑洞大开”之路，化身成为“皇宫”里的“段子手”。2014年10月31日，发布《没错！是朕！》一文，以轻松幽默的文字介绍雍正皇帝的一天生活，实则推销故宫2015年周历产品。

从2015年开始，“故宫淘宝”微信公众号上的软文更加频繁且创新，用语网络化、年轻化、搞笑化，切入点紧跟社会热点，大量使用滑稽的颜表情和图片，广告与文章内容浑然一体。例如，2015年1月29日发布的《她比四爷还忙》一文，结合当时热播的古装剧《步步惊心》《宫》《甄嬛传》，巧妙设置悬念，最终揭晓答案并推出水杯产品，而水杯与文中人物的联系则在于杯身图案的设计灵感来源于历史人物。

不难发现，“故宫淘宝”已巧妙地将产品植入趣味软文作为其自媒体营销的常用策略，这一手法在诸如《朕有个好爸爸》《她如何一步步告别长发》《不爱学习的皇帝往事》《帝王心中的真正宠儿》等文章中得到了完美展现。作为一位擅长推销的“段子手”，“故宫淘宝”不仅擅长“编故事”，更在“卖萌”上下足了功夫。除了设计一系列皇帝卖萌图片，如雍正皇帝的剪刀手形象，该公众号还不定期推出萌态可掬的表情包，深受大众喜爱。

“故宫淘宝”之所以能将“皇宫”生意做大做强，得益于其多元化的营销手段。微信自媒体营销只是冰山一角，它还开设了官方微博，增强与网友的互动；与腾讯建立长期合作，共同推出如《穿越故宫来看你》这样的创意作品，一经问世便网络爆红；运用借势营销，如借“葛优躺”话题之势，推出古人图，提升自身品牌知名度。正是通过多维度、立体化的营销活动，“故宫淘宝”凭借其颜值与实力，成功跻身营销界的“网红”。

这些营销手法的共同特征在于：

首先，积极拥抱互联网，特别是主动利用移动新媒体进行品牌营销。以往，故宫文创产品的销售主要依赖旅游景点纪念品商店，营销活动较少。但“故宫淘宝”及专业新媒体营销团队的出现，极大地推动了故宫文创产品的销售。

其次，紧跟社会热点，迎合年轻人喜好，创作吸引人的文案。目前，“故宫淘宝”的粉丝以年轻人为主，他们正是故宫系列文创产品的目标消费群体。为了将这些因“段子”而聚集的粉丝转化为实际消费者，“故宫淘宝”创作了更多有趣的文案，赢得了年轻人的青睐。

最后，放下身段，接地气，尊重并支持用户创意。以往，故宫给人的印象是严肃、高大上、文物、学究等。但“故宫淘宝”却打破了这一形象，变得软萌有趣，成为“网红”。这种转变立即赢得了网友的好感，成功“圈粉”。同时，“故宫淘宝”还尊重用户创意，亲民效果更加显著。例如，有粉丝建议制作冷宫冰箱贴，半年后，这一创意真的变成了现实。

如今，“故宫淘宝”这位“皇宫”里的“段子手”依然活跃在营销界，其最发布的微信文章依旧收获了高阅读量和点赞数。对于这位“网红”未来还将带来哪些创新的网络营销策略，我们充满期待。

（根据网络资料整理）

项目实训

购物消费体验

[实训目标]

（1）培养学生把握选址的原则。

（2）培养学生运用线上沟通模式开展营销的能力。

[实训内容]

（1）利用互联网查阅资料并走访你所在城区的蜜雪冰城门店。

（2）分析蜜雪冰城选址时关注的因素有哪些。

（3）思考如果蜜雪冰城需要加强和消费者的线上沟通、开拓网络营销渠道应该怎么做。

[实训操作]

（1）教师说明训练内容及成果要求。

（2）以小组为单位提交蜜雪冰城选址和开拓网络营销的分析报告。

（3）在班里进行交流。

[成果要求]

（1）每组写出分析报告并结合现场拍摄照片制作PPT。

（2）在全班进行小组汇报。

（3）根据小组的分析报告和个人在交流中的表现进行考核。

课后练习

一、单选题

1. 与顾客心理相适应，经营金银首饰、艺术瓷器等商品的店铺，其出入口设计多为（　　）。

A. 畅通型　　B. 半开型　　C. 全开型　　D. 封闭型

2. 为了凸显商品的个性，更好地吸引顾客注意力的照明是（　　）。

A. 特别照明　　B. 基本照明　　C. 装饰照明　　D. 自然照明

3. “企业可以向客户展示商品和服务信息，而用户也可以通过网络查询相关商品的详细信息”体现了网络营销的（　　）特点。

A. 互动性　　B. 整合性　　C. 跨时空性　　D. 成长性

4. 网络营销产生的技术基础是（　　）。

A. 付款手段　　B. 互联网　　C. 计算机　　D. 营销策略

二、多选题

1. 推销准备阶段，营销人员要充分把握客户的心理，它包括：(　　)。

A. 人际心理　　B. 期望成功心理

C. 决策心理　　D. 保守心理

2. 网络营销信息传递的主要特点有(　　)。

A. 效率高　　B. 方式多样化　　C. 渠道多样化　　D. 双向性

3. 招牌的心理功能包括(　　)。

A. 促发感知　　B. 引起兴趣　　C. 象征信誉　　D. 便于记忆

4. 处理顾客异议时必须遵循的基本原则，包括：(　　)。

A. 欢迎与尊重顾客异议　　B. 永不争辩

C. 维护顾客的自尊　　D. 强调顾客受益

三、案例分析讨论题

仔细阅读本项目的导引案例，然后回答以下问题：

1. 什么是汽车销售的体验式营销？请结合实例回答。

2. 请查阅资料并找出目前新能源企业的销售模式与传统燃油车的销售模式的异同，就它们各自的优势与不足之处总结一下，说出你的观点。

附录A　气质类型测试量表

以下60个问题可以帮助你大致确定自己的气质类型，需要你根据自己的实际行为表现如实回答，且必须做到以下几点：

1. 回答时请不要猜测题目内容要求，也就是说不要考虑应该怎样，而只回答你平时怎样，因为题目答案本身无所谓正确与错误之分。

2. 回答要迅速，不要在某道题目上花过多时间。

3. 每一题都必须回答，不能有空题。

4. 在回答下列问题时，你认为：很符合自己情况的，记2分；比较符合自己情况的，记1分；介于符合与不符合之间的，记0分；较不符合自己情况的，记-1分；完全不符合自己情况的，记-2分。

（1）做事力求稳妥，不做无把握的事。

（2）遇到可气的事就怒不可遏，把心里话全说出来才痛快。

（3）宁肯一个人干事，也不愿很多人在一起。

（4）到一个新环境很快就能适应。

（5）厌恶那些强烈的刺激，如尖叫、噪声、危险镜头等。

（6）和人争吵时，总是先发制人，喜欢挑衅。

（7）喜欢安静的环境。

（8）善于和人交往。

（9）羡慕那种善于克制自己感情的人。

（10）生活有规律，很少违反作息制度。

（11）在多数情况下是乐观的。

（12）碰到陌生人觉得很拘束。

（13）遇到令人气愤的事，能很好地自我克制。

（14）做事总是有旺盛的精力。

（15）遇到问题常常举棋不定，优柔寡断。

（16）在人群中从不觉得过分拘束。

（17）情绪高昂时，觉得干什么都有趣；情绪低落时，又觉得什么都没有意思。

（18）当注意力集中于一事物时，别的事很难使我分心。

（19）理解问题总比别人快。

（20）碰到危险情景，常有一种极度恐惧感。

（21）对学习、工作、事业怀有很高的热情。

（22）能够长时间做枯燥、单调的工作。

（23）符合兴趣的事情，干起来劲头十足，否则就不想干。

（24）一点小事就能引起情绪波动。

（25）讨厌做那种需要耐心、细致的工作。
（26）与人交往不卑不亢。
（27）喜欢参加热烈的活动。
（28）爱看感情细腻、描写人物内心活动的文学作品。
（29）工作学习时间长了，常感到厌倦。
（30）不喜欢长时间谈论一个问题，愿意实际动手干。
（31）宁愿侃侃而谈，不愿窃窃私语。
（32）别人说我总是闷闷不乐。
（33）理解问题常比别人慢些。
（34）疲倦时只要短暂地休息就能精神抖擞，重新投入工作。
（35）心里有话宁愿自己想，不愿说出来。
（36）认准一个目标就希望尽快实现，不达目的，誓不罢休。
（37）学习、工作同样长时间，常比别人更疲倦。
（38）做事有些莽撞，常常不考虑后果。
（39）老师或师傅讲授新知识、新技术时，总希望他讲慢些，多重复几遍。
（40）能够很快地忘记那些不愉快的事情。
（41）做作业或完成一件工作总比别人花的时间多。
（42）喜欢运动量大的剧烈体育活动，或参加各种文艺活动。
（43）不能很快地把注意力从一件事转移到另一件事上去。
（44）接受一个任务后，就希望把它迅速解决。
（45）认为墨守成规比冒风险强些。
（46）能够同时注意几件事物。
（47）当我烦闷的时候，别人很难使我高兴起来。
（48）爱看情节起伏跌宕、激动人心的小说。
（49）对工作抱认真严谨、始终一贯的态度。
（50）和周围人们的关系总是相处不好。
（51）喜欢复习学过的知识、重复做已经掌握的工作。
（52）希望做变化大、花样多的工作。
（53）小时候会背的诗歌，我似乎比别人记得清楚。
（54）别人说我“出语伤人”，可我并不觉得是这样。
（55）在体育活动中，常因反应慢而落后。
（56）反应敏捷，头脑机智。
（57）喜欢有条理而不甚麻烦的工作。
（58）兴奋的事常使我失眠。
（59）老师讲新概念，常常听不懂，但弄懂以后就很难忘记。
（60）假如工作枯燥无味，马上就会情绪低落。

请按题号计算出分值并填入下表：

气质类型	记分题号	总　分
胆汁质	（2），（6），（9），（14），（17），（21），（27），（31），（36），（38），（42），（48），（50），（54），（58）	
多血质	（4），（8），（11），（16），（19），（23），（25），（29），（34），（40），（44），（46），（52），（56），（60）	
黏液质	（1），（7），（10），（13），（18），（22），（26），（30），（33），（39），（43），（45），（49），（55），（57）	
抑郁质	（3），（5），（12），（15），（20），（24），（28），（32），（35），（37），（41），（47），（51），（53），（59）	

确定气质类型的标准：

（1）如果某类气质得分明显高出其他三种，均高出4分以上，则可定为该类气质。如果该类气质得分超过20分，则为典型；如果该类得分在10~20分，则为一般型。

（2）两种气质类型得分接近，其差异低于3分，而且又明显高于其他两种，高出4分以上，则可定为这两种气质的混合型。

（3）三种气质得分均高于第四种，而且接近，则为三种气质的混合型，如多血-胆汁-黏液质混合型或黏液-多血-抑郁质混合型。

由此可能具有13种类型：

①胆汁；②多血；③黏液；④抑郁；⑤胆汁-多血；⑥多血-黏液；⑦黏液-抑郁；⑧胆汁-抑郁；⑨胆汁-多血-黏液；⑩多血-黏液-抑郁；⑪胆汁-多血-抑郁；⑫胆汁-黏液-抑郁；⑬胆汁-多血-黏液-抑郁。

附录B　性格倾向性测试量表

下面是内曼和科尔施特设计的性格倾向性测量表，一共50个题目，25个属于外向；25个属于内向。如果提问的内容符合自己的情况，就答“是”，如果不符合就答“否”。如果你不能确定，可以不回答。回答问题时不要想怎样回答好或怎样回答不好，你实际上怎样就怎样回答。

问　　题	答　　案	
	是	否
1. 能独断独行		
2. 快乐的人生观		
3. 喜欢安闲		
4. 对人十分信任		
5. 筹划五年以后的事		
6. 遇集体活动愿在家不愿参加		
7. 能在大庭广众中工作		
8. 常做同样的工作		
9. 觉得集会乐趣与个别交际无异		
10. 三思而后决定		
11. 不愿别人提示而愿自出主意		
12. 喜欢热闹的娱乐活动		
13. 工作时不愿人在旁边观看		
14. 厌弃呆板的职业		
15. 宁愿节省而不愿耗费		
16. 不常分析自己的思想动机		
17. 好作冥思苦想		
18. 做自己擅长的工作愿意人在旁观看		
19. 发怒时不加抑制		
20. 工作常因他人赞赏而改善		
21. 喜欢兴奋紧张的劳动		
22. 常回想自己的过去		
23. 愿做群众活动的带头人		
24. 喜欢公开演说		
25. 使梦想成为事实		
26. 很讲究地发出应酬邀请		
27. 做事粗糙		

续表

问　题	答　案	
	是	否
28. 深思熟虑		
29. 能将强烈的情绪表现出来		
30. 不拘小节		
31. 对人十分关心		
32. 与观点不同的人自由联络		
33. 喜欢猜疑		
34. 轻信人言、不假思索		
35. 愿意读书、不愿做实际工作		
36. 好读书不求甚解		
37. 常写日记		
38. 在公共场合中肃静无声		
39. 不得已而动作		
40. 不愿回想自己的以往		
41. 工作有计划		
42. 常变换工作		
43. 对麻烦事情愿避免而不愿承担		
44. 重视谣言		
45. 信任别人		
46. 非极熟悉的人不轻易信任		
47. 愿研究别人而不研究自己		
48. 放假期间愿找安静的地方休假而不喜热闹场所		
49. 意见常变化而不固定		
50. 愿参加任何场合演说		

性格倾向性测试量表评分标准：

外向性反应总数为第2、4、7、9、11、14、16、18、19、20、21、23、24、27、29、30、32、34、36、39、40、42、45、47、49、50回答"是"，及第1、3、5、6、8、10、12、13、15、17、25、26、28、31、33、35、37、38、41、43、44、46、48回答"否"的总数。

向性指数的计算：

向性指数=（外向性反映总数+没有回答的题目的总数/2）/25 × 100

结果对应：

向性指数为200者，性格属极端外向；向性指数为零者，性格属极端内向；向性指数在0~100之间者，性格偏于内向；向性指数在100~200之间者，性格偏于外向。

参考文献

[1]科特勒，凯勒. 营销管理（第15版·彩色版）[M]. 何佳讯，于洪彦，牛永革，等译. 上海：格致出版社，2017.

[2]马尔霍特拉. 市场营销研究：应用导向（第5版）[M]. 涂平，译. 北京：电子工业出版社，2009.

[3]所罗门. 消费者行为学[M]. 卢泰宏，杨晓燕，译. 北京：中国人民大学出版社，2009.

[4]臧良运. 消费心理学[M]. 北京：北京大学出版社，2009.

[5]罗子明. 消费心理学[M]. 4版. 清华大学出版社，2017.

[6]单凤儒. 营销心理学[M]. 北京：高等教育出版社，2005.

[7]张理. 消费者行为学[M]. 北京：清华大学出版社，2008.

[8]贾妍，陈国胜. 消费心理应用[M]. 北京：北京大学出版社，2010.

[9]崔平. 消费心理学[M]. 北京：高等教育出版社，2016.

[10]杜明汉. 消费心理学[M]. 2版. 北京：中国财政经济出版社，2019.

[11]陈培爱. 广告学概论[M]. 2版. 北京：高等教育出版社，2008.

[12]何修猛. 现代广告学[M]. 7版. 上海：复旦大学出版社，2008.

[13]崔平. 推销技巧与商务谈判[M]. 北京：中国人民大学出版社，2015.

[14]曹彩杰. 消费心理学："理论·集例·实训"一体化教程[M]. 2版. 北京：电子工业出版社，2015.

[15]邓之宏. 中国消费者网络团购动机及其类型研究[J]. 统计与信息论坛，2015（10）：97-103.